Nevin Halıcı

Konya'da doğdu. İlk ve orta öğrenimini Konya'da yaptı. 1970-75 yıllarında Ankara Gazi Üniversitesi'nde Aile Ekonomisi - Beslenme eğitimi aldı. 1991'de Selçuk Üniversitesi'nde master, 1997'de Gazi Üniversitesi'nde doktora programlarını tamamladı.

Nevin Halıcı, Türk Mutfağı ile ilgili sergiler hazırladığı gibi şef olarak da çeşitli sunumlar yapmış; kongre, seminer gibi programların menülerini hazırlamıştır.

Yurt içi ve dışında yayımlanmış sayısız makale ve tebliğleri bulunmaktadır.

Yayımlanmış eserleri:
Geleneksel Konya Yemekleri (1979)
Ege Bölgesi Yemekleri (1981)
Akdeniz Bölgesi Yemekleri (1983)
Türk Mutfağı (1985,1990,2009, 2015, 2021)
Nevin Halıcı's Turkish Cookbook (1989)
Güneydoğu Anadolu Bölgesi Yemekleri (1991)
Das Türkische Kochbuch (1998)
Siniden Tepsiye Klasik Türk Mutfağı (1999)
Konya'da Kışlık Yiyecekler Üzerine Bir Araştırma (2000)
Karadeniz Bölgesi Yemekleri (2001)
Sufi Cuisine (2005)
Konya Yemek Kültürü ve Konya Yemekleri (2005)
Mevlevi Mutfağı (2007)
Konya Mutfağı (2011-2014)
Açıklamalı Yemek ve Mutfak Terimleri Sözlüğü (2013)
Geçmişin İzleriyle Sille Mutfağı (2014)
Selçuklu Dönemi Mutfağı (2015)
Güneydoğu Anadolu Bölgesi Mutfak Kültürü ve Yemekleri (2015)
Zaman İçinde 1 (2015)
Zaman İçinde 2 (2015)
Zaman İçinde 3 (2016)
Zaman İçinde 4 (2016)
Ali Eşref Dede'nin Yemek Risalesi (2017)

Nevin Halıcı'nın OĞLAK'taki kitapları

Açıklamalı Yemek ve Mutfak Terimleri Sözlüğü
Güneydoğu Anadolu Bölgesi Mutfak Kültürü ve Yemekleri
Türk Mutfağı

Bu kitabın telif gelirleri, "Nevin Halıcı Yemek Kültürü Vakfı"na bağışlanmıştır.
www.nevinhalicivakfi.org

Nevin Halıcı

Türk Mutfağı

OĞLAK / GASTRONOMİ

Türk Mutfağı / Nevin Halıcı

Kurumsal kimlik danışmanı: Serdar Benli
Kitap tasarımı: M. Deniz Çorbacıoğlu
Dizgi düzeni: Goudy, 11 / 15 pt.
Ofset hazırlık: Oğlak Yayınları
Baskı: Oğlak Baskı Hizmetleri
Tel: (0-212) 251 71 08-09, Faks: (0-212) 293 65 50
Sertifika No: 45250

Oğlak Yayıncılık ve Reklamcılık Ltd. Şti.
Genel yayın yönetmeni: Senay Haznedaroğlu
Zambak Sokak 21, Oğlak Binası, 34435 Beyoğlu-İstanbul
Tel: (0-212) 251 71 08-09, Faks: (0-212) 293 65 50
e-posta: info@oglak.com

www.oglak.com
www.twitter.com/oglakkitap
www.facebook.com/oglakyayinlari
www.instagram.com/oglakkitap

Üçüncü baskı: 2021
ISBN 978 - 975 - 329 - 652 - 6

İÇİNDEKİLER

7 kuru baklagiller / 121

8 taze sebze ve meyveler / 125

sunuş

Bu çalışma, ilk kez 1985 yılında basılan ve 1990 yılında ikinci baskısı yapılan *Türk Mutfağı* adlı kitabın, gözden geçirilmiş ve geliştirilmiş yeni baskısıdır. Eser yenilenirken farklı bir düzenlemeye gidilmiştir.

Dünyaca ünlenen Türk Mutfağı, İstanbul Mutfağı'dır. Klasik Türk Mutfağı ise İstanbul Mutfağı'nın yüzyıllar boyu gelişip 19. yüzyılın sonu ve 20. yüzyılın başlarında görülen, yabancı mutfaklardan fazla etkilenmemiş şeklidir. Konak ve evlerde yaşlı hanımlarla yaşayan bu mutfak içe dönük olması nedeniyle konuya açıklık getirmekten uzaktır. Genç kuşaklarda yahni ile kapama; musakka ile bastı; aside ile helva arasındaki farkı bilmeyenler bulunmaktadır.

Mutfak konusunun kültür olgusu olarak ele alınmaması ve kayda geçirilmemesi sonucu meydana gelen bu durum, Pera Palas ve Tokatlıyan'ın açılmasından sonra Fransız mutfağı başta olmak üzere, yabancı mutfakların Türk Mutfağı'nı etkilemesiyle birleşince, günümüzde, yazılı kaynaklarda ve uygulayıcı kurumlarda Türk yemekleri diğer mutfaklara ait yemeklerle iç içedir. Kaneloni ile mantı; puding ile aşure; kuru köfte ile miditey köfte aynı kategorilerde ele alınmaktadır; bu durumun ileride yemek kültürümüzde karışıklar yaratabileceği düşünülmektedir.

Bu eser, Türk Mutfağı'nı 20. yüzyılın başında klasik şekline ulaşmış ama yabancı mutfaklardan fazla etkilenmemiş şekliyle karışıksız vermeyi amaçlamaktadır. Orta Asya'dan günümüze ulaşan helva, mantı, kavurma, şiş kebabı vb; Selçuklularda eklenen tutmaç, herise, kalye, borani vb; Osmanlılarda kaydedilen mazruf kebabı, Hünkâr beğendi ve gittikçe zenginleşen pilav, börek, tatlı türleri vb; Cumhuriyet döneminde görülen Sultan Reşat pilavı, Hasanpaşa köftesi, saray böreği, örgülü pilav ve inanılmaz sayıda artan tatlılar, aşçılık geleneğinden doğan özgün yemekler kaynaklara sadık kalınarak verilmektedir.

Yemeklerin beş yüzden fazlası Hadiye Fahriye'nin *Yemek Kitabı* (1340/1924) ve *Tatlıcı Başı* (1342/1926) adlı kitaplarından günümüze uyarlanmıştır. Klasik mutfakla ilgili kaynaklarda bulunmayan ama teknik olarak bütünlük kazandıracak meyve bastıları Konya Mutfağı'ndan verilmiştir.

Bu kitabın hazırlanmasında, bıraktığı iki değerli eserle yol gösteren Hadiye Fahriye'yi rahmetle anıyorum. Her çalışmamda yanımda olan ağabeyim Feyzi Halıcı'ya ve Prof. Dr. Nilgün Çelebi'ye; tarih danışmanım Ayla Halıcı'ya; Nermin Halıcı ile Hasan Halıcı başta olmak üzere bütün aileme, yemeklerin standartlaşmasında tadım yapan ve adları Giriş'in sonunda verilen panelist dostlarıma şükranlarımı sunuyorum.

Bu çalışmanın Senay Haznedaroğlu ile buluşmasını sağlayan Faruk Şüyun'a; okuyucu ile buluşmasını sağlayan Senay Haznedaroğlu'na, Oğlak Yayınları mensuplarına ve emeği geçen herkese sonsuz teşekkürler ediyorum.

Nevin Halıcı, 23 Haziran 2009

giriş

Türkiye'de yaygın olan bir anonim düşünceye göre Türk Mutfağı, Çin ve Fransız mutfaklarıyla birlikte dünyanın üç ünlü mutfağından biridir (Ertürk 1972: 7). Orta Asya'dan bu yana yüzyıllar süren gelişimi içinde Türk Mutfağı, mutfak mimarisi, araç gereçleri, yemek çeşitleri, kış için hazırlanan yiyecekleriyle gerçekten kendine has bir üslup yaratmıştır. Büyük imparatorlukların büyük mutfaklar kurduğu düşünülürse (Felek 1979: 3) buna bir de verimli imparatorluk ürünleri ve Türk kadınlarının güzel yemek yapma konusundaki heves ve becerileri de eklenirse, Türk Mutfağı'nın bu durumunu olağan karşılamak gerekir. Türk Mutfağı'nın en önemli özelliği, yemek sanatının her dalında birbirine eş değer zenginlik ve nefasette örnekler vermiş olmasıdır. Türk Mutfağı'nın eksiksiz bir bütünlüğe sahip olduğu rahatlıkla söylenebilir (Halıcı 1985: 1).

Türk Mutfağı; Klasik Türk Mutfağı ve Türk Halk Mutfağı olarak ele alınabilir. Klasik mutfak, İstanbul saray, konak ve lokantalarında gelişen ve 19. yüzyılın sonları ile 20. yüzyılın başlarında son şeklini bulan bir mutfaktır. Türk Halk Mutfağı, Klasik Türk Mutfağı'nın yemekleriyle birlikte, Anadolu'nun yöresel özelliklerini de bünyesinde bulunduran ve Anadolu'da hâlâ yaşamakta olan bir mutfaktır (Halıcı 1999: 6).

Türk Mutfağı'nın tarihsel gelişimi

Türk mutfak kültürünün, Orta Asya bozkırları, Çatalhöyük ve Anadolu uygarlıklarının ilkçağlardan günümüze getirdiği bir bileşimden meydana geldiğini söyleyebiliriz.

Mutfak tarihi de Türk tarihi gibi Orta Asya, Selçuklu, Osmanlı ve Cumhuriyet dönemleri içinde incelenebilir (Halıcı 1989: 9; 1999: 6).

Orta Asya dönemi (1040'dan önce)

Orta Asya'da göçebe hayatı yaşayan Türklerin yiyecek ve yemek kültürleri hakkındaki bilgiler kısıtlıdır ve tahminlere dayanmaktadır. Göçebe yaşamına uygun olarak Orta Asya'da Türklerin koyun eti, at eti; buğday ve mamullerinden yapılan açma börek ya da diğer hamur işleri; süt, yoğurt vb süt mamullerini kullandıkları belirtilmektedir. İçtiklerinse kımız ve ayran olduğu öne sürülmektedir (Halıcı 1989: 9).

Çince "Man too" sözcüğünden geldiği ileri sürülen mantı (Ögel 1978: 385), tatar böreği, kalakay, katlaşıklı kabote (katmerli börek), çiğ börek gibi açma hamurlar, tarana (tarhana) vb yiyecekler Orta Asya kökenlidir, denilebilir (Gülersoy 1982: 199).

Eldeki bulgulara göre İslam öncesi Türklere ait ilk yazılı kaynaklardan biri olan Orhun Yazıtları'nda Türk Mutfak kültürüyle ilgili ilk yazılı bilgilere rastlıyoruz. Önce Strahlenberg'in sözünü ettiği, sonra Thomson ve Radloff'un bilim dünyasına kazandırdığı, Göktürklere ait bu yazıtlarda, Bilge Kağan'ın ölen kardeşinin yas töreni için konuklar davet edildiği ve ölü yemeği verildiği belirtilir. Aynı yazıtlarda iki Türk yiyeceği yazılıdır. Bunlar geyik ve tavşan etleridir. Tok, aç, aş, azuk vb de Orhun Yazıtları'nda bulunan yiyeceklerle ilgili ilk terimlerdir (Ergin 1970: 125). Göçebe bir kavim olan Türkler, Orta Asya'da geçimlerini avcılıkla sağlıyorlardıysa da D'ohsson *18. Yüzyıl Türkiyesinde Örf ve Âdetler* kitabında (s. 27) bu durumun değiştiğini şöyle anlatır: "Üstelik içlerinden çoğu hayvana karşı fazla şefkatlidir. Bu bakımdan hükümdar olsun, devlet büyüğü olsun, avam olsun aralarında fazlaca av meraklısına rastlanmaz".

Selçuklular ve Beylikler dönemi (1040-1299)

Selçuklular ve Beylikler döneminde, Türk kültürünün iki önemli eserinde mutfakla ilgili bilgilere daha fazla rastlanır. 1072-73 yıllarında Araplara Türkçe öğretmek için Kaşgarlı Mahmut tarafından sözlük olarak kaleme alınan *Divanü Lugati-t Türk*'te yiyecek ve yemek adlarıyla birlikte bazı yemek tarifleri de görülür. Eski bir Türk yemeği olarak tanımlanan tutmaç, yufka, katma yuga (katmer), etmek (ekmek), yoğurt, ayran, kımız, çörek, pekmez, kavut (helva) vb adı geçen eserde yer alan yiyeceklerdir. Pişirme tekniklerine de işaret eden mutfak araç gereçlerinden bazıları şunlardır: Güveç, tencere, burileme, sac, şiş vb (Kaşgarlı 1985; Oğuz 1976).

On birinci yüzyılda Yusuf Has Hacip (1972) tarafından yazılan *Kutadgu Bilig* adlı eserde ise yemeklerden daha çok yemek töreni, şölen ve sofra bilgileri üzerinde durulmuştur (*bkz.* s. 325).

Aynı döneme ışık tutacak diğer bir eser 14. yüzyıl sonlarında yazıya geçirilen *Dede Korkut Hikâyeleri*'dir. Destanımsı on iki hikâyeden oluşan bu eser Oğuz Türklerinin töreleriyle ilgili zengin bir kaynaktır. Yahni, şişlik, dovga (Anadolu'da toyga çorbası diye adlandırılan döğmeli yoğurt çorbası) gibi yemekler; kaymak, yoğurt, peynir gibi katıklar; süt, ayran, kımız, şarap gibi içkiler *Dede Korkut Hikâyeleri*'nin yiyecekleridir (Gökyay 1973).

Kutadgu Bilig, Divanü Lugati-t Türk ve *Dede Korkut Hikâyeleri*'nin Türk kültürünün yalnızca bulundukları yüzyıla değil, daha öncesine de ışık tutan eserleri olduğu ileri sürülür.

Selçuklular döneminde yemek kültürü açısından aydınlatıcı diğer bir kaynak 13. yüzyılda yaşayan Mevlana'nın eserleridir (Mevlana 1957-1960; 1985). İnsanları sevgi potasında birleştirecek bir gönül beraberliği felsefesinin kurucusu olan Mevlana yemek ve yiyecekle ilgili sayısız bilgi vermiştir.

Divanü Lugati-t Türk'deki pişirme tekniklerine işaret eden tencere yemekleri, Mevlana'nın eserlerinde kalyeler, boraniler vb sınıflamalara ayrılmıştır. Aynı sınıflamayı yemek türleri için de söylemek mümkündür: Pekmez helvası, badem helvası, zerde, paluze vb bunlardan bazılarıdır.

Mevlana'nın ölümünden sonra kurulan Mevlevilik tarikatı mutfak çalışma düzenleri ve yemek adabıyla ilgili günümüzde de devam eden bazı kurallar ortaya koymuştur. On üçüncü yüzyılda, Türk Mutfağı'nın ilk bilinen çalışma düzenlerini açıklayan bu kurallar şöyledir:

"Mevlevilikte mutfak bir nev-niyazın ham iken pişip olgunlaştığı bir kutsal ocak, bir kutsal mabet olarak kabul edilir, Ateş-baz-ı Veli'nin makamı bulunan mutfaktaki ocak bu mabedin mihrabı sayılır. Aşçı Dede nev-niyazları her bakımdan eğitir. Kazancı Dede de onun yardımcısıdır. Bir istekli Mevlevilikte göreve talip olmadan evvel, dergâh mutfağında hemen girişte sol tarafta bir kişinin oturabileceği aralıkta bulunan saka postunun üzerinde oturur. Mutfak canlarının (görevlilerinin) çalışmalarını, hal ve hareketlerini üç gün dikkatle izler; karar verir. Kabullenirse mutfakta bin bir gün devam edecek çileye başlar. Mevlevi dergâhlarının ruhu mutfakta atar. Nev-niyazlar benliklerinden mutfakta soyunurlar, enaniyetten tamamen el çekerler. Yol yöntem nev-niyazlara mutlaka öğretilir. Aşçı Dede canların (acemi Mevlevilerin) ilk öğretmenidir, başöğretmenidir. Mutfakta on sekiz çeşit hizmet görülmektedir.

1) Kazancı Dede: Aşçı Dede'nin vekilidir. Tekke Zabitanı olup mutfağı, nev-niyazları topluca o yönetir.
2) Halife Dede; Mutfağa yeni gelen nev-niyazlara yol gösterir, onları eğitir.
3) Dışarı Meydancısı: Hücredeki dervişlere Aşçı Dede'nin emirlerini iletir.
4) Çamaşırcı: Dede ve canlarının çamaşırlarının yıkanmasını sağlar.
5) Abrizci: Hela ve ortalık temizleyicisi.
6) Şerbetçi: Çileden sonra hücreye çıkacak nev-niyaza ve Dedelere şerbet yapıp verir.
7) Bulaşıkçı: Mutfağın kap-kacağını yıkar.
8) Dolapçı: Mutfağın kap-kacağını kontrol eder, kalaylanma işlerini yapar.
9) Pazarcı: Pazardan yiyecek, içecek alışverişini yapar.
10) Somatçı: Dergâhta Dede ve canlara sofra kurup kaldırır.
11) İçeri Meydancısı: Dedelere, canlara kahve pişirir.
12) İçeri Kandilcisi: Mutfak kandilini yakar, temizler.
13) Tahmisci: Mutfağın kahvesini döver.
14) Yatakçı: Yatakları yapar, kaldırır.
15) Dışarı Kandilcisi: Dışarı avlunun kandillerini yakar.
16) Süpürgeci: Mutfağı ve avluyu temizler.
17) Çerağcı: Mutfak şamdanlarını yakar (uyandırır).
18) Ayakçı: Ayak hizmetlerini yapar" (Gölpınarlı 1963: 45).

Burada Mevlana'nın ünlü aşçısı Ateş-baz-ı Veli'den de söz etmek gerekir. Halk arasındaki inanışa göre Ateş-baz-ı Veli bir ermiş kişidir ve onunla ilgili şu hikâye anlatılır: Bir gün

Ateş-baz-ı Veli, Mevlana'ya "Ocağı yakacak odun kalmadı" demiş. Mevlana da ayaklarını ocağın altına koymasını söylemiş. "Eyvallah" diyen Ateş-baz-ı Veli gidip ayaklarını ocağın altına uzatmış. Baş parmaklarından çıkan alev yemek kazanını anında kaynatmaya başlamış. Fakat, acaba yanar mı, diye şüpheye düştüğünden sol baş parmağı yanmış. Durumu Mevlana'ya haber vermişler. Mevlana gelerek üzüntüyle, niçin şüpheye düştün, anlamında "Hay Ateş-baz, hay" demiş; o da yanan parmağını göstermemek için sağ ayak baş parmağını üzerine koymuş (Gölpınarlı 1963: 8). Bu olay semazenlerin sema'a başlamalarında attıkları ilk adımla yadedilir.

1285 yılında ölen Ateş-baz-ı Veli için kırmızı taşlarla bir türbe yapılmıştır. Muhtemelen dünyada ve Türkiye'de 13. yüzyılda adına türbe yaptırılan ilk aşçıdır. Bu, o dönemde yiyeceğe, yemeğe, mutfağa ve bir aşçıya gösterilen saygıyı belirtmesi açısından güzel bir anlam taşır.

Halk arasında, Ateş-baz-ı Veli'yi ziyaret etmenin ve orada dağıtılan tuzdan bir tutam alıp mutfaklarına götürmenin, ziyaret eden kişilerin mutfaklarına bereket getireceği, yaptıkları yemeklerin güzel olacağı veya hastalıklarına iyi geleceği vb inançlar yaygındır (Halıcı 2005: 36).

Selçuklular dönemine ilişkin bilgiler Selçuknameler'de de görülür. Selçuklu Hükümdarı I. Alaaddin Keykubat (1227-1237) hükümdar olarak Konya'ya ilk geldiğinde o zamana kadar görülmemiş şenlikler, törenler yapılmış, ziyafet ve içki âlemleri tertip edilmiştir. H. T. H. Houtsma tabı Selçukname'de bu ziyafetler şöyle anlatılmaktadır. "Çini ve altın sahanlar içinde çeşitli pilavlar, kalyeler, boraniler, yahniler, söğürmeler, biryanlar; tavuk, güvercin, keklik ve bıldırcın kebapları sedire (bir set üzerine), iki kola Oğuz resmine göre döşendi. Kımız ve çeşitli şerbetler Oğuz resim ve erkânı üzere yenildi, içildi" (Selçukname 1957: 29).

Selçuklular ve Beylikler döneminde Anadolu'da pratik mutfakla ilgili belirli tüzük ve şartnamelere bağlı olarak faaliyet gösteren bazı kurumlar da döneme ait bilgiler vermektedir. Bunların başında vakıf müesseseleri bulunmaktadır. Vakıf müesseseleri karşılıksız hayır yapan ve hizmet gören kurumlardır. Beylikler döneminde, Kütahya'dan Germiyanoğlu Beyi Yakup Bey imareti, imaret mensuplarına ve konaklamak için gelenlere şu şekilde bir hizmet veriyordu:

"Her gün iki kap yemek ve 4 ekmek.
Her gün et yemeği. Yemekler ve ekmekler nefis olacak.
Pirinç ve buğday çorbası.
Et, pilav ve ıspanak, şalgam gibi sebzeler.
Un helvası, ballı kadayıf vs.
Yemeğe yetişemeyenlere; Bal, peynir ve pide" (Ünver 1982: 5).

Germiyanoğlu'nun bu imaretinin diğer bir özelliği de vardır. Diğer imaretlerde misafirlere ikram, anane icabı üç gün iken, Germiyanoğlu imaretinde arzu edenler misafirlik süresini istedikleri kadar uzatabilirdi.

Osmanlılar dönemi (1299-1923)

Osmanlılar döneminde, mutfak anlayışı İstanbul'daki saray ve konakların aşçılarında ihtisaslaşma yoluyla gelişerek, günümüzde uzmanlarca Türk Mutfağı olarak da kabul edilen İstanbul Mutfağı'nı meydana getirmiştir (Ertürk 1972: 7).

Saray Mutfağı

Fatih Sultan Mehmet 1453'te İstanbul'u fethettikten sonra ilk iş olarak oturabileceği bir saray yapılmasını emretmiştir. Ayrıca ünlü Kanunname'si ile, 1478'de tamamlanan sarayında, imparatorluğun teşrifat usulünü, protokol ile beraber yemek yeme adabını da belirlemiştir. Buna göre padişahın, vezirlerin, defterdarların ve diğer saray mensuplarının ne şekilde yemek yiyecekleri ortaya konulmuştur (Ongun 1982: 139).

Saray mutfağına kısaca bir göz atarsak, Fatih zamanında dört bölümden oluşan mutfağın en önemli bölümünün, adını küçük tencereden alan "Kuşhane" mutfağı olduğunu görürüz. Bu mutfakta yalnız padişaha, az oranlarda küçük tencerelerde yemekler hazırlanır ve sunulur. İkinci mutfak "Has" mutfak olup burada Valide Sultan, şehzadeler ve harem halkından imtiyazlı kişilerin yemekleri çıkarılır.

Daha sonraki bölümlerde harem mutfağı, kapıağası mutfağı, divanu hümayun mutfağı ve rütbelerine göre diğer saray mensuplarının mutfakları yer alır (Ongun 1982: 139).

Saray mutfaklarının baş sorumlusu kilercibaşı, her mutfağın şefi olan aşçıbaşılar ve mutfaklarda bulundurulması gerekli malzemeyi sağlayan mutfak emini mutfak çalışmasını yürüten üçlü baş personeldir. Süheyl Ünver (1952: 67) *Fatih Devri Yemekleri* kitabında mutfak çalışanlarını özetle şöyle anlatır:

"1478'de sarayda yüzlerce kişiye yemek veren mutfağın geniş bir kadrosu vardı. Bunların başında Mehmet Bey adlı ser zevvakin (padişah yemeklerinin tadına bakan kişi) ve Bedreddin Bey mutfak emini bulunmaktaydı. Kalabalık mutfak kadrosu şu görevlilerden oluşmaktaydı: Aşçıbaşı, aşçılar, mutfak ustaları (mütehassıs aşçılar), halifeler (kalfa ve muavinler), hassa mutfağı ustaları, hassa elekçiler halifeleri, Divan İçoğlan ustaları, ekmekçiler, mutbak sakaları, ekmekçibaşı, vekilharç, yoğurtçubaşı, kasapbaşı, kilerciler, ambar neferleri, hassa ekmekçileri, iç sakalar, kalaycıbaşı, masraf katibi, baklavacı, ekmekçiler halifeleri, saka başı, buzcu, küçük kilerci, eski saray aşçıbaşısı, eski saray aşçılar hocası, pirinççi, mumcu, Darüssaade tabbahı (aşçısı), aşçılar bölükbaşısı, çinici, kalaycı, divan sakası, sebzeci, hasırcı, buğday ambarı kilercisi, ambarcıbaşı, helvacıbaşı, helvacılar, helvacılar halifesi, turşucu, helvacılar ustası, eski saray helvacısı".

Aynı eser mutfak teşkilatını şöyle verir: "Matbahı amirede, Sinan Bey'e tabi Cemaati zevvakin: Asıl yemeklerin nefis olması için çalışanlar.

Şükrüllah'a tabi Cemaati hubbazin: Sarayın fırınında ekmek pişirenler.

Kemal'e tabi: Cemaati tabbahin: Aşçılar.

Ayrıca hassa tabbahlar (aşçıların yamakları, şakirdleri 3 adet. Kemal aşçıbaşı 'ser tabbahin'idi. Helvaları yapan da ayrıdır, kadroda 'Davut helvai' diye geçiyor. Şerbetleri hazırlayanlar arasında İbrahim şarabi, Mehmet şarabi, birçok kilerciler, pazara yanındakilerle gidip alışveriş eden serpazar da kadroya dahildir".

Bu düzen Türk mutfağında, Mevlevi dergâhında 13. yüzyılda başladığı görülen ekipleşmenin, 15. yüzyılda tamamen yerleşmiş olduğuna işarettir. Ünver'in de belirttiği gibi, saray mutfaklarında bütün personel yemeklerin nefis olması için özen gösterirken, bir grup da mevcut yemeklerin yeni uygulamalarla daha iyi tat kazanması için çalışırdı.

Sarayda ilk zamanlarda sade yemekler yenirse de yüzyıllar içinde âdetler değişmiş ve yüz yemeğe kadar çıkan yemek adediyle ihtişamlı sofralar kurulmuştur. Yabancı yazarların bahsettiği bu sofralardan bazıları aşağıda verilmektedir.

Bertrandon de la Broquere, İkinci Sultan Murat'ın sarayındaki yemeği şöyle anlatır: "... dairenin ortasında; içlerinde biraz koyun eti ile pirinç bulunan yüz kadar kap vardı. Padişah tahta oturduktan sonra Milan elçisi çağırıldı. Hediyeleri de arkasından getiriliyordu. Hediyeler önce yemek tabaklarının yanına kondu, sonra elleri üzerinde görülebilecek surette yukarı kaldırılarak padişahın önünden geçirildi.

Sultan II. Murat'ın önüne bir ipek havlu ve bir peşkir serildi. Kıpkırmızı yuvarlak bir meşin parçası da kondu. Buralarda sofra yerine meşin koymak âdetti. Sonra etle dolu iki yaldızlı tabak getirildi. Hademeler kalaylı kaplardaki yemekleri, her dört kişiye birer tabak dağıttılar. Bu kaplarda biraz koyun etiyle, biraz da pirinç vardı. Sofrada ekmek içecek bir şey yoktu. Dairenin bir tarafında yüksek bir raf gözüme ilişti. Üzerinde küçük, alt gözünde gümüşten büyük bir kap vardı. Bazıları kalkıp buradan bir şey içiyorlardı. İçtikleri su mu şarap mı idi; anlayamadım" (Ünver 1952: 52-53).

Fatih Sultan Mehmet sarayda devlet adamlarıyla yaptığı bir toplantıda sadece burani (sarımsaklı yoğurtlu sebze yemeği) ve helva ikram etmiştir. Yemek çeşitleri Yavuz Sultan Selim döneminde yirmi üç çeşide çıkmıştır; ancak, Sultan bunların hepsini görüp içinden birini seçerek yemekteydi.

Ünver *Fatih Devri Yemekleri*'nde (1952: 53), Philippe de Frense–Canaye'nin 1573'te yazdığı seyahatnamesinden sarayda elçilere verilen daveti şöyle nakleder: "Sofranın örtüsü beyaz, peşkirler acem işi ve cain işlenmiş. Yemekte şarap yerine muattar ve çok şekerli şerbet içiliyor. Yemekler hep önceden sofraya konmuş, pirinç, envai tür sebzeler, muhtelif cins pastalar (tatlılar olsa gerek), tabaklarda dört beş tavuk, beyaz ekmek".

İngiltere Kraliçesi Elizabeth'in İstanbul'a gönderdiği tam yetkili ilk büyükelçi Edward Barton hazırladığı bir raporda Saray'da kendisine verilen yemeğin yüz çeşidi bulduğunu ve içilen şerbetin gül şerbeti olduğunu anlatmaktadır (Ongun 1982: 145).

Ongun ayrıca, Mukaddes Roma İmparatorluğu'ndan II. Selim'e gönderilen elçi David'in Saray'da gümüş takımlarla yemek yenildiğinden söz ettiğini, 1741'de gelen Fransız elçisi

Comte de Castellane'nin ise içine zehirli yemek konulduğunda renk değiştirdiği söylenen Çin porselenlerinden seladon takımlarla servis yapıldığını yazdığını belirtmektedir.

Daha sonraları düğün ve sünnet törenlerinde büyük sofralar açıldığı bilinmektedir. Öyle ki devletin son dönemlerinde yapılan bir sünnet töreninin devlet bütçesini sarstığı bile söylenmektedir.

Konaklar

Türk Mutfağı'nın gelişiminde rol oynayan ikinci etken konaklardır. Selçuklulardan başlayan ve Osmanlı'da da devam eden, konaklardaki karşılıklı davetlerde, en iyi yemeklerin yarışmalar halinde sunulmaya çalışılması, mutfak açısından olumlu sonuçlar doğurmuştur. Ayrıca sarayda ünlenen yemekler vezirler ve diğer üst düzey çalışanlar tarafından konaklara taşınmış, konaklarda ünlenen yemekler saraya geçmiştir (Halıcı 1989: 13; 1999: 8).

1837'de neşredilen "Şarkın Tatlıları" adlı eserin yazarı Friedrich Unger'e İstanbul'da bir Türk konağında verilen ziyafetin yirmi üç yemekten oluşan listesi şu şekildeydi:

"1-Acem Pilavı
2-Kuzu Kebabı
3-Elmasiye
4-Etli Börek, yanında salata, havyar, kabuğu alınmış badem, turp, zeytinli salata
5-Sütlü Ekmek
6-Dolma
7-Enginar Yahnisi
8-Yaprak Sarma
9-Baklava
10-Yumurta Dolması
11-Peynirli Börek
12-Sütten pişirilen, üzerine tereyağ dökülen Tavuk Göğsü
13-Elma Kompostosu
14-Süzme Aşure (Buğday, şeker, badem, fıstık, tarçın karışımıdır. Kaşıkla yenir.)
15-Tandır Kebabı
16-Tencere Kebabı (tencere veya tavada kızartılan tavuk)
17-Sütlü Aş (Süt, pirinç şekerden yapılır.)
18-Dudu Dolması (Pirinç, yumurta, tereyağı ile yapılır.)
19-Terbiyeli Çorba (İçine yumurta ve limon konulan etli çorbadır.)
20-Elma Dolması (Elmaların içi etle doldurulur, karanfil ile kokulandırılır.)
21-Pilav Peltesi
22-Kayısı Hoşafı
23-Çeşitli Şerbet ve Tatlılar

Bütün bunlar peşpeşe ve bol miktarda veriliyordu. Bazı durumlarda bu listenin değiştiğini gördüm. Müslümanların inancına göre pilav cennetteki nimetlerden imiş, onun için ziyafetlerde bol bol pilav verilir" (Unger 1986: 37).

Osmanlı'da, saray nefasetinde mutfağa sahip konakların ünü yayılmış ve Sultanların ziyaretine neden olmuştur. II. Mahmut zamanında Dürrizade Şeyhülislam Abdullah Molla elaçıklığı, zenginliği, kibarlığı ve mutfağı ile ünlü imiş. Sultan II. Mahmut bir iftar zamanı vezirlerini de toplayarak, Dürrizade'nin konağına habersiz gitmiş. Sultanı karşısında gören kâhya telaşla efendisine koşmuş, durumu anlatmış. Dürrizade telaşlanmamış ve "Korkma, benim yemeğimi sultana; haremin yemeklerinden iki üç tepsiyi de misafirlere çıkar" demiş. Yemekten sonra padişah yemeklerin nefasetiyle birlikte, yemek servisi ve yemek takımlarını da beğendiğini belirtmiş. Ancak pilavdan sonra gelen hoşafın diğer kaplar kadar iyi kapta sunulmamasının sebebini sormuş. Dürrizade "Kulunuz, hoşafın lezzeti bozulmasın diye buz parçalarını hoşafa attırmıyorum, hoşaftan buzlu kâse yaptırıp hoşafı onun içine koyduruyorum" demiş (Ali Rıza, tarihsiz: 134).

Osmanlı konakları âdeta sarayla yarış halindeydi. Sadrazam Mahmut Paşa gibi pilavın içine altın nohut gizleyerek, diş kirası verilen konaklar da bulunmaktaydı.

Osmanlı konaklarında da saraydaki gibi etçi, börekçi, tatlıcı, ekmekçi vb çeşitli ustalar görev yapmakta ve konak halkına daha nefis yemekler yapmak ve yaratmak kaygısı içinde idiler.

Konaklarda bazı yemeklerin yapımıyla ilgili zarif gelenekler vardı. Bunlardan biri de Ramazanlarda çok yapılan güllaçtı. Konakta kaç aşçı olursa olsun güllaç evin hanımefendisi tarafından yapılırdı. Sofraya güllaç geldiğinde yemekte bulunanlar güllacın evin hanımının zarif elleriyle yapıldığını bilir ve zevkle yerlerdi (Halıcı 1989: 148).

Günümüzde de konaklarda Selçuklulardan gelen ve Osmanlı zamanında gelişen yemek geleneği aynı biçimde sürmektedir. Türk Mutfağı en güzel şekilde evlerde yaşamaktadır.

Aşçılar

"Aşçı-başının gözü çok tok ve gönlü zengin olmalı; temiz olduğu gibi yüzü ay gibi parlamalıdır.

Aşçı temiz olursa, temiz yemek verir; yemek temiz olursa seve seve yenilir" (Hacip 1972: 210).

Geleneksel kültürümüzde aşçılık önemli ve saygın bir meslek olarak kabul edilmiştir. Bu en güzel şekilde Mevlana'nın Ateş-baz-ı Veli'ye gösterdiği saygı ve sevgide görülmektedir.

Anadolu'da yaygın bir inanışa göre her mesleğin bir piri vardır. Neyzenlerin piri ilk defa çobanlık yaparken kaval çalan Musa peygamber, demircilerin piri Davut peygamber, balıkçıların piri Yunus peygamber, terzilerin piri İdris peygamber gibi... Aşçıların piri ise ilk defa "baba çorbası" diye adlandırılan buğday çorbasını pişiren, sonra buğdaydan ekmek yaparak yiyen Âdem peygamberdir (Kahraman ve Dağlı 2006: 528). Konya'da ise

Hz. Mevlana'nın aşçısı Ateş-baz-ı Veli aşçıların piri kabul edilmektedir. Buhari Hazretleri de aşçıların piri olarak anılmaktadır; Semerkant yakınlarında Hartenk'te vefat etmiştir (Kopuz 2006: 173). Her ikisinin türbesi de ziyaret yeridir.

Selçuklular döneminde aşçı dükkânlarından, baş kebabı yapan kebapçılardan söz edilmiştir (Mevlana 1957-60; 1985). İstanbul'da çeşitli loncalara sahip aşçılar çeşitli bölümler ve alt bölümler halinde eski yemeklerin günümüze kadar gelişerek ulaşmasında rol oynayan kurumlardır. Ahmet Kal'a (1998: 18-50) *İstanbul Esnaf Birlikleri ve Nizamları* adlı eserinde "Teşkilatlanmış esnafın müşterek odasına veya meclisine 'lonca' ismi veriliyordu" açıklamasını yapmaktadır. Aynı eserde loncaların her mensubunun bir meslek sahibi olmasını şart koşan Ahi'liğe dayandığı; Ahi'liğin ise fütüvvet teşkilatını örnek alarak geliştirildiği belirtilmektedir. Loncalar yiyecek kalitesini bozmadan geliştirmeye çalışarak, Türk Mutfağı'na olumlu katkıda bulunmuşlardır. Evliya Çelebi, *Seyahatname*'sinde, İstanbul'da bütün yiyecek içecek esnafını geniş bir biçimde anlatmıştır.

Osmanlı'da loncalar her türlü eğlence törenlerinin vazgeçilmez bir parçasıydı. Yiyecek, içecek loncalarının bayraklarla resmigeçitlerde yer almaları Levni ve diğer minyatür sanatçılarının eserlerinde büyüleyici güzellikte resmedilmiştir.

Osmanlılar döneminde yiyecek maddelerinin en iyilerinin İstanbul'a taşınması ve çok sıkı bir kontrol sistemiyle kötü mal satımının önlenmesi (D'ohsson, tarihsiz: 36), ayrıca konaklarda olduğu gibi aşçı ve tatlıcıların da kendi aralarında rekabet ve en iyiyi sunma gayreti bu olumlu katkının nedenidir.

Eski İstanbul'dan günümüze uzanan tatlıcıların en özgün olanı muhallebicilerdir. Tavuk çorbası, tavuklu pilav ve tavuk göğsünün yanı sıra sütlü ve hafif tatlılar da yapan bu muhallebicilere şimdilerde İstanbul'da nadir de olsa rastlanmaktadır (Halıcı 1989: 14).

Burada seyyar satıcılardan da söz etmek gerekir. Eski İstanbul'da bir çeşit yiyecek maddesi yapıp satan çörekçi, börekçi, simitçi, kâğıt helvacı, poğaçacı, lokmacı, gözlemeci, lokum ve şekerlemeci, her türlü helvacı, kelle-paçacı, pilavcı, seyyar kuskuscu, köfteci, kokoreççi vb arasında en özgün olanı, günümüzde de hâlâ devam eden kayıkta balık tava satan seyyar satıcılardır. Bu satıcılar, eskiden İstanbul'un temiz denizinde yakaladıkları balıkları hemen ayıklayıp deniz suyunda yıkadıktan sonra yine kayıklarında bulunan ocak üzerinde unlayıp yağda kızartarak, yarım ekmeğin içine maydanozlu soğan piyazıyla koyarak satarlardı. İskelede hareket etmek için bekleyen gemilerin yolcuları ya da kıyılardaki kalabalıklar için denizden yaklaşan kayıktan balık alıp yemek büyük bir zevkti (Halıcı 1989: 16).

Yayınlar

Türklerin "yediğin, içtiğin senin olsun, gezip gördüğünü bana anlat" cümlesinden de anlaşılacağı gibi yiyecekten, yemekten fazlaca bahsetmenin ayıp kabul edilmesi, mutfakla ilgili yayınların az olmasının da nedenidir. Dolayısıyla, saray, konak ve yüksek sayıda loncaya sahip aşçı, tatlıcı vb kurumların kuşaktan kuşağa geçirdikleri pratik mutfak, Türk Mutfağı'nın gelişimi kadar bugüne gelmesinde de etkilidir.

Eski bulgulara göre yemek tarifi veren bazı sözlükler ve tıp kitaplarındaki tarifler dışında ilk yemek kitabı bir çeviri eser olan ve Şirvani'nin Arapça *Kitabut-Tabih* adlı eserden 15. yüzyılda çevirdiği tahmin edilen *Tabh-ı Etimme*'dir (Kut 1984). On sekizinci yüzyılda Şeyhülislam Paşmakçızade Abdullah Efendi'nin torunu tarafından hazırlanan "Ağıdiye Risalesi" (Kut 1985); aynı yüzyıla ait, yazarı belli olmayan "Yemek Risalesi" (Seferciоğlu 1985) dikkati çeken yazma eserlerdir. 1884'te Mehmet Kâmil tarafından hazırlanan *Melceü't-Tabbâhîn* eldeki bulgulara göre taş baskı ilk yemek kitabıdır. Aynı eser sonraları Türabı Efendi tarafından İngilizce'ye de çevrilmiştir. (Kut 1985) Feyzi Halıcı tarafından yayımlanan *Ali Eşref Dede'nin Yemek Risalesi* de önemli bir eserdir (Halıcı 1992). Bu eserden sonra Cumhuriyet dönemine kadar zaman zaman yemek kitapları yayımlanmıştır.

Cumhuriyet dönemi (1923-)

Cumhuriyet dönemi mutfağı saray, konak, aşçılar üçgeniyle İstanbul'da gelişen ve artık yalnızca evlerde yaşayan Klasik Türk Mutfağı; büyük oranda Batı yemekleriyle karışmış olarak lokanta ve otellerde uygulanan karma mutfak; Anadolu'da uygulanarak ve bölgesel ürünlerle bütün canlılığıyla var olan Türk Halk Mutfağı ve araştırmalarla yazılı kaynaklarda incelenebilecek dokümanlar olarak ele alınabilir (Halıcı 1982: 105; 1989: 27).

Klasik Türk Mutfağı, diğer kültür değerlerinde olduğu gibi İstanbul'da kendine özgü bir mutfak geliştirmiş ve yazılı kaynaklardaki bazı yemekler (tutmaç vb) bu mutfakta yer almadığı gibi; Anadolu'da yaşayan birçok yemek de (arabaşı, çebiç, canfes böreği vb) tanınmadıkları için İstanbul Mutfağı'na girememiştir.

Öte yandan lokanta, otel gibi evlerin dışında görülen, Batı etkisindeki karma mutfak, Türk Mutfağı hakkında -Klasik Mutfağı titizlikle uygulayan bazı kuruluşlar dışında- fikir vermekten uzaktır (Halıcı 1982: 105).

Türk Halk Mutfağı, Klasik Mutfak'ın aşağı yukarı bütün yemeklerini içine almakla birlikte, bölgesel ürünlerle farklı yemeklere de sahip bir mutfaktır. Ancak yukarıda da belirtildiği gibi bu bölgesel farklılıklar İstanbul Mutfağı'na çeşitli nedenlerle girememiştir. Ege Bölgesi'nde ekmek dolması, haşhaşlı çörek; Akdeniz Bölgesi'nde şakşuka, kabak helvası; Güneydoğu Anadolu Bölgesi'nde maş piyazı, külünce; Doğu Anadolu Bölgesi'nde keledoş, mırtoğa; Karadeniz Bölgesi'nde hamsi pilavı, lahana çorbası; İç Anadolu Bölgesi'nde çebiç, arabaşı İstanbul Mutfağı'nda uygulanmayan yiyeceklerden örneklerdir (Halıcı 1982: 105).

Cumhuriyet dönemi yayınları arasında Ekrem Muhittin Yeğen başta olmak üzere, Raşit Gürel, Necip Ertürk yemek tarifleri veren değerli eserleriyle dikkati çekmektedirler. Mutfak kültürüne ilişkin yayınlar arasında, Türk Mutfağı'nı dış dünyaya açan Konya

Kültür ve Turizm Derneği Başkanı Feyzi Halıcı tarafından yayımlanan, uluslararası beş yemek kongresi kitabı gösterilebilir.

Günümüzde Türk Halk Mutfağı ile ilgili çalışmalar başlatılmıştır (Halıcı 1979, 1981, 1983, 2001, 2005B). Yazılı kaynaklardaki yemeklerle ilgili çalışmalar da son yıllarda dikkati çekmektedir.

Türk ön tarihine uzanan yazılı kaynaklardaki yemekler ortaya konup (Halıcı 2005A); Anadolu'da yazılı kaynaklara geçirilmemiş yemekler derlenip İstanbul Mutfağı ile birlikte ele alınınca, Türk Mutfağı'nın gerçek çehresi belirlenecek ve bir bütün halinde ele alınabilecektir (Halıcı 1982: 105).

Türk Mutfağı'nın diğer mutfaklarla etkileşimi

Türk Mutfağı'nın diğer ülkelerin mutfaklarıyla etkileşimine gelince... Şüphesiz ki karşılıklı bir etkilenme söz konusudur. (Tarihsel gelişimi içinde yazılı kaynaklara dayandırmadan açıklık kazanmamış yemeklerin şu ya da bu ülkeye ait olduklarını söylemek yersizdir. Yeni bulgularla birlikte bilim her şeyi ortaya koyacaktır.)

Orta Asya'daki göçebe kültüründen kopup gelen Türkler geçtikleri ülke mutfaklarından bazı şeyler aldıkları gibi, Anadolu'da kendilerinden önce kurulmuş medeniyetlerin o güne kadar taşıdıkları mutfak özellikleriyle kendi mutfaklarını zenginleştirmişlerdir (Eyüboğlu: 125). Ancak bu zenginleştirmede etkilenilen yiyecekler, arının çiçeklerden gıda toplayıp bal sunması gibidir. Türk Mutfağı'nın en önemli özelliği aldığı şeyleri bünyesinde özümleyerek bir senteze ulaştırmasıdır (Halıcı 1989: 16).

Ayrıca benzer iklim ve bitki örtüsüne sahip olduğu komşularıyla da mutfak benzerlikleri olacağı doğaldır. Karadeniz Bölgesi'nin önemli yiyeceklerinden kara lahana ile yapılan lahana çorbasının Rus mutfağının ünlü borş çorbasıyla; bazı tatlı ve bulgurlu köfte türlerinin güney komşularımızla, pilaki türlerinin Yunanistan'la benzerlikler taşıması gibi...

Türk menşeli olduğu söylenen börekler (açma hamurlar) (David 1978: 41; Fulton 1985: 39), adını şişlikten aldığı söylenen kebap türleri (Fulton 1985: 173) Türklerden Balkanlara geçen yoğurt, Türk Mutfağı'nın ünü yurtdışına taşan yiyeceklerdir. Bir açma hamur tatlısı olan baklava, lokum ve Türk kahvesi için de aynı şeyler söylenebilir.

Türk ve Anadolu mutfağında görülen Çerkes tavuğu, Arnavut ciğeri, Kürt köftesi, Arap köftesi vb ise dış kökenli yiyeceklerdir. Günümüzde Türk Mutfağı'nda Batı mutfaklarından da yaygın uygulamalar görülmektedir.

Türk Mutfağı'nda İslam etkileri ve kutsal günler

Türklerin, 8. yüzyılda İslamiyet'i kabul edişinden sonra İslamiyet'in etkileri diğer kültür değerlerinde olduğu gibi mutfakta da kendini gösterir.

Bazı kutsal günler ve kutsal kökenli yiyeceklerin katılmasıyla beraber İslam dini yeme-içmede bazı kısıtlamalar getirir. *Kur'an*'da belirlenen bu kısıtlamalara göre, kesin olarak yasaklanan haram yiyecek ve içecekler beş çeşittir. Bunlar, boğazı kesilmeden kendiliğinden ölmüş hayvanlar, vücuttan akmış kan, domuz eti, Allah'tan başkası adına kesilmiş hayvanlar (*Kur'an-ı Kerim* 1961: El Maide 3., 4., 5. ayetler; El Bakara 172., 173.; El Enam 145. ayetler) ve sarhoş eden içkilerdir.

Kur'an'da belirtilmeyen, ancak İslam bilginlerince yenilmesinde mahzur görülen tiksindirici hayvanlar, sürüngenler ve yırtıcılar hakkında dört İslam mezhebi farklı görüşler serdetmişler; ancak bunların haram olmayıp mekruh olduğunu ileri süren görüşler ortaya koymuşlardır.

Deniz hayvanlarının helal olduğu görüşü hâkimdir. *Kur'an*'da, "Deniz avı ve onu yemek size de yolculara da geçimlik olarak helal kılınmıştır" denilir (*Kur'an-ı Kerim* 1961: El Maide 96. ayet). Bu ayete dayanarak boğazlanmadan ölen deniz böcekleri ve kara hayvanlarından çekirgenin yenilmesi de helal kabul edilir (Karaman 1981: 33).

İslamiyet'te tercihen Müslüman bir kişinin kestiği hayvanı yemekle beraber, kitap sahibi dinlere mensup kişilerin kestiği hayvanları yeme izni de vardır. Bu, *Kur'an*'da "Bugün size temiz ve faydalı şeyler helal kılındı. Kitap verilenlerinki size, sizinki onlara helal kılındı" (*Kur'an-ı Kerim* 1961: El Maide 5. ayet) diyerek belirtilir. Ancak kesilmenin biçimi İslam bilginlerine göre Müslümanlarınki gibi olacak, yani hayvanın boğazı keskin bir aletle kesilecektir.

Kur'an'da içki de yasaklanmıştır. İçkinin *Kur'an*'da şarap adıyla geçmesi, içki sevenlerce diğer içkilerin yasaklanmadığı yolunda görüşler ileri sürülmesine neden olmuştur. Ancak Hazreti Muhammed "Her sarhoşluk veren şey hamr (içki)dır ve her hamr (içki) haramdır" diyerek konuya açıklık kazandırmıştır (Karaman 1981: 42).

Bu yasaklar açlık ve susuzluğu giderecek, hastalığı tedavi edebilecek helal bir maddenin bulunmadığı durumlarda kalkar. Böyle hallerde 24 saat içinde helal yiyecek, içecek bulamayan kişi haram yiyebilir veya ilaç alabilir (Karaman 1981: 42).

İslamiyet bu yasaklar dışında Türk sosyal yaşamıyla birlikte mutfağa da bazı yeni töre, tören ve uygulamalar getirmiş, bazı yiyeceklerin kutsal anlamlar kazanmalarına neden olmuştur (Felek 1976: 3; Halıcı: 1979; 1981; 1983; 2001; 2005).

İslamiyet'te kutsal sayılan Ramazan ayı ve bayram günleri dışında beş kandil gecesi bulunur. Rebi'ül Evvel'in on ikinci gecesi Hazreti Muhammed'in doğduğu gecedir. Recep ayının ilk Cuma gecesi Regaib Kandili'dir. Bu gece duaların kabul edileceğine inanılır. Recep ayının yirmi yedisi Hazreti Muhammed'in Miraç'a çıktığı Miraç Kandili'dir. Şaban ayının on beşi Berat Gecesi'dir. Bu gece, bir yıllık yaşam süresince kişinin neler yapacağı takdir ve tayin edilir, meleklerce yazılır. Ramazan'ın yirmi yedisi ise Kadir Gecesi'dir. Bu gece *Kur'an*'ın yeryüzüne indirildiği gecedir (Karabulut, tarihsiz).

Bu kutsal günlerde İstanbul'da ve Anadolu'da hemen hemen her yerde, halk arasındaki inanışa göre, Hazreti Muhammed'in mühürü kabul edilen lokma, mektubu kabul edilen katmer ve selamı kabul edilen pişi yapılıp dağıtılması geleneği yaygındır. Büyükler ziyaret edilir, Kandil simidi, lokum, şeker gibi yiyecekler götürülür (Halıcı 1999: 6).

İstanbul'da ve Anadolu'daki kutsal günlerden biri de halk arasında hâlâ bütün geleneksel özellikleriyle yaşatılan, Muharrem'in onu olan Aşure günüdür. Allah'ın dokuz peygamberine dokuz lütuf ihsan ettiğine ve gökleri o gün yarattığına inanıldığı için, bugün coşkuyla kutlanır, karşılıklı aşure dağıtılır. Aşure gününe neden olan bu lütuflar şunlardır:

1- Adem'in tövbesini kabul etmiştir.
2- İdris göğe yükseltilmiştir.
3- Nuh'un gemisi Cudi dağında karaya oturmuştur.
4- İbrahim o gün doğmuş; aynı gün Nemrud'un ateşinden kurtarılmıştır.
5- Davud'un tövbesini kabul etmiştir.
6- Eyyub'u dertten kurtarmıştır.
7- Musa'yı denizden kurtarıp Firavun'u helak etmiştir.
8- Yunus'u balığın karnından kurtarmıştır.
9- İsa'yı göğe kaldırmıştır.
10- Gökleri o gün yaratmıştır (Karabulut, tarihsiz: 59).

Mutfak mimarisi

Eski Türk evlerinde mutfak, kiler ve mutfak olmak üzere iki bölümden oluşurdu. Kiler genellikle güneş görmeyen ama iyi havalandırmayı sağlayan küçük pencereleri olan, bir kapısı mutfağa açılan bölümdü.

Kilerlerde uzun süreli muhafaza gerektiren maddeler bulundurulurdu. Kilerin duvarları çevresinde, yerden 5-10 cm yüksekliğinde bir set yer alırdı. Burada yağ, reçel, pekmez, bal, turşu gibi yiyecek küpleri birbirine benzerlik derecesine göre bölümler halinde, üstleri dantelli örtülerle örtülerek sıralanırdı. Sucuk ve pastırmalar bez torbalarda duvarda veya tahta direkler üzerindeki çengellere asılırdı. Kış için saklanacak üzüm, kavun, armut vb meyveler aynı şekilde çengellerde muhafaza edilirdi. Un, kuru baklagil, pirinç, bulgur, peynir vb yiyecekler kilerde bulundurulur ve günlük kullanım için mutfağa yeterince çıkarılırdı.

Mutfakta üst kısımda kötü havayı çekecek bir davlumbazın altında ocak yer alırdı. Bulaşıkların yıkanması için bir lavabo ve çeşme bulunurdu. Lavabonun üstünde ve yanında, yerden başlayan alt kısmı tava, tencereleri alacak büyüklükte, yukarı kısımları tabak vb için daha dar hazırlanmış raflar olurdu. Uygun bir yerde büyükçe bir teldolap, pişen yemekler ve günlük yiyecekleri muhafaza etmek için bulundurulurdu. Bir köşeye karşılıklı konulan yer minderleri ve yastıklar sebze meyve ayıklanması ve hamur açılması gibi durumlarda oturularak çalışmayı sağlardı.

Pişirme için ocaklar dışında mangal ve maltızlardan yararlanılırdı. Mangallar her tür yemeğin odun kömürü ateşinde; maltızlar ise kuvvetli ateş isteyen kelle, paça, işkembe vb yemeklerin kok kömürü ateşinde pişirilmesini sağlardı. Eski evlerde, fırın gerektiren yiyecekler her mahallede bulunan ekmek fırınlarına gönderilirdi.

Mutfaklar genellikle aynı yapıya sahip olmakla beraber Anadolu'da tandır vb yöresel özellikler de bunlara eklenebilirdi (Halıcı 1989; 1999).

Mutfak araçları

Türk mutfağında kullanılan araçlar yapıldıkları maddeye göre ele alınabilir:

Tahtadan yapılanlar: Her evin baş aracı hamur tahtası, hamur yoğurma teknesi, sofra tepsisinin üzerine konulduğu halka şeklinde kasnak veya açılır kapanır sofra altı, oklava, merdane, yemek pişirme ve yemede kullanılan tahta kaşıklar, kaşıklık.

Bakırdan yapılanlar: Siniler, taslar, su maşrapaları, kulaklılar, tepsiler, tencereler, yoğurt ve süt bakraçları, çeşitli lengeriler, sahanlar, delikli ve deliksiz kepçeler, süzgeçler, tavalar, satırlar, sefer tasları.

Pirinçten yapılanlar: Havan, kahve değirmeni, salep, şerbet ibrikleri vb.

Emayeden yapılanlar: Her boy tencere, kahve cezveleri, çaydanlık, demlik vb.

Topraktan yapılanlar: Çeşitli boy kapaklı güveçler, birer kişilik güveçler, balık güveci tepsisi, testiler, küpler, taslar vb.

Porselenler: Yemek takımları, kahve takımları, salep takımları vb.

Camlar: Su takımları, şerbet takımları, çay takımları, tatlı takımları vb.

Diğerleri: Tulumba tatlısı kalıbı, çeşitli tatlı kalıpları, sirkelik, tuzluk, ızgara kebap şişleri, telleri, taş ve demir havanlar vb.

Bunlara konaklarda kullanılan gümüş komple yemek takımları ya da sarayda kullanılan altın gümüş ibrik, leğen, fincan, tabak, çanak, şamdan vb'den oluşan yemek takımları (Tavernier 1984: 122); yemek konulduğu zaman zehirli olup olmadığını renk değiştirerek gösteren Çin porselenlerinden seladon takımlar (Ongun 1982: 145) da eklenebilir.

Yemek öğünleri ve yemek yeme adabı

Selçuklular döneminden bu yana Türklerde genellikle iki kuvvetli, iki de hafif olmak üzere dört yemek öğünü görülür.

İlk yemek, aile büyüklerinin işe gitme saatine göre sabah namazı sonrasından öğle ezanının iki saat öncesi arasında geçen zamanda hazırlanır. Bu yemek "kuşluk yemeği" adını alır. Sabah kahvaltısıdır (Ünver 1982: 2).

Öğlenleri erkekler dışarıda olduğu için genellikle akşamdan kalan yiyecekler veya hafif hazırlanan bir yemek öğle mönüsünü oluşturur.

Akşam namazından sonra hazırlanan günün ikinci büyük yemeği, aileyi eve toplayan akşam yemeğidir. Bu öğün için en güzel yemekler özenle hazırlanır.

Özellikle uzun kış gecelerinde hazırlanan ve iç Anadolu'da "yat geber ekmeği" (Halıcı 1979: 13) adını alan gece yatmadan önce kahvaltılık yiyecekler, meyve, çörek, börek vb ile hazırlanan dördüncü öğün görülür. Bu öğün, bazı yerlerde yalnızca meyvelerle de hazırlanabilir. Bu yemeğin bu biçimde adlandırılmasının nedeni şöyle anlatılıyor: Geceyi dışarıda geçirme itiyadında olan kişiler gece yarısına yakın eve dönüp hanımlarından içki sonrası için bir kahvaltı hazırlaması veya çorba vb yapması ricasında bulunurlarmış. Eşine kızan hanım, saygısından kocasına hiçbir şey söyleyemez, içinden "Bunu iç de yat geber, başka zahmetin olmasın" dermiş. Onun için bu öğünün adı "yat geber" olmuş (Havva Beton, yaş 70, Konya).

Bu öğünler ve bunların adabıyla ilgili, 11. yüzyılda *Kutadgu Bilig*'de şu notları görüyoruz:

"Evin-barkın, sofran ve tabakların temiz olsun. Odan minderlerle döşenmiş, yiyecek ve içeceklerin de seçkin olsun. Yine, gelen misafirlerin arzu ile yiyebilmeleri için, yiyecek ve içecekler temiz ve lezzetli olmalıdırlar. Yemekte yenilecek ve içilecek şeyler birbirine denk ve bol olmalıdırlar. Misafirin içeceği asla eksik tutulmamalı ve biri biter bitmez diğeri hemen hazır bulundurulmalıdır. Çeşitli içeceklerden ister fuka, ister mizab, istersen cülengbin (gül balı-reçel) ve cülab (gül şerbeti) ikram et. Yemek ve içecek faslı bittikten sonra ise ziyafete gelenlere hediyeler ver. Gücün yeterse ipekli kumaşlar armağan et. Mümkün ise diş kirası ver ki gelenlerin ağzı kapansın" (Hacip 1972: 331-338).

On üçüncü yüzyılda ise Mevlevilik dergâhının yemek yeme ile ilgili kuralları şöyledir:

"Mutfakta yemek pişince Kazancı Dede kazanın veya tencerenin kapağını açar, canlar kazanı veya tencereyi yere indirirlerdi. Kazancı Dede gülbang (dua) çeker, mutfakta sofra kurulur, çevresine postlar yayılırdı. Bir can dedelerin kaldığı hücrelere gider, 'Hu somata sala (yemeğe gelin)' diye seslenir, aynı çağrıyı nev-niyazlara da yapardı. Sofra sinisinin etrafına çepeçevre bir havlu yayılırdı. Kaşıklar sapları sağa gelecek şekilde sofra üstüne yüzüstü kapanık bir durumda konurdu. Yemekte kesinlikle konuşulmazdı. Yemek yine bir dua ile başlar, ilkin sofraya konan tuz bir tadımlık alınır; yemekten sonra aynı şekilde tuzdan alınarak yemek bir dua ile son bulurdu. Yemekte su verecek canlar (görevliler) destileri hazırlar, işaretle su isteyenlere bardağı doldurduktan sonra can (görevli) bardakla görüşür (yani bardağı öper), bardağı uzatır. Bardağı alan da bardakla görüşür (bardağı öper), sonra da suyu içerdi. Bu esnada sofrada bulunanlar, yemekten ellerini çekerlerdi. Kimse lokma almaz, ağzında lokma olanlar da öylece dururlardı. Aşçı Dede su içene, 'Aşkolsun' der, yemeğe devam edilir. Yemek tek kaptan yenirdi. 'Mü'minin artığı mü'mine şifadır' düşüncesiyle sofrada yemek bırakılmaz, yemek kabı daima sünnetlenirdi. Yani tamamen bitirilirdi. Yemek duasından, hakka şükürden sonra ibadet havası içinde sessizce canlar (Mevleviler), dedeler sofradan kalkarlardı" (Gölpınarlı 1963).

Günümüzde de Anadolu'da bu kurallar geçerlidir ve genellikle yer sofrası hazırlanır. El yıkanarak sofraya oturulur. Yemeğe "Besmele" ile aile büyüğü tarafından başlanır. Ortaya konan tek kaptan yenir. Çorba, pilav ve hoşaf için kaşık kullanılır. Diğer yemekler elle yenir. (Günümüzde çatal kullanılmaya başlanmıştır.) Sofradan biri kalkarsa o dönene kadar yemeğe kimse el uzatmaz, beklenir. Yemekten sonra bir dua ile önce büyükler olmak üzere sofradan kalkılır.

Elle yemek yemekte bazı kurallar uygulanması gerekir. Köfte, ızgara, dolma vb yemekler ucundan ele alınarak yenebilir. Ancak sulu yemeklerde parmakları yemeğin suyuna batırmadan yemek esastır. Genellikle sulu yemekler ekmekle yenir. (Türklerde ekmek esas yiyecek, diğerleri ekmeğe katık kabul edilir.) Sulu yemekleri yerken bir parça ekmek koparılır. Yemek, yemek için kullanılan baş, işaret ve orta parmakla tabağın uç kısmına getirilir. Baş parmakla alttan tutularak (çoğu zaman buna gerek kalmaz, ekmekle helva gibi yumuşak pişmiş yemek birleşmiştir çünkü) ağıza götürülür. Kemikli et yemeklerinde, kemiğin bir ucundan tutularak yenir. Kemikli olmayan yemeklerde, parmaklar kesinlikle yemeğin suyuna dokundurulmadan yenir. Aralarda sabunlu ve gül suyu damlatılmış el bezleri hazır bulundurularak kullanılır.

Yemek bittikten sonra sofra duası yapılır, iş acele ise: "Bismillah, Şükrüllah, Elhamdülillah" ile yapılan en kısa sofra duasından sonra tekrar yemekten bir lokma alınır. Bu son lokmanın kişiye göre en uzaktan alınması âdettir. Böyle yapmakla gurbetteki yakınlara kavuşulacağına inanılır. Sofradan kalkılır. El yıkandıktan sonra kahve ikramına geçilir (Halıcı 1989: 23).

Sofra düzenleri ve servisleri

Türklerin Orta Asya'da "kendürük" denilen ve yere yayılan bir yaygı üzerinde yemek yedikleri söylenir (Gökyay 1973). On birinci yüzyıl Türkleri ise "tergi" veya "tewsi" üzerinde yemek yiyorlardı (Kaşgarlı 1985: 194).

Türk ev mimarisinde ayrı bir yemek salonu yoktu ve öğün zamanı gelince bulunulan yere sofra kurularak yemek yenilmekteydi. Topkapı Sarayı'nda bile ayrı bir yemek salonu bulunmayıp yemekler sarayın her bölümüne kurulan sofralarda servis edilmekteydi. Yemek masası ilk defa Dolmabahçe Sarayı'nda; çatal ise II. Mahmud döneminde kullanılmıştır.

Günümüzde Anadolu'da yaşayan geleneksel Türk yer sofrası şöyle kurulur: Önce yere ekmek, yemek vb dökülmemesi için sofra bezi serilir. Yüksekliği sağlamak amacıyla üzerine halka şeklinde kasnak veya açılır kapanır sofra altı konur, onun üzerine de tepsi yerleştirilir. Tahta çorba kaşıkları zevke göre çorba tasını çevreleyecek biçimde veya tepsinin kenarına kişi sayısınca konur. Peçeteler birer kişilik ise kaşıkların üzerine, uzun bütün ise sininin etrafında ya da küçük bir tepsi içinde sofraya yakın yerde bekletilir (Halıcı 1985: 33; Felek 1977: 2).

Sıcak sabunlu suyla hazırlanmış, çiçek, özellikle gül kokusu serpilmiş el bezleri de aralarda elleri silmek için bulundurulur.

Sofraya oturmadan önce el leğeni ve ibrik getirilerek önce küçüklerden başlanmak üzere eller yıkanır, sonra sofraya oturulur.

Servis çorba tasının ortaya konmasıyla başlar. Hizmetli yoksa diğer yemekler anne veya evin genç kızı tarafından boşalan tabakların alınıp diğer yemeklerin getirilmesiyle sürer. Ayran, şerbet, şurup, salata, turşu vb ek yiyecekler yerine göre siniye konarak yenir. Tatlı veya hoşaf gelince özel hoşaf kaşıkları getirilir. Küçük çocuk varsa sofraya onlar için küçük tabak konulabilir.

Yemek bittikten sonra sofra toplanır. Tekrar el leğeni getirilerek bu defa önce büyüklerden başlamak üzere eller yıkanır ve kahvelerin -erkeklere tütün ile birlikte- sunulmasıyla yemek sona erer (Halıcı 1989: 33).

Mönü düzenleri ve özel sofralar

Ziyafet sofralarının ilki Orhun Yazıtları'nda görülen "yug" denilen ölü aşıdır. On birinci yüzyılda ise bayramlarda veya Hanların düğünlerinde "Kenç Liyu" adını alan otuz arşın yüksekliğinde ve minare biçiminde, halk tarafından yağma edilmesi için bir sofra hazırlandığı görülür (Kaşgarlı 1985: 438; Halıcı 1989: 24).

Aynı yüzyılda Yusuf Has Hacip mönü düzenlemeleriyle ve ziyafet sofralarında uyulması gerekli kurallarla ilgili olarak şunları söyler: "Sıcak yemeklerin fazla yenilmesinden hararet fazlalaşırsa, üzerine derhal soğuk bir şey içmeli; ömrün bahar yıllarında ise soğuk şeyler kullan; zira kanın bunları ısıtacaktır. Yaşın kırktan fazla ve mevsim sonbahar ise, tabiatını sıcak şeyler ile tanzim et. Yaşın altmış ve vakit de kış ise, sıcak şeyler kullan, soğuk şeyler ile arkadaşlık etme. Kuru ve soğuk yiyeceklerden fazlaca yemiş isen (zararını görmemek için) sıcak ve yaş şeyleri hazır bulundur. Eğer yaşlık ve soğuk fazla gelir ve sana zarar verirse, sıcak ile kuvvetlendir. Tabiatın sıcak ise soğuk şeyler ile beslen. Daima sıhhatte kalmak ve hiç hasta olmamak istersen az adlı ilacı ye (yani az ye) ve öyle yaşa. Eğer uzun zaman huzur içinde yaşamak istiyorsan dil adlı eti ye ve öyle yaşa ey temiz kalpli insan... Senden büyükler başlamadan yemeğe başlama. Yemeğe besmele ile başla ve sağ elin ile ye. Başkasının önündeki lokmalara dokunma, kendi önünden ye. Sofrada bıçak çıkarma ve kemik sıyırma, çok obur olma ve pek de sünepe oturma. Fakat ne kadar tok olursan ol, ikram olunan yemeğe haz ve arzu ile elini uzatıp ye ki, o yemekleri hazırlayan evin hanımı memnun olsun. Böylece, zahmet edip sana ziyafet hazırlayanların bu zahmetini de boşa çıkarma. Ağzına aldığını ısır ve ufak ufak çiğne. Sıcak yemeği ağızla üfleme. Yemek yerken sofra üzerine sürünme ve etrafındaki insanların huzurunu kaçırma. Yemeği ölçü ile ye, zira insan her vakit az yeyip az içmelidir" (Hacip 1972: 299, 331-338).

Türk sofralarında yemekler genellikle çorba, ana yemek olan bir etli yemek, pilav veya börek, sebze yemeği ve tatlı sırasıyla olabildiğince uzatılabilen bir mönüden oluşur. Çorba ilk yemektir, mönünün sonuna, doyulmadıysa herkes karnını doyursun diye mutlaka bir pilav ve en son olarak da hoşaf eklenir. Hoşafı gören sofraya başka yemek gelmeyeceğini anlar. İstanbul saray sofralarında yüz, Anadolu'da kırk yemeğe kadar uzayan ziyafet mönüleri bulunur (Halıcı 1985; 2005).

Günümüz sofralarında mönü uzatılmayacak, çorbadan tatlıya tek tipte düzenlenecekse yemekler şu biçimde sıralanır: Çorba, yumurta, balık, et, kümes hayvanları veya av hayvanları, sadeyağlı veya zeytinyağlı sebzeler; börek, pilav veya makarnalar; tatlılar, meyve, kahve (Yeğen 1977: 734).

İftar sofraları

Türk Mutfağı'nda iftar ve sahur sofralarının özel bir yeri vardır.

İslamın beş şartından biri olan oruç Ramazan ayında tutulan ve sabah namazından yaklaşık bir saat kadar önce olan imsak saati ile akşam ezanı arasında, hiç bir yiyecek içecek almamak suretiyle gerçekleştirilen bir ibadettir.

Eski İstanbul'da Ramazan bir bayram havası içinde karşılanır, sosyal yaşamda bir canlılık görülürdü. Minarelerde mahyalar yakılır, iftar ve sahur zamanları davullar ve top atılmasıyla belirlenir (Çelebioğlu, tarihsiz: 25), direklerarası eğlenceleri bir ay süresince Ramazan için düzenlenirdi. Evlerde bir ay öncesinden temizlikler yapılır, Ramazan için bütün yiyecekler gözden geçirilir, mahalledeki dul ve fakir hanımlara ya da ailelere, konaktan Ramazanlık satın alınan yiyeceklerden ayrılarak gönderilirdi.

İftar sofrası akşam ezanından önce hazırlanırdı. İftar sofralarında, boş mideyi ağır yemeklerle birden doldurmamak için önce kahvaltılık yiyecekler yenilirdi. Kahvaltı edildikten sonra akşam namazı kılınır -bazı konaklar Ramazan için imam tutarlardı- sonra yemeğe oturulurdu.

Kahvaltı tepsisinde Ramazan için hazırlanmış çeşitli reçeller, bal, peynir, havyar, zeytin, sucuk, pastırma ufak tabaklarda yer alırdı. Mevsim meyveleri, salatalar, zemzem fincanları, hurma, hardal aynı sinide yer alırdı. Hem sofrayı süslemek için hem de çekirdeklerinin yemeğe düşmemesi için limonlar ortadan kesilmiş, tüllere sarılmış, renkli kurdelelerle bağlanmış olarak ufak tabakla uygun yerlere konurdu. Has ekmekler, pideler, çörek ve simitler kahvaltı sofrasını tamamlardı.

Yemek mönüsü istenilen biçimde düzenlenir, sonunda mutlaka hoşaf yer alırdı. Ramazan'ın özel tatlısı güllaç iki üç günde bir tekrarlanırdı.

İstanbul halkı Ramazan'da işkembe çorbasına aşırı düşkündü, çorba almak için iftara yakın, işkembeci dükkânlarının önünde kuyruklar oluşurdu (Ali Rıza, tarihsiz: 169).

Eğer iftar için ziyafet veriliyorsa her ziyafetin sonunda olduğu gibi "diş kirası" bir hediye verilirdi. Bu hediye ele verildiği gibi, bazı İstanbul konaklarında nohutlu pilavın içine nohut şeklinde altın gizlemek suretiyle de verilebilirdi. Altın nohut kimin kaşığına çıkarsa büyük hediyeyi almış olur, diğerlerine yine münasip "diş kiraları" verilirdi.

İftardan sonra teravih namazına, oradan da direklerarasına gidilir, sahura kadar ince saz fasılları, tiyatrolar, karagöz ve kukla oyunları, meddah vb ile eğlenilir, sonra eve dönülürdü.

Sahur sofraları

Sahur yemekleri iftar yemeklerinden daha hafif hazırlanırdı, çünkü kuvvetli bir iftar yemeğinden sonra zaten tok olunurdu. Bir de ağır yemenin ertesi günü susamaya neden olacağından endişe edilirdi.

Sahurda etli yaprak dolması, kıymalı veya peynirli makarna, köfte, hoşaf, orta halli bir ailenin yemeği (Felek 1976: 3) idi. Sahur sofralarında bir börek ya da makarna ile hoşaf mutlaka yer almalıydı.

Günümüz iftar ve sahur sofraları altın nohutlu "diş kiraları" dışında aynı şekilde sürmektedir. Ramazan'da yakınların karşılıklı yemek daveti yapmaları İstanbul ve Anadolu'da gelenek halindedir.

Helva sofraları (sohbetleri)

Diğer bir özel sofra türü Selçuklularda başlayıp günümüzde Anadolu'da da devam eden "helva" sofralarıdır. Helva sohbetleri III. Ahmet zamanında, İstanbul'da kış geceleri İbrahim Paşa ve damatları başta olmak üzere seçkin kişilerin konaklarında sürdürülürdü. Çeşitli sohbet ve eğlencelerden sonra helva ikramı yapılırdı. Bu helva sohbetlerine Sultan III. Ahmet de çoğu zaman katılırdı (Ali Rıza, tarihsiz: 183). Helva sohbetleri Anadolu'da azalmakla beraber hâlâ devam etmektedir (Halıcı 2005B).

Hıdırellez

Bahar Bayramı kabul edilen Hıdırellez de İstanbul'da coşkuyla kutlanırdı. Kâğıthane, Hıdırellez'de en tercih edilen yerdi. O gün yeşile basmak, gülmek, eğlenmekle bir yılın sağlık ve mutluluk içinde geçeceğine inanılırdı. Hıdırellez yiyeceklerinin başında kuzu söğüşü, zeytinyağlı yaprak sarması, irmik helvası gelirdi. Haşlanmış yumurta, köfteler, çeşitli börek, çörek, çerez ve her türlü piknik yiyeceği hazırlanabilirdi (Halıcı 1999: 13).

İçki sofraları

Burada uzatılmayacak kadar çeşitli ziyafet sofraları arasında özellik gösteren sofralardan biri İstanbul'da zaman zaman yasaklara uğrayan içki sofralarıdır.

16. Yüzyılda Ziyafet Sofraları adlı eserde içki sofrasının çiçeklerle donatılması, gül yapraklarıyla sofranın süslenmesi gerektiği belirtilir. İçki sofrasında vazgeçilmez yiyecek olarak yarı pişmiş kebaplar, ekşili çorba, kavurma, köfte; özellikle denizden çıkan balık türleri ile istiridye, ıstakoz, teke, midye vb meze olarak gösterilir. En az kırk, elli çeşit mezeyle birlikte fındık, fıstık, bademin bol bulundurulması önerilir. Sofranın balık yumurtası, havyar, pastırma türünden yiyeceklerle dolup taşması ve pilav dışında börek vb ağır yiyeceklerden bulundurulmaması tavsiye edilir (Gelibolulu, tarihsiz: 159).

Daha sonraki yıllarda İstanbul'da çeşitli meyhanelerde aşağı yukarı aynı yiyeceklerle içkili sofraların hazırlandığı; Yedikule'de "baş"ın da mezelik olarak çok ün kazandığı belirtilir (Ali Rıza Bey, tarihsiz: 294). İstanbul'da, günümüzde Çiçek Pasajı ile Kumkapı içki ve mezeleriyle ünlüdür.

Günümüz içki sofralarında soğuk yiyecekler sofrada düzenlenmiş olarak bulundurulur, sıcak yiyecekler sırasıyla sofraya getirilir. İçki sofralarının sonunda işkembe çorbası içilmesi usuldendir.

Geçiş dönemleri

İstanbul'da doğum-ölüm sürecinde yer alan geçiş dönemleri, Anadolu'da olduğu gibi çeşitli biçimlerde kutlanır. İstanbul'da doğumda ve ölümde helva ya da tatlı yapılır. Bebeğe tatlı ile "hoş geldin" denir, ölen kişiye yine helva ile "güle güle" denir. Eski İstanbul'da bebeğe hediyelerle gelen konuklara nöbet şekerinden yapılan loğusa şerbeti ikram edilirdi. Yedinci günü beşik merasimi için yemek verilirdi. Dişi çıkan çocuğa çerezlerle diş bulguru kaynatılırdı.

Sünnet törenleri de yemekli hazırlanırdı. Özellikle sarayda görkemli eğlence ve yemeklerle kutlanırdı. Bu düğünlerde masraftan kaçınılmaz, Kenç Liyu törenlerinde olduğu gibi yağma edilmesi için sofralar hazırlanırdı. Saray'daki sünnet törenlerinde de tatlı baş yiyecekti, diğer yiyecekler de sınırsız şekilde sunulurdu.

Eski İstanbul'da halk arasındaki söz kesme, nişan ve nikâhta şerbet, kahve, lokum ikramları yapılırdı. Düğün hamamlarında şerbet, varlığa göre yemek de ikram edilebilirdi. Düğünler yemekli olurdu. Gelinle damat da düğün yemeğinden yerlerdi, ayrıca sağdıç tarafından hazırlanan bir sofra yemek de odalarına konurdu. Ertesi gün "Paça Günü" merasimi yapılırdı.

Ölümde, kırk gün komşu ve dostlardan yemek gelirdi. İlk gün ölen kişinin ruhuna helva yapılır, dağıtılır; kırkında ve ellisinde yemek, ikinci gününde de yemek, tatlı ve hayır yapılır, dağıtılırdı (Halıcı 1999: 12).

Türk Mutfağı'nda bölgesel farklılıklar

Yedi coğrafi bölgeden oluşan Anadolu'da, Marmara Bölgesi, Türk Mutfağı'nın merkezi İstanbul'u içine alır. Bu bölgenin Trakya bölümü ayçiçek yağları ve Edirne peynirleriyle ünlüdür. Anadolu bölümü ise sebze meyveden yana zengindir. Bursa ünlü İskender (döner) kebabının doğduğu şehirdir. Bolu ise bölgenin Türk Mutfağı'nın, Osmanlılardan bu yana en ünlü aşçılarını Mengen kasabasından çıkaran şehridir.

Bütün Ege Bölgesi balık ve diğer deniz ürünleri ile ünlüdür. İzmir'den güneye inen bölge sebze ve ot yemeklerinin Türkiye'de en fazla tüketildiği bölgedir (Halıcı 1981).

Akdeniz Bölgesi kıyı bölgesi olmasına rağmen balık yemekleri, belki de aşırı sıcak iklimden dolayı fazla çeşitlilik göstermez. Bölgenin batı bölümü Ege Bölgesi etkisi altında bitkilerden yana; doğu bölümü ise Güney Doğu bölgesindeki gibi acılı kebap ve bulgurlu köftelerden yana zenginlik taşır. Bölgede Adana kebabı ve şalgam suyu dikkati çeker (Halıcı 1983).

Güneydoğu Anadolu Bölgesi, Türk kebapçılığının en güzel örneklerini verir. Bölge şehirlerinden Gaziantep özellikle Antep fıstıklarıyla yapılan baklavalarıyla ticari mutfak olarak Türk baklavacılığının en güzel örneklerini sergiler. Bu şehirde kebapçılık da bölgenin diğer şehirlerindekinden daha kalitelidir. Çiğ köfte, peynirli kadayıf Şanlıurfa'nın; künefe Antakya'nın dikkati çeken yiyecekleridir. Diyarbakır yemekle ilgili zengin bir folklara sahiptir. Burada lokantalarda bumbar, kelle-paça, kaburga dolması; evlerde burma kadayıf ve güllaç-baklava arası nefis bir tada sahip olan Nuriye tatlısı ünlüdür (Halıcı 1991). Soğuk iklime sahip Doğu Anadolu Bölgesi, hayvancılık ürünlerinin cennetidir. Yağ, yoğurt, ayran, peynir, bal, tahıl ve baklagiller bölge mutfağını biçimlendirir.

Bölge mutfağında yoğurtlu yiyeceklerin nefis çeşitleri görülür. Ayran çorbası, keledoş, Kürt köftesi vb bunların başında gelir. Yoğurtlu yiyecekleri bölge dağlarının değişik kokulu otları tatlandırır. Çay bölgenin efsanevi içeceğidir, öyle ki özellikle köylerde tarlada ve evlerde her iş, evsahipleri tarafından da yapılsa, eve bir çay hizmetlisi öncelikle alınır ve bu kişi herkese her an çay yetiştirir. Kars'ta yağ, bal; Van'da sırmo ve mendü adlı, nisan-mayıs aylarında dağlardan toplanan otlarla hasırlanıp küple toprağa tersinden gömülerek hazırlanan ünlü nefis Van peyniri, doyulmaz nefasetteki Erzincan tulum peyniri "tomast", bölgede bir bir tadılması gereken yiyeceklerdir.

Karadeniz Bölgesi denilince akla öncelikle balık ve özellikle hamsiden hazırlanan yiyecekler gelir. Öyle ki hamsinin kırk çeşit yemeği yapıldığı öne sürülür. Hamsi türküleri ve fıkralarıyla birlikte, hamsi için yazılmış şiir ve gazellere rastlanır.

Bölgenin ikinci ürünü mısır unu ve mısır unundan yapılan yiyeceklerdir. Kuymak mısır unundan yapılan nefis bir yiyecektir. Lahana ve kara lahanadan yapılan yemekler de bölgede sevilir. Hamsiköy sütlacı, ünü bölge dışına yayılan bir tatlıdır. Bölgenin en önemli ürünü Rize'de yetiştirilen Rize çayıdır (Halıcı 2001).

İç Anadolu Bölgesi tahıl ve hayvancılığın yanı sıra, bölgede her türlü meyve ve sebzenin yetişmesi nedeniyle kendi bünyesi içinde çok iyi bir mutfak geliştirmiştir. Bu bölgede Selçuklular döneminin başşehri olan Konya, gerek ticari mutfak gerekse ev mutfağı olarak özgün bir yere sahiptir. Evlerde yemek, İstanbul konaklarındaki rekabet havası ve en iyiyi en güzeli sunma çabası içinde, araştırmalarıma giren bölgeler içinde hiç bir yerde rastlamadığım nefasette ve zenginlikte örneklere sahiptir.

Evliya Çelebi'nin (1972: 163) yemeklerinin nefasetinden söz ettiği Konya'da lokantalarda da nefis örneklere rastlanır. Etli ekmek, peynirli pide, ünlü fırın kebabı günümüzde de tadanların beğenisini kazanan yemeklerdir.

Ankara'da Ankara tavası, Kayseri'de pastırma ve mantı bölgenin dikkati çeken diğer yiyecekleridir.

Türk Mutfağı'nın genel yapısı

Türk Mutfağı'nın en gelişmiş dönemi, yukarıda belirttiğimiz gibi 19. yüzyılın ikinci yarısı ve 20. yüzyılın başlarıdır. Bu dönem Klasik Türk Mutfağı ya da İstanbul Mutfağı olarak da adlandırılabilir. Türk Mutfağı'nın genel yapısını tanıyabilmek için Türk Mutfağı'nın en gelişmiş olduğu ve yabancı mutfaklardan etkilenmediği kaynaklara başvurulmalıdır. Bu nedenle, kaynak alınan yemek ve tatlı kitaplarının ilk yayın tarihlerine dikkat etmek gerekir. Hadiye Fahriye tarafından hazırlanan *Yemek Kitabı* (1340 / 1924) ve *Tatlıcı Başı* (1342 / 1926) adlı eski yazıyla basılan iki eser, Klasik Türk Mutfağı'na kılavuzluk edecek niteliktedir (Halıcı 1985).

Hadiye Fahriye, *Yemek Kitabı*'nda yedi yüzü aşan yemek tariflerini şu bölümlerde vermektedir: Ön tavsiyeler, et suları ve çorbalar, yumurtalar, haşlamalar, söğüşler, kebaplar, külbastılar ve pirzolalar, ızgaralar, yahniler, köfteler, tas ve fırın kebapları, etli ve sadeyağlı dolmalar, etli ve sadeyağlı sebzeler, musakkalar, zeytinyağlı sebzeler, pilakiler, piyazlar, paçalar, muhtelif yemekler, börek ve pastalar, makarnalar, salçalar, et suyu pelteleri, turşular, salatalar, taratorlar, kış için sebze kuruları, kış için muhafaza olunacak şeyler, kış zahiresi, muhafaza olunacak etler, kuru balıklar.

Tatlıcı Başı kitabı ise aşağıdaki bölümlerde üç yüzü aşan tarif vermektedir: Ön tavsiyeler, baklavalar, kadayıflar, revaniler, helvalar, lokmalar, ekmek tatlıları, kadın göbeği, sütlü tatlılar, aşureler, hafif tatlılar, kompostolar, kurabiyeler, müteferrik tatlılar, Türk şekerciliği, reçeller, şuruplar, murabbalar, meyve ezmeleri, alafranga tatlılar, pastalar.

Hadiye Fahriye'nin kitaplarından anlaşıldığına göre Klasik Mutfak'ta etli yemeklerde kuyrukyağı ve sadeyağ; hamur işleri ve bazı sebze yemeklerinde sadeyağ; etsiz sebze, meyve yemeklerinde sadeyağ ve tereyağ kullanılmaktadır. Zeytinyağı da yerine göre sebze yemeklerinde, özellikle tavalarda kullanılmaktadır.

Klasik Mutfak'ta koyun eti değişmez ettir. Kuzu eti, ender olarak da dana ve sığır etleri kullanılmaktadır. Tavuk başta olmak üzere bütün kümes hayvanları, balık da kullanılmaktadır. Balık dışındaki etlerin tatlı ile de hazırlandığı tarifler görülmektedir.

Sebzeler etli, sadeyağlı, tereyağlı, zeytinyağlı ve tatlı olarak değişik türlerde değerlendirilmektedir. Salata, piyaz ve turşular diğer yemeklerle beraber sebze zenginliğini yansıtmaktadır.

Meyveler etli ya da etsiz bastı, yahni, dolma gibi etli ve etsiz yemek olarak hazırlanabilmekte; ayrıca hoşaf, şerbet, komposto, şerbet, şurup olarak değerlendirilmektedir.

Sütlü ve hafif tatlı türleri, ünlü kazandibi dahil, nefis örneklerle sunulmaktadır.

Hamur işleri, tatlısıyla tuzlusuyla Klasik Türk Mutfağı'nın en önemli bölümlerinden birini oluşturmaktadır; özellikle açma hamurlar hiçbir mutfakta görülemeyecek kadar çeşitlilik arz etmektedir (Halıcı 1999: 15).

Türk Mutfağı'nda pişirme yöntemleri

Türk Mutfağı'nda pişirme yöntemleri kendi içinde bir çok bölümlere ayrılabilen dört temel türde incelenebilir:

I- Suda pişirme:

a) Haşlamalar: Yiyeceklerin su içinde pişirilmesidir. Haşlanan yiyecekler öylece yenildikleri gibi söğüş vb ikinci bir pişirme yöntemiyle de pişmeye devam edebilirler. Fırın kebapları, kuru fasulye vb.

b) Su buharında pişirme: Yiyeceklerin hazırlandıktan sonra, su bulunan bir tenceredeki süzgeç üzerine oturtulup su buharıyla pişirilmesidir. Midye dolması vb. Türk Mutfağı'nda bu yöntem günümüzde nadiren kullanılır. Eskiden bu yöntemle küçük bir tencere içinde hazırlanan pilavın su dolu büyük bir tencere içine konarak susuz pişirildiği de anlatılır (Ali Eşref Dede 1992).

II- Yağda kızartma:

a) Tavalar (az yağda): Yiyeceklerin yayvan tavalarda az yağda kızartılmasıdır. Mücver, kadınbudu köfte vb.

b) Derin kızartma (çok yağda): Yiyeceklerin yarısına kadar yağ doldurulmuş derin kaplarda kızartılmasıdır. Tulumba tatlısı, lokma vb.

III- Kuru hararette:

a) Fırında: Yiyeceklerin istenilen biçimde hazırlandıktan sonra fırında pişirilmesidir. Börekler, baklavalar, etler, sebzeler vb.

b) Sacda: Türk Mutfağı'nda kullanılan en eski yöntemdir. Yiyeceklerin, yüksekliği sağlayan iki setin arasında yanan ateş üzerinde pişirilmesidir. Ekmek, sac böreği, sac kebabı vb. Pikniklerde çok kullanılır. Sacı kıra götürüp çevreden bulunan iki taş arasında sac için kolayca ateş hazırlanabilir.

c) Közleme (söğürme): Yine Türk Mutfağı'nın en eski pişirme yöntemlerindendir. Meşe kömürüyle yanmış ocak ya da mangal ateşi sönmeye yüz tutarken patlıcan, patates, ayva, soğan, vb kabuklu sebze ve meyveleri küle gömüp yumuşayıncaya kadar bekletme esasına dayanır. Mangaldan alınan sebzeler, arası açılıp içine tereyağ konup servise alındığı gibi; kabukları soyularak çeşitli yiyeceklerin yapımında da kullanılırlar. Hünkârbeğendi, Ali Nazik vb gibi... Sebzeler daha kolay şekilde kapak örtülerek tavada ateş üzerinde ya da kapaksız fırında da közlenebilirler. Ancak mangal külünde olduğu kadar lezzetli olmazlar.

d) Izgara: Izgaralar da Türk Mutfağı'nın en eski pişirme yöntemlerindendir. Yiyeceklerin alevi geçmiş ateş üzerinde pişirilmesidir. Meşe kömürü üzerinde yapılan bir şiş, pirzola, köfte kebap, balık veya ciğer ızgarası, elektrik ya da gazda yapılan ızgaralarla kesinlikle kıyaslanamaz.

Ateş üzerinde yapılan ızgaralar dışında bir de tandıra gömülerek yapılan ızgara türü vardır. Bu tür daha çok çebiç vb gibi bütün kuzu için yapılır.

IV- Yağ su karışımı:

Türk Mutfağı'nda en çok kullanılan yöntemdir. Kendi içinde yahni, bastı, musakka, oturtma, dolma, pilav vb sayısız sınıflamalara ayrılan her türlü tencere yemeğini içerir.

Bir tencerede yağla soğanı, eti ya da kıymayı kavurup salça koyup çevirerek, üzerine ayıklanıp yıkanmış herhangi bir sebzeyi basıp; tuz, biber atıp çiğden iki domates ve yeşil biber doğrayıp biraz su koyup tencerenin kapağını örterek pişirdiğinizde tamamıyla Türk tipi bir tencere yemeği pişirdiğinize emin olabilirsiniz (Halıcı 1999: 12).

Kitabın hazırlanmasında izlenen yol

İlk olarak Hadiye Fahriye'nin kitaplarından Klasik Türk Mutfağı'nın özelliklerini tam anlamıyla yansıtabilecek yemekler seçilerek, eski yazıdan Türkçe'ye çevrilmiştir. Kitaplarda tahmini oranlarla malzemeleri verilen yemekler, tam ölçü elde edebilmek için günümüz malzemeleriyle uygulanmış ve adları panelistler bölümünde verilen kişiler tarafından değerlendirilerek kesin ölçüler geliştirilmiştir.

Klasik Mutfak'ta rastlanmayan etsiz meyve bastıları Konya Mutfağı'ndan verilmiştir. *Fatih Devri Yemekleri* kitabında yer alan ama daha sonraki kaynaklarda görülmeyen, kökeni Orta Asya'ya dayanan tutmaç çorbası; İstanbul Mutfağı'nda bulunmayan, nefis lezzetinden ötürü dahil ettiğimiz arabaşı çorbası gibi bazı yöresel yemekler de verilmiştir.

Çalışmada, *Yemek Kitabı* ve *Tatlıcı Başı* adlı eserlerin aslına sadık kalınmış; yalnızca kuyruk yağı kullanılan etli yemekler sadeyağla; zeytinyağlı yemekler ise ayçiçeği ve diğer sıvı yağlarla denenmiştir. Bu konuda ikinci bir nokta salçayla ilgili uygulamada yapılmıştır. *Yemek Kitabı*'nda, domates doğranarak ya da çekirdekleri ve suyu alındıktan sonra ezme haline getirilerek kullanılmaktadır. ("Kış İçin Muhafaza Olunacak Şeyler" ve "Kış Zahiresi" bölümlerinde salça yer almamaktadır.) Kolaylık sağlaması açısından uygulamalarda salçaya da yer verilmiştir. Salça, Ekrem Muhittin Yeğen'in tariflerinde verildiği biçimde sulandırılarak ya da Anadolu mutfağında olduğu gibi yağla soğan kavrulduktan sonra eklenip bir iki çevrildikten sonra yemeklere katılabilir.

Besinleri Saklama Yöntemleri bölümünde bütün uygulamalarda yine kaynak kitaplara sadık kalınmış; yalnızca konservecilikte günümüz uygulamaları esas alınmıştır.

İçecekler bölümünde Türk Mutfağı'nın özgün örnekleri şerbet, şurup, boza, salep vb verilmektedir.

Her bölümün başında konuya ışık tutan bir açıklama yer almaktadır.

Yiyecekleri hazırlama ve pişirmede besin değerlerinin korunması ve saklanması açısından bu açıklayıcı bölümlerin okunması yarar sağlayacaktır.

Panelistler:

Nilgün Çelebi	(d. Konya, 1950)
Serpil Güzeldemir	(d. İzmir 1955)
Hasan Halıcı	(d. Konya, 1940)
Nermin Halıcı	(d. Konya, 1930)
Nedret Özbay	(d. Aydın, 1950)
Cemile Sezen	(d. İzmir, 1944)
Nevin Yılmaz	(d. İzmir, 1955)

Kitapta kullanılan pratik ölçüler:

Besinler	**Ölçü birimi gr/ml**
1 su bardağı su	200 ml
1 su bardağı süt	200 ml
1 su bardağı sıvı yağ	200 ml
1 su bardağı katı yağ	250 gr
1 su bardağı yoğurt	250 gr
1 su bardağı un	100 gr
1 su bardağı şeker	150 gr
1 su bardağı pirinç	150 gr
1 su bardağı bulgur	150 gr
1 su bardağı irmik	150 gr
1 çorba kaşığı katıyağ (tepeleme)	25 gr
1 çorba kaşığı sıvı yağ	20 ml
1 çorba kaşığı salça	25 gr
1 çorba kaşığı un (tepeleme)	25 gr
1 çorba kaşığı şeker (tepeleme)	30 gr
1 iri domates, soğan vb sebzeler	100 gr

yiyecek hazırlamada temel prensipler

• Yemekler yapılmadan önce yapılacak yemekle ilgili bilgi verici metin dikkatle okunmalıdır. Baklava yapılacaksa açma hamurlar, kebap yapılacaksa etler, salata yapılacaksa salatalar, pasta yapılacaksa çırpılarak hazırlanan hamurlar vb.

• Yemeklerde verilen ölçülere uyulmalı; bardak, fincan, kaşık vb'nin farklı olabileceği düşünülerek, başarılı olmayan sonuçlarda 39. sayfada verilen pratik ölçüler yeniden uygulama yapılmalıdır.

• Yemekler, Türk Mutfağı'nın en önemli özelliklerinden biri olan hafif ateş kullanılarak pişirilmelidir. Kavurma, kızartma, haşlama vb işlemlerden sonra yemeklik diğer malzemeler ilave edilmeli, suyu eklenmeli ve hafif ateşte pişirilmelidir. Tariflerde ısı derecesi yemeklerin özelliğine göre ayrıca belirtilmiştir.

• Yemek tariflerinde ancak özellik gösteren yemek kaplarının adı verilmiş; diğerleri yemek yapanlar tarafından bilineceği düşüncesiyle belirtilmemiştir.

• Uygulamalarda çorba ve haşlamalar için dibi düz, diğer yemekler için dibi yuvarlak tencereler kullanılmalıdır.

• Kavurma ve kızartmalar için tava ya da kulaklı olarak tabir edilen, iki taraftan sapları olan araçlar kullanılmalıdır.

• Meyane hangi yemek için (çorba, helva vb) yapılırsa yapılsın önce dibi yuvarlak tencerede hazırlanmalı, sonra özelliğine göre gerekirse diğer tencere, kulaklı vb kaba alınmalıdır.

• Oturtma, karnıyarık, sahan yemekleri ve yumurtalar yayvan sahan, tepsi ve kulaklıda pişirilmelidir.

• Türk Mutfağı için en iyi tencereler sık kalaylanan bakır tencereler olmakla beraber diğerleri de kullanılabilir.

• Süt, yoğurt vb ile yapılan yemeklerde bakır tencere kullanılmalıdır, diğerleri renk değişikliği yapabilir.

• Yemekler pişerken kaşıkla çorba gibi karıştırılmamalıdır.

• Yahni ve diğer tencere yemekleri güveçte (toprak tencere) pişirilirse daha lezzetli olur.

• Yemekler, özellikle pilav gibi kuru yemekler pişirilir ya da demlendirilirken tencere birkaç kez yerinden oynatılarak dibinin tutması engellenmelidir.

• Helva, pilav vb demlendirilmesinde (doğal gaz, bütangaz vb ocaklarda çalışılıyorsa) amyantlı ızgara kullanılmalıdır.

- Çelik tencereler kullanıldığında belirtilen ısı derecesine dikkatle uyulmalıdır.
- Yemeklere lezzetli olur düşüncesiyle fazla yağ, salça konulmamalıdır. Baharat kullanımı damak tadına göre ayarlanabilir.
- Türk Mutfağı'nda dana ve sığır etleri kullanılarak hazırlanan yemeklerde etin yumuşak olmasını sağlamak amacıyla sirke kullanılmaktadır. Sirke bulunmadığı zaman limon da aynı amaçla kullanılabilir.
- Yemekler, özellikle pilav, helva, börek vb tekrar ısıtılmak gerektiğinde bir büyük tencere içinde kaynamakta olan suya, içinde bulundukları kaplarla oturtulmalı ve ısıtılmalıdır. Böylelikle dibi tutmaz, fazla karıştırılmadan ısıtılır.
- Tariflerde verilen sadeyağ ve tereyağın yerine, piyasada bulunan bitkisel yağlar kullanılabilir. Bu durumda un oranı biraz fazlalaştırılabilir.

1

çorbalar

Çorbalar, her türlü yiyecek maddesi ile etsuyu ya da suyla hazırlanan, sıvı oranı bol yiyeceklerdir.

çorba türleri

taneli çorbalar Et sularına mercimek, pirinç, şehriye vb katılmasıyla pişirilen çorbalardır. Mercimek çorbası, pirinç çorbası, şehriye çorbası vb.
ezme çorbalar Et sularında çeşitli yiyecek maddelerinin iyice yumuşayıncaya kadar pişirilip süzgeçten geçirilmesiyle hazırlanan çorbalardır. Ezme mercimek, ezme sebze çorbaları vb.
unlu çorbalar Et sularına meyane (yağla unun kavrulması) ve diğer yiyecek maddelerinin ilave edilmesiyle pişirilen çorbalardır. Düğün çorbası, arabaşı çorbası vb. Ya da et sularına unun veya tarhana, göce vb yiyeceklerin sulandırılarak ilave edilmesiyle pişirilen, çiğden hazırlanan çorbalardır. Tarhana, un, göce çorbaları vb.

çorba terbiyeleri

Çorbaların besleyici değer ve tatlarını arttıran terbiyeler çorbaya kaynamakta olan çorba suyuyla ılıklaştırılıp karıştırılarak ilave edilmelidir, aksi takdirde kesilir. Birkaç taşım terbiye ile kaynadıktan sonra çorba servise alınır. Türk Mutfağı'nda üç türlü terbiye kullanılır:

limon, un, yumurta terbiyesi Belirli ölçülerde limon, un, yumurta çırpılarak, su ya da kaynamakta olan çorbanın suyundan ilave edilerek hazırlanır.
limon, yumurta terbiyesi Unlu çorbalara kullanılır. Yumurta, limon ve çorba suyuyla hazırlanır.
sirke ve sarımsaklı terbiye Cam kâsede sirke ve dövülmüş sarımsakla hazırlanır.

çorba garnitürleri

Çorbalar sofraya sade alınabildikleri gibi çeşitli garnitürlerle de alınabilirler. Ekmek kızartmaları, un ve yumurtayla hazırlanan garnitürler dışında küçük hafif börekler de çorbayla birlikte servise sunulabilir. Çorbalar servis kâsesine alındıktan sonra üzerine yağla kırmızıbiber ya da nane vb yakılarak renklendirildiği gibi özelliğine göre maydanoz ve naneyle de süslenebilir.

et suları

balık eti suyu

1,5 kg beyaz etli balık ya da 2,5 kg balık kemiği
20 su bardağı (4 litre) su
2 kaşık tereyağ
3 soğan
2 havuç
1 kereviz
3 dal maydanoz
2 defne yaprağı
1 çay kaşığı kekik
3 diş sarımsak
2 tatlı kaşığı tuz

Çorba tenceresinde ince doğranmış sebzeleri tereyağla az kavur. Üzerine balıkları, su ve tuzu ilave et. Çok hafif ateşte bir saat kaynat. Ateşten al, balıkları çıkar, suyunu süz. Su, on bardaktan azsa, on bardağa tamamla.

koyun eti suyu

1 kg koyun gerdan, göğüs, but eti ya da 2 kg kemik
25 su bardağı (5 litre) su
2 soğan
1 havuç
1 kereviz kökü
½ pırasa
3 dal maydanoz
1 çorba kaşığı pirinç
3 karanfil
2 tatlı kaşığı tuz

Çorba tenceresinde eti soğuk suyla ateşe koy. Üzerinde biriken köpüğü al. Ayıklanmış sebzeleri, pirinç ve karanfili ilave et. Hafif ateşte et pişene kadar haşla. Tuz at, ateşten al. Eti çıkar, suyu süz. Su, on bardaktan azsa, on bardağa tamamla.

sığır eti suyu

Yukarıda tarifi verilen koyun et suyu ölçüleriyle, koyun eti ya da kemiği yerine 1 kilo but üstü sığır kaba eti veya 2 kilo sığır kemiği kullanarak aynen hazırla, pişir.

tavuk eti suyu

1 kg dana eti veya kemiği
20 su bardağı (4 litre) su
1 kg tavuk
2 soğan
1 havuç
1 kereviz kökü
½ pırasa
2-3 dal maydanoz
1 çorba kaşığı pirinç
2-3 karanfil
2 tatlı kaşığı tuz

Koyun eti suyu (*bkz.* s. 46) gibi hazırla. Elde edilen su azsa, sekiz bardağa tamamla.

çorba garnitürleri

ekmek garnitürü

4 dilim ekmek
4 çorba kaşığı tereyağ (isteğe bağlı)

Ekmekleri dilimle, parmak uzunluğunda ya da fındık büyüklüğünde doğra, ızgarada yağsız kızart. Ekmekler tereyağda da kızartılarak çorbaya konabilir.

un-yumurta garnitürü

1 yumurta
1 çay kaşığı tuz
Alabildiği kadar un
3 çorba kaşığı tereyağ

Yumurta ve tuzu alabildiği kadar unla yoğur. Yaş bez altında on dakika dinlendir. Uzun çubuklar hâlinde yuvarla, nohuttan küçük kes, tereyağda kızart. Yağıyla birlikte çorbaya dök.

çorba terbiyeleri

limon-un-yumurta terbiyesi

2 yumurta veya dört yumurta sarısı
4 çorba kaşığı un
4 çorba kaşığı limon suyu
½ su bardağı ılık çorba suyu

Porselen veya emaye kâsede yumurta, un ve limon suyunu iyice ez. Kaynamakta olan çorbanın ılık suyundan ilave ederek iyice karıştır. Kaynamakta olan pişmiş çorbaya ilave ederken bir kepçe çorbadan alarak karıştır. Sonra ince döküp karıştırarak çorbaya ilave et, iki taşım kaynat, ateşten al.

limon-yumurta terbiyesi

2 yumurta veya dört yumurta sarısı
½ su bardağı ılık çorba suyu
4 çorba kaşığı limon suyu

Bir kâsede limon suyuyla yumurtayı çırp. Ilık çorba suyunu ilave et. Kaynamakta olan pişmiş çorbaya ilave ederken bir kepçe çorbadan alarak karıştır. Sonra ince döküp karıştırarak çorbaya ilave et. İki taşım kaynat, ateşten al.

sirke-sarımsak terbiyesi

½ su bardağı sirke
6 diş sarımsak
1 çay kaşığı tuz

Sarımsağı soy, tuzla iyice döv. Sirkeye karıştır. Çorbayla birlikte sofraya al.

çorbalar

arabaşı çorbası (kümes hayvanları çorbası)

1 tavuk
10 su bardağı (2 litre) tavuk suyu
3 çorba kaşığı tereyağ
3 çorba kaşığı un
1 çorba kaşığı salça
1 tatlı kaşığı acı kırmızıbiber
¼ su bardağı limon suyu

hamuru

6 çorba kaşığı un
1 tatlı kaşığı tuz
5 su bardağı (1 litre) tavuk suyu

Tavuğu, tavuk suyu sebzeleriyle (*bkz.* s. 47) dana eti koymadan haşla, süz, etlerini dit.

Çorba tenceresinde unu yağla sararıncaya kadar kavur, salça ve biber ilave et, bir-iki çevir. Biri soğuk biri sıcak olarak tavuk suyunu kavrulan meyaneye etlerle birlikte dök, ateşe koy. Karıştırarak kaynat. Kaynamaya başlayınca hafif ateşe al, 15 dakika kaynat, servis kâsesine al. Tepsideki hamurun ortasını kaldır, kâseyi yerleştir. Sofraya limon suyuyla birlikte al.

Hamurunu hazırlamak için tencerede tavuk suyu ile tuzu kaynat. Ayrı kâsede unu suyla boza kıvamına getir, kaynayan suya iplik gibi dökerek ilave et, koyulaşınca tepsiye dök. Donunca baklava dilimi kes, ortasını kaldır, çorba kâsesini yerleştir.

- Hamuru adi suyla da yapılır. Ancak tavuk suyu veya et suyu daha kolay tutar.
- Bütün kümes ve av hayvanlarıyla yapıldığı gibi koyun gerdanıyla da yapılır.

bezelye çorbası

1,5 su bardağı (250 gr) kuru bezelye
10 su bardağı (2 litre) et suyu
2 soğan
3 kaşık sadeyağ
1 ölçü limon-un-yumurta terbiyesi
1 çorba kaşığı tereyağ
1 çay kaşığı kırmızıbiber
1 tatlı kaşığı tuz

Bezelyeleri 8 saat öncesinden içme suyunda ıslat. Suyunu süz, yeniden içme suyu ilave et, haşla.

Ayrı tencerede ince doğranmış soğanları yağla pembeleştir. Haşlanmış bezelye ve et suyunu ilave et, pişir. Ateşten almadan tuz at. Terbiyesini alıştırarak ilave et. Tavada kızdırılmış yağa kırmızıbiberi at, biber kararmadan çorbanın yüzüne gezdir. Ekmek garnitürüyle sofraya al.

- İstenirse bezelye süzgeçten geçirildikten sonra terbiyesi ilave edilebilir.

börülce çorbası

Yukarıda tarifi verilen bezelye çorbası ölçüleriyle kuru börülce kullanarak hazırla, pişir.

bulgur çorbası

10 su bardağı (2 litre) et suyu (baş suyuyla daha makbuldur)
½ su bardağı bulgur
2 çorba kaşığı tereyağ
1 iri soğan
1 çay kaşığı karabiber
1 tatlı kaşığı tuz

Et suyunu kaynat. Bulguru ve ayrı tencerede yağda kavrulmuş ince doğranmış soğanı ilave et, bulgur yumuşayıncaya kadar pişir. Kâseye al, karabiber serp.

- Baş suyuyla yapılırsa soğanlı yağa gerek kalmaz.

düğün çorbası

10 su bardağı (2 litre) et suyu
200 gr koyun kaburgasının sıkı eti
4 çorba kaşığı un
1 ölçü limon-yumurta terbiyesi
2 çorba kaşığı tereyağ
1 çay kaşığı kırmızıbiber
1 ölçü ekmek garnitürü
1 tatlı kaşığı tuz

Et suyu hazırlarken 200 gram eti de tuz koyarak haşla, fındık büyüklüğünde doğra. Çorba tenceresine et suyunu süz, etleri ilave et, kaynat. Ilık çorba suyuyla unu ez, kaynayan çorbaya ilave et, un kokusu gidene kadar ağır ateşte pişir.

Limon-yumurta terbiyesi hazırla, alıştırarak çorbaya ilave et. Kâseye al. Tereyağı kızdır, kırmızıbiberi at, 1 dakika kızart, çorbaya dök. Garnitürle sofraya al.

- İstenirse 1 çay kaşığı tarçın da yağdan sonra serpilebilir.

irmik çorbası

10 su bardağı (2 litre) et suyu
½ su bardağı irmik
2 çorba kaşığı tereyağ
2 dilim bayat ekmek
2 çorba kaşığı tereyağ
1 tatlı kaşığı tuz

Çorba tenceresinde iki kaşık yağla irmiği kavur. Soğuk et suyunu karıştırarak ilave et. İrmik kokusu gidene kadar kaynat, tuz at. Tereyağda kızarmış ekmekleri yağıyla çorbaya ilave et, sofraya al.

işkembe çorbası

300 gr dana veya 1 koyun işkembesi
1 şirden
1 bumbar
2 çorba kaşığı çorba üzerinde biriken yağı
1 çay kaşığı kırmızıbiber
1 ölçü sirke-sarımsak terbiyesi
1 ölçü ekmek garnitürü
2 tatlı kaşığı tuz

İşkembe, bumbar ve şirdeni temizle, yıka, bol suyla ateşe koy. Üzerine biriken köpüğü at. Kapağını ört, yumuşayıncaya kadar haşla.

Üzerine biriken yağdan 2 çorba kaşığı ayır. Kırmızıbiberle yak, süz.

İşkembeleri ince kıy, çorba suyuna at, kaynat. Sirke-sarımsak terbiyesi ilave et, hemen ateşten al. Kâseye boşalt. Kırmızıbiberle yakılmış yağı gezdir, ekmek garnitürüyle sofraya al.

İşkembeyi temizlemek için soğuk suyla tertemiz yıka. Büyük bir tencerede üstünü kapayacak kadar suyla ateşe koy. Bir çay kaşığı dolusu karbonat at. Su, el dayanacak sıcaklığa gelince işkembeleri al. Bir tahta üzerinde bıçakla kazıyarak temizle. Tekrar ılık suyla tertemiz oluncaya kadar yıka, kullan.

işkembe çorbası (terbiyeli)

300 gr dana veya 1 koyun işkembesi
1 şirden
1 bumbar
1 çay kaşığı kırmızıbiber
2 çorba kaşığı sadeyağ
2 çorba kaşığı un
1 ölçü yumurta-limon terbiyesi
1 ölçü sirke-sarımsak terbiyesi
1 ölçü ekmek garnitürü
1,5 tatlı kaşığı tuz

Çorba tenceresinde temizlenmiş şirden, bumbar ve işkembeyi bol suyla ateşe koy. Üzerine biriken köpüğü al, at. Kapağını ört, yumuşayıncaya kadar haşla. Üzerine biriken yağdan 2 çorba kaşığı ayır, kırmızıbiberle karartmadan yak, süz, ayır.

Tencerede sadeyağla unu sarartmadan ağarıncaya kadar kavur. 10 su bardağı süzülmüş işkembe suyunu karıştırarak ilave et, un kokusu gidene kadar kaynat. İşkembeleri ince kıy, kaynamakta olan çorbaya ilave et, kaynat.

Yumurta-limon terbiyesi yap, alıştırarak çorbaya karıştır. Tuz at. Kırmızıbiberli süzülmüş yağı çorbanın üstünde gezdir. Sarımsaklı-sirkeli terbiye ve ekmek garnitürüyle sofraya al.

kulak çorbası

10 su bardağı (2 litre) et veya tavuk suyu
Alabildiği kadar un
1 yumurta
¼ su bardağı et suyu
1 ölçü limon-yumurta terbiyesi
1 çay kaşığı tuz

içi
4 kaşık kıyma
1 kaşık sadeyağ
2 soğan
1 tutam karabiber, tuz

yüzüne
2 çorba kaşığı tereyağ
1 çay kaşığı kırmızıbiber

Un, yumurta, et suyu ve tuz ilavesiyle sert hamur yoğur, 10 dakika yaş bez altında dinlendir, aç. İki santimlik karelere böl, iç koy, kâğıt külah gibi sar, ağzını kapat. Kaynamakta olan et suyunda haşla.

Bir ölçü terbiyeyi 1 kaşık un ilavesiyle hazırla, alıştırarak pişen çorbaya ilave et. Yüzüne yağla biberi yak, gezdir.

İçini hazırlamak için yağla soğanı pembeleştir. Kıymayı koy, çevir, ateşten al. Tuz ve karabiber ilave et.

mercimek çorbası (kırmızı)

10 su bardağı (2 litre) et suyu
½ su bardağı kırmızı mercimek
2 soğan (200 gr)
2 çorba kaşığı (50 gr) tereyağ
1 ölçü limon-un-yumurta terbiyesi
2 çorba kaşığı tereyağ (üstüne)
1 çay kaşığı kırmızıbiber
1 ölçü ekmek garnitürü
1 tatlı kaşığı tuz

Mercimeği ayıkla, yıka. Yağla soğanı kavur, mercimek, et suyu ve 2 su bardağı temiz suyla birlikte ateşe koy, mercimekler yumuşayıncaya kadar haşla.

Terbiyesini hazırla, ilave et. Kırmızıbiberle yakılmış yağı çorbanın yüzüne gezdir, ekmek garnitürüyle sofraya al.

mercimek çorbası (yeşil)

½ su bardağı mercimek
10 su bardağı (2 litre) et suyu
2 soğan (200 gr)
2 çorba kaşığı (50 gr) tereyağ
1 ölçü limon-un-yumurta terbiyesi
1 ölçü un-yumurta garnitürü
1 tatlı kaşığı tuz

Mercimekleri 8 saat öncesinden içme suyunda ıslat, süz. Tekrar içme suyunda haşla, süz. Soğanı ince doğra, yağla kavur. Mercimeği et suyu ve kavrulmuş soğanla birlikte ateşe koy, 10 dakika kaynat.

Terbiyesini ilave et. Unlu yumurta garnitürü hazırla, yağıyla çorbanın yüzüne dök, sofraya al.

- Taze kuyruk yağıyla da hazırlanabilir.

ovmaç çorbası

10 su bardağı (2 litre) et suyu
½ su bardağı mercimek
1 su bardağı un
4 çorba kaşığı kıyma
1 çorba kaşığı nane
3 çorba kaşığı sadeyağ
1 tatlı kaşığı tuz

Tepsiye unu yay, sol elle su serp, sağ avuç içiyle ov. Şehriye gibi taneler yap, elekten geçir, irilerini ayır.

Mercimeği 8 saat öncesinden içme suyunda ıslat, süz. Tekrar içme suyu koy, haşla, süz. Et suyuyla birlikte ateşe koy. Kıymayı ilave et, kaynayınca ovmacın ufaklarını çorbaya azar azar at. Nane ve tuz ilave et, pişir. Kâseye al. Sadeyağda ovmacın ayrılan irilerini kavur, yüzüne dök.

pirinç çorbası (et veya tavuk suyuyla)

10 su bardağı (2 litre) et veya tavuk suyu
½ su bardağı pirinç
1 çay kaşığı karabiber
1 tatlı kaşığı tuz
10 dal maydanoz

Pirinci yıka, haşla, soğuk sudan geçir.

Et veya tavuk suyunu kaynat. Pirinç, tuz ve karabiber ilave et, iyice pişir. Kâseye alınca üzerine ince kıyılmış maydanoz serp.

- Yağlı sevenler et suyuna 1 çorba kaşığı tereyağ ilave edebilir.

pirinç çorbası (domatesli)

10 su bardağı (2 litre) et suyu
½ su bardağı pirinç
3 iri domates veya 1 çorba kaşığı salça
1 çay kaşığı karabiber
1 tatlı kaşığı tuz
10 dal maydanoz

Domatesleri soy, doğra. Tencerede birkaç dakika pişir. Eriyince et suyu, karabiber, tuz ve yıkanmış pirinci ilave et. Pirinçler yumuşayıncaya kadar kaynat. Kâseye alınca üzerine kıyılmış maydanoz serp.

pirinç çorbası (terbiyeli)

10 su bardağı (2 litre) et suyu
½ su bardağı pirinç
1 ölçü limon-un-yumurta terbiyesi
2 çorba kaşığı tereyağ
1 çay kaşığı kırmızıbiber
1 ölçü ekmek garnitürü
1 tatlı kaşığı tuz

Çorba tenceresinde, yıkanmış pirince et suyu ve tuz ilave et, kaynat. Pişince alıştırarak terbiyesini ilave et. Tavada kırmızıbiberli yağı kızdır, çorbanın yüzüne gezdir. Ekmek garnitürüyle sofraya al.

sebze çorbası

10 su bardağı (2 litre) et suyu
4 havuç
2 pırasa
1 kereviz
3 dal maydanoz
1 şalgam veya patates
10 arpacık soğanı
4 çorba kaşığı yağ
2 çorba kaşığı un
1 ölçü limon-un-yumurta terbiyesi
1 çay kaşığı kırmızıbiber
1 ölçü ekmek garnitürü

Havuçları soy, rendele. Pırasaları ince halka doğra. Maydanoz, kereviz, şalgam veya patatesi ince kıy. Arpacık soğanlarını soy.

Çorba tenceresinde 2 kaşık yağla sebzeleri karıştırarak kavur, unu ilave et, çevir. Et suyunu koy, kaynat. Pişince terbiyesini hazırla. Alıştırarak çorbaya ilave et, kâselere dök. Kırmızıbiberli yağ yak, çorbanın yüzüne gezdir. Ekmek garnitürüyle sofraya al.

- Sebzeler süzgeçten geçirilerek ezme çorba da yapılabilir.
- Sebzeler kavrulmadan meyaneli et suyuna konarak da pişirilir.

süt çorbası

5 su bardağı (1 litre) süt
4 çorba kaşığı has un veya nişasta
4 çorba kaşığı şeker
1 çay kaşığı tarçın
1 ölçü ekmek garnitürü

Sütün yarısını kaynat. Yarısını un veya nişastayla bulamaç yap, karıştırarak kaynamakta olan süte yedir. Un kokusu gidene kadar pişir. İndirmeden 10 dakika önce şekerini ilave et. Kâseye alınca tarçın serp. Fındık büyüklüğünde kızartılmış ekmekle birlikte sofraya al.

tarhana çorbası

10 su bardağı (2 litre) et suyu veya tavuk suyu
1 su bardağı tarhana
1 lüle (50 gr) kaymak veya kaşar peyniri
2 çorba kaşığı tereyağ
3 dilim ekmek

Tarhanayı akşamdan ıslat. Çorba tenceresinde ılık et suyuyla karıştırarak çiğ kokusu gidene kadar pişir. Kâseye alınca kaymağı veya rendelenmiş kaşar peynirini koy. Tereyağda kızartılmış fındık büyüklüğünde ekmekle birlikte sofraya al.

- Sade suyla pişirildiğinde çorbaya iki diş sarımsak dövülerek konur. Kaymak konmaz, peynir konur. Yüzüne kızdırılmış biberli yağ veya kıymalı yağ gezdirilir.

tutmaç çorbası (konya)

½ kilo kuşbaşı koyun eti
2 yumurta
1 çay bardağı su
Alabildiği kadar un
½ kilo süzme yoğurt
6 diş sarımsak
1 çay kaşığı tuz
1 tatlı kaşığı tuz

haşlama suyu

5 su bardağı su
1 tatlı kaşığı tuz

kıkırdağı

1 yumurta
½ çay kaşığı tuz
Alabildiği kadar un
3 çorba kaşığı sadeyağ

Bir yumurta, 1 çay bardağı su, bir çay kaşığı tuz ve unla kulak memesi yumuşaklığında hamur hazırla. Yaş bez altında 20 dakika dinlendir. Üç milim kalınlığında aç, 1 santimetre kare veya erişte şeklinde kes, hafif kurut. Beş su bardağı ve bir tatlı kaşığı tuzla haşla.

Eti, 5 su bardağı suyla ateşe koy. Kaynamaya başlayınca köpüğünü al, yumuşayıncaya kadar pişir. Haşlanan hamurların suyuyla yoğurdu, dövülmüş sarımsağı ve 1 yumurtayı iyice ez. Hamurları ve suyuyla birlikte etleri yoğurda karıştır. Ateş üzerinde bir taşım kaynat, kıkırdak dök. Sofraya al.

Kıkırdağını hazırlamak için 1 yumurta ve tuzu alabildiği kadar unla yumuşak yoğur. Uzun çubuk hâline getir, mercimek büyüklüğünde kes. Kızgın sadeyağda kızart, çorbanın üzerine dök. (Tutmaç çorbası etsiz, sade suyla da yapılabilir.)

tutmaç çorbası (sarımsaksız) (konya)

½ kg kuşbaşı koyun eti
5 su bardağı su
½ kg süzme yoğurt
1 çorba kaşığı un
1 yumurta
1 demet tarhun veya nane

hamuru
1 çay kaşığı tuz
Alabildiği kadar un
Tereyağ
1 yumurta
1 çay kaşığı su

haşlama suyu
5 su bardağı su
1 tatlı kaşığı tuz

Eti yıka, süzdür. Tencerede kendi bıraktığı suyu çekinceye kadar kızart. Beş su bardağı su koy, etler yumuşayıncaya kadar pişir. Su azalırsa sıcak su koyarak 5 su bardağına tamamla.

1 yumurta, 1 çay bardağı su, tuz ve alabildiği kadar unla hamur hazırla. 20 dakika dinlendir, ince aç. 1 santimetre kare kes, avuç kenarında çubuk şeklinde kıvır. Tereyağda kızart. Kaynamakta olan haşlama suyuna at, haşla; etlerle tutmaçları yavaşça kırmadan karıştır.

Yoğurdu, un ve 1 yumurtayla mikserle çırp. Çorba suyundan ilave ederek hafif ateşte bir taşım kaynat, tutmaçlı etlere yavaşça karıştır. Kıyılmış tarhun veya nane koy. Karıştırarak iki taşım kaynat, sofraya al.

- Kuru tarhun veya kuru nane de kullanılabilir.
- Çorbanın kıvamı koyu olursa yeterince sıcak su ilave et.

un çorbası

10 su bardağı (2 litre) et suyu
4 çorba kaşığı un
7 çorba kaşığı tereyağ
3 dilim ekmek
1 tatlı kaşığı tuz

Çorba tenceresinde 4 kaşık yağla 4 kaşık unu sararıncaya kadar kavur. Soğuk et suyunu hızla karıştırarak ilave et, tuz at. Kapağını ört, 15 dakika kaynat. Boza kıvamına gelince kâseye al. Ekmekleri fındık büyüklüğünde doğra, kalan yağda kızart. Çorbayla birlikte sofraya al.

un çorbası (domatesli)

10 su bardağı (2 litre) et suyu
4 çorba kaşığı tereyağ
4 çorba kaşığı un
5 iri domates veya 4 silme çorba kaşığı salça
3 dilim ekmek
3 çorba kaşığı tereyağ
1 tatlı kaşığı tuz

Çorba tenceresinde yağla unu sarart. Salçayı ilave et, iki dakika kavur. Ya da domatesleri soy, doğra, ayrı tencerede, ezilinceye kadar pişir, meyaneye ilave et. Et suyu ve tuz ilave et. Kapağını örterek 15 dakika pişir. Yağda kızartılmış fındık büyüklüğünde ekmekle birlikte sofraya al.

yoğurt çorbası (döğmeli)

10 su bardağı (2 litre) et suyu
1 su bardağı aşurelik buğday (döğme)
50 gr yağsız kıyma (koyun)
800 gr katı yoğurt (süzme)
1 soğan suyu
1 tatlı kaşığı kuru nane
15 ıspanak kökü
2 çorba kaşığı haşlanmış nohut
2 çorba kaşığı tereyağ
1 çay kaşığı karabiber
1 tatlı kaşığı tuz

Buğdayı 8 saat öncesinden içme suyunda ıslat. Et suyuyla yumuşayıncaya kadar pişir. Kıymayı tuz ve karabiberle yoğurarak küçük köfteler yap. Tencereye yoğurt, rendelenmiş soğan suyu, kuru nane, iri doğranmış ıspanak kökleri ve haşlanmış nohutları ilave et. Kaynayınca köfteleri at. Karıştırarak özleşinceye kadar pişir. Öylece veya bibersiz yakılmış tereyağı çorbanın yüzüne gezdirdikten sonra sofraya al.

yoğurt çorbası (pirinçli)

10 su bardağı (2 litre) et suyu
2 su bardağı katı yoğurt (süzme)
2 yumurta
2 çorba kaşığı un
2 çorba kaşığı haşlanmış nohut
1 su bardağı pirinç
2 çorba kaşığı tereyağ
1 çorba kaşığı nane

Çorba tenceresinde yoğurt, yumurta ve unu iyice ez. Et suyu, haşlanmış nohut ve yıkanmış pirinci ilave et. Sürekli aynı yöne karıştırarak pirinçler yumuşayıncaya kadar pişir. Kesilmemesi için tuzunu, ateşten alınca at. Yağda yakılmış naneyi çorbanın üstünde gezdir.

• Bu çorba önce pirinç haşlanıp sonra diğer malzemeler ilave edilerek daha çabuk pişirilebilir.

• Naneyi kızgın yağa atar atmaz, yakmadan ateşten almalıdır, yoksa kararır.

2

yumurtalar

Yumurta, kanatlı hayvanlardan elde edilen, protein değeri yüksek bir yiyecektir. Satın alınırken, yumurtanın büyük olmasına, dış kabuğunun çok kirli olmamasına, gözeneklerin büyümemiş olmasına ve hafif olmamasına dikkat edilmelidir.

Yumurta oda sıcaklığında bekletildiğinde bozulur. 0 - 1° C soğuklukta uzun süre saklanabilir. Buzdolabında bir iki hafta tazeliğini kaybetmez. Ayrıca renksiz mineral yağlara batırılarak da oda ısısında bekleyebilir.

yumurtaları pişirme yöntemleri

HAŞLAMA

rafadan yumurta Kaynar suda üç dakika kaynatılarak hazırlanan pişirme türüdür.
hazırlop yumurta (katı) Kaynar suda yumurtanın on dakika kaynatılmasıyla hazırlanır.
çılbır Kaynar tuzlu ve sirkeli suya yumurtanın kırılmasıyla hazırlanan pişirme türüdür.

YAĞDA PİŞİRME

sahanda yumurta türleri Tepsi ya da birer kişilik sahanlarda kızdırılmış yağın içine yumurtanın kırılarak pişirilmesi usulüdür. Sahanda yumurta, sucuklu yumurta, pastırmalı yumurta, domatesli yumurta, işkembeli yumurta vb.
kaygana türleri Tepsi veya tavada yumurtanın kızdırılmış yağa ya da meyaneye çırpılarak dökülmesiyle hazırlanan pişirme türüdür. Kaygana vb.
kaplayarak kızartma türleri Ekmek ve çeşitli sebzelerin çırpılmış yumurtaya bulanarak kızartılmasıyla hazırlanır. Yumurtalı ekmek vb.

DİĞERLERİ Çorba terbiyeleri ve haşlamada kullanılır. Limon-yumurta terbiyesi, börek, tatlı, pasta vb.

haşlama

rafadan yumurta

6 yumurta
3 su bardağı su

Derin bir tencerede suyu kaynat. Yumurtaları yıka, tel süzgece yerleştir. Kaynayan suya koyarak üç dakika kaynat. Sofraya al.

hazırlop (katı) yumurta

6 yumurta
3 su bardağı su

Rafadan yumurta gibi pişir. Yumurtaları on dakika haşla. Tencereden al, soğuk suda iki dakika beklet, sofraya al.

kayısı yumurta

6 yumurta
3 su bardağı su

Rafadan yumurta gibi pişir. Yumurtaları beş dakika haşla. Tencereden al, soğuk suda iki dakika beklet, sofraya al.

yoğurtlu yumurta (çılbır)

6 yumurta
5 su bardağı su
1 çorba kaşığı tuz
1 tatlı kaşığı sirke
1 diş sarımsak
400 gr yoğurt
2 çorba kaşığı tereyağ
1 çay kaşığı kırmızıbiber

Yayvan tencerede su, tuz ve sirkeyi kaynat. Kaynar hâldeyken yumurtaları içine kır, ateşi kıs, kapağını ört, iki dakika pişir. Yumurtaları kevgirle, ısıtılmış tabağa al. Sarmısağı döv, yoğurtla karıştır, ılık hâlde yumurtaların üzerine dök. Yağı kızdır, kırmızıbiberi koyarak bir dakikadan az kavur ve yumurtaların yüzüne gezdir.

zeytinyağlı yumurta

Yoğurdu yumurta gibi hazırla. Yoğurt üzerine ¼ su bardağı zeytinyağı ve iki limon suyunu çırp, ılık hâlde yumurtaların üzerine dök.

yağda pişirme

bezelyeli yumurta

6 yumurta
100 gr kuru bezelye
75 gr tereyağ
2 iri soğan
100 gr kavrulmuş kuşbaşı et veya kıyma
½ su bardağı et suyu
1 tatlı kaşığı tuz

Bezelyeyi 8 saat öncesinden ıslat, süz. Tekrar içme suyu ilave et, dağılıncaya kadar haşla, süz, ez.

Yayvan yumurta sahanında tereyağı erit. Soğanları halka doğra, yağla sarart. Önceden kavrulmuş kuşbaşı etleri, bezelye ezmesini, et suyu ve tuzu koy. Suyunu çekince aralarını aç, yumurtaları kır, hafif ateşte akları beyazlaşıncaya kadar pişir.

domatesli yumurta

6 yumurta
2,5 çorba kaşığı (60 gr) tereyağ
3 iri domates (300 gr) veya 1 çorba kaşığı salça
1 çay kaşığı karabiber
1 tatlı kaşığı tuz

Yumurta sahanında yağı erit. Domatesleri soy, küçük doğra, ilave et, bıraktıkları suyu çekinceye kadar pişir. Aralarını aç, yumurtaları kır. Tuz ve karabiber serp, akları beyazlaşıncaya kadar pişir.

- Salçayla yapılırsa yarım su bardağı suyla yağ ve salça kaynatılıp yumurta kırılır.

enginarlı yumurta

6 yumurta
6 enginar
4 çorba kaşığı (100 gr) tereyağ
2 limon suyu
1 tatlı kaşığı tuz

Enginarların kabuklarını soy. Limonla ov, yıka, haşla, süz ve ez. Yayvan yumurta sahanında tereyağı erit. Enginar ezmesini koy, bir-iki çevirdikten sonra aralarını aç, yumurtaları kır. Tuz serp. Hafif ateşte akları beyazlaşıncaya kadar pişir. Limon suyuyla sofraya al.

hurmalı yumurta

6 yumurta
1 su bardağı çekirdekleri alınmış hurma
3 çorba kaşığı tereyağ
½ su bardağı su

Hurmaları ikiye, üçe böl. Yumurta sahanında yağı erit, suyu ve hurmaları ilave et, kapağını ört. Hurmalar yumuşayınca aralarını aç, yumurtaları kır, kapağını ört, akları beyazlaşıncaya kadar pişir.

ıspanaklı yumurta

6 yumurta
½ kilo ıspanak
2,5 çorba kaşığı (60 gr) tereyağ
2 baş soğan
1 çorba kaşığı su
1 tatlı kaşığı karabiber
1 tatlı kaşığı tuz

Ispanağı ayıkla, yıka, haşla ve süz. Yayvan yumurta sahanında yağla ince doğranmış soğanı kavur. Ispanağı ilave et, karıştır. Su ve tuz koy, kapağını ört. Kaynayınca aralarını aç, yumurtaları kır. Tuz ve biber serptikten sonra kapağını ört, akları beyazlaşınca ateşten al.

işkembeli yumurta

6 yumurta
150 gr haşlanmış kıyılmış işkembe
2,5 çorba kaşığı (60 gr)tereyağ
3 iri soğan
1 tatlı kaşığı tuz
1 limon suyu

İşkembeyi haşla, ince kıy. Yayvan yumurta sahanında yağı erit. Soğanları halka doğra, yağda sarart, işkembeyi ilave et, kavur. Kaşıkla aralarını aç, yumurtaları kır, tuz at, kapağını ört. Hafif ateşte akları beyazlaşıncaya kadar pişir.

kaymaklı yumurta

6 yumurta
100 gr kaymak
1 tatlı kaşığı tuz
1 tatlı kaşığı karabiber
1 tatlı kaşığı tarçın

Kaymağın yarısını yumurta sahanında erit, yumurtaları kır. Tuz ve biber ek, kapağını ört, akları beyazlaşıncaya kadar pişir. Kalan kaymağı yumurtaların üzerine sür, tekrar kapağını ört, ateşten al. Birkaç dakika sonra kaymaklar eriyince tarçın serp, sofraya al.

kıymalı yumurta

6 yumurta
1 çorba kaşığı (25 gr) tereyağ
2 iri soğan
150 gr kıyma
1 tatlı kaşığı tuz
1 çay kaşığı karabiber
¼ su bardağı su

Tencerede kıymayı yağ ve soğanla kavur. Tuz ve biberini ek. ¼ su bardağı su koy, kaynat. Yumurta sahanına, aralarını açarak yay, yumurtaları kır. Kapağını ört. Akları beyazlaşıncaya kadar pişir.

- İstenirse su yerine domates doğranabilir. Maydanoz da kıyılarak ilave edilebilir.

mantarlı yumurta

6 yumurta
80 gr tereyağ
3 iri soğan
150 gr mantar
1 tatlı kaşığı tuz
1 çay kaşığı karabiber

Yayvan yumurta sahanında yağı erit. Halka doğranmış soğan ve ayıklanmış, nohut büyüklüğünde doğranmış mantarları kavur. Aralarını aç, yumurtaları kır, tuz ve biberini ek, kapağını ört. Hafif ateşte akları beyazlaşıncaya kadar pişir.

menemen

6 yumurta
2,5 çorba kaşığı (60 gr) yağ
3 yeşil biber
3 domates
100 gr beyaz peynir
Yarım demet maydanoz

Yumurta sahanında yağı erit, biberleri ince doğra, iki dakika kavur. Kabuğu soyulmuş, küçük doğranmış domatesleri ve tuzunu koy, pişir. Suyunu çekince rendelenmiş peynir ve kıyılmış maydanozu ilave et, karıştır. Yumurtaları çırparak tavaya dök, karıştır, yumurtalar sertleşince ateşten al.

nohutlu yumurta

6 yumurta
100 gr kuru nohut
3 çorba kaşığı (75 gr) tereyağ
2 iri soğan
100 gr kavrulmuş kuşbaşı et veya kıyma
½ su bardağı et suyu
1 tatlı kaşığı tuz

Nohudu 8 saat öncesinden ıslat, süz. Tekrar içme suyu ilave et, dağılıncaya kadar haşla, süz ve ez. Yayvan yumurta sahanında tereyağı erit. Soğanları halka doğra, sarart. Önceden kavrulmuş kuşbaşı etleri, nohut ezmesi, et suyu ve tuzu koy. Suyunu çekince aralarını aç, yumurtaları kır, hafif ateşte akları beyazlaşıncaya kadar pişir.

pastırmalı yumurta

6 yumurta
3 çorba kaşığı (75 gr) tereyağ
6 iri soğan
100 gr pastırma
¼ su bardağı su
2 çay kaşığı tuz

Yayvan yumurta sahanında yağı erit, soğanları halka doğra, yağda sarart. Bir çay kaşığı tuz ilave et. Pastırmaları üzerine döşe. Suyunu ilave et, soğan ve pastırmayı suyu çekinceye kadar çok hafif ateşte kapağı kapalı olarak kaynat. Aralarını aç, yumurtaları kır. Bir çay kaşığı tuz serp. Kapağını ört, çok hafif ateşte akları beyazlaşıncaya kadar pişir.

peynirli yumurta

6 yumurta
2,5 çorba kaşığı (60 gr) tereyağ
150 gr beyaz peynir
1 çay kaşığı karabiber
1 tatlı kaşığı tuz

Yayvan yumurta sahanında yağı erit. Peyniri rendele, ilave et. Kaşıkla bir-iki karıştır, aralarını aç, yumurtaları kır. Tuz serp. Kapağını örterek akları beyazlaşıncaya kadar pişir.

soğanlı yumurta

6 yumurta
3 iri soğan
4 çorba kaşığı (100 gr) tereyağ
¼ su bardağı su
1 tatlı kaşığı şeker
1 çay kaşığı karabiber
1 tatlı kaşığı tuz

Soğanları halka halka doğra. Hafif ateşte yağda sarart. Su ve şeker ilave et, kaynat. Yumurta sahanına al, aralarını aç, yumurtaları kır. Tuz ve biber serp. Akları beyazlaşıncaya kadar pişir.

sucuklu yumurta

6 yumurta
2,5 çorba kaşığı (60 gr) tereyağ
100 gr sucuk
1 çorba kaşığı su
1 tatlı kaşığı tuz

Yayvan yumurta sahanında yağı erit. Sucukları ince doğra, yağda kavur. Bir kaşık su ilave et, iki taşım kaynat. Yumurtaları kır, tuz serp. Akları beyazlaşıncaya kadar pişir.

tereyağlı yumurta

6 yumurta
2,5 çorba kaşığı (60 gr) tereyağ
1 çay kaşığı karabiber
1 tatlı kaşığı tuz

Yayvan yumurta sahanına tereyağı koy, yakmadan kızdır. Yumurtaları kır, tuz serp, kapağını ört. Orta hararetli ateşte iki-üç dakika beyazları aklaşıncaya kadar pişir. Karabiber serp.

3

etler

Etler, kasaplık büyükbaş hayvanları, kümes, av hayvanları ve deniz ürünlerinin yenebilen kısımlarıdır. Etler dört bölümde sınıflandırılabilir:

kasap hayvanları Sığır, dana, koyun, kuzu, oğlak ve keçi.
kümes hayvanları Tavuk, hindi, kaz, ördek, piliç vb.
av hayvanları Bıldırcın, keklik, çulluk, sülün vb.
deniz ürünleri Beyaz ve siyah etli balıklar vb.

kasap hayvanları Koyun ve kuzu eti de diğer kasap hayvanlarınınki gibi kesildikten 24 saat sonra kullanılmalıdır, aksi takdirde sert olur. Erkek koyun eti, dişinin etinden daha lezzetlidir. Kıvırcık cins koyun eti en makbul et olup onu dağlıç ve karaman eti izlemektedir. Kuzu etlerinde erkeklik dişilik söz konusu değildir, iyi beslenmiş olmaları önemlidir. Kuzular süt kuzusu ve koyunlaşmış kuzu olarak ikiye ayrılır. Yağlı olanlar makbul tutulur. Koyun kış aylarında, kuzu şubat ve mayıs aylarında lezzetlidir.

Oğlak ve keçi etleri koyun eti kadar lezzetli olmamakla beraber kullanılabilir. Tiftik ve karakeçi türleri de vardır.

Sığır, dana ve öküz Erzurum ve Trakya cinsleri olarak ayrılır. Trakya cinsleri daha makbuldür. İnek eti öküzden daha makbuldür. İnek ve öküzün üç aylıklarına süt danası, iki yaşına kadar olanlarına da dana denilmektedir.

YAPILACAK YEMEĞE GÖRE ET SEÇİMİ

- **haşlama** Gerdan, kol, kürek, but.
- **ızgara** Pirzola, but (şiş).
- **yahniler, tencere yemekleri** Kol, kürek, but, döş.
- **köfteler** But, kol, kürek.
- **kıyma** Özellikle but ama hayvanın diğer taraflarından da hazırlanabilir.

etleri pişirme yöntemleri

SUDA PİŞİRME

- **haşlamalar** Etlerin lezzet verici baharat ve sebzelerle suda yumuşayıncaya kadar pişirilmesidir. Paça gibi sade hazırlananları olduğu gibi, sebzelerle de değerlendirilebilmekte, terbiye ile tatlandırılabilmektedir.

- **söğüşler** Etlerin lezzet verici sebze ve baharatla pişirildikten sonra soğutularak kullanılmasıdır. Baş söğüşü, koyun, sığır, dil söğüşleri vb.

YAĞDA KIZARTMA

- **tavalar** Pirzola, ciğer, külbastı vb etlerin kızdırılmış sadeyağda kızartılmasıdır. Türk Mutfağı'nda kızartma için sadeyağ kullanılmaktadır. Günümüzde ise zeytinyağı ve ayçiçek yağı da sadeyağ yerine kullanılmaktadır.
- **köfteler** Köfteler kıymanın soğan, maydanoz, baharat vb lezzet verici maddeler ve un, yumurta gibi tutucu maddelerle yoğurulmasıyla hazırlanır. Çoğunlukla yağda kızartılmakla birlikte başka türlü de pişirilebilir. Izgara, suda vb.

KURU HARARETTE

- **ızgarada** Etlerin kömür ateşi üzerinde pişirilmesidir.
- **kebaplar** Etlerin terbiye içinde bekletildikten sonra ızgarada pişirilmesidir. Şiş kebabı vb.
- **köfteler** Yukarıda anlatıldığı biçimde hazırlanan köftelerin bir kısmı ızgarada pişirilir. Cızbız, ızgara, şiş köfte vb.
- **fırında** Etlerin çeşitli biçimlerde fırında pişirilmesidir. Kuzu, hindi vb gibi bütün olabildiği gibi, but vb gibi parçalar hâlinde de pişirilmektedir.
- **fırın kebapları** Kuzu, hindi, ördek vb etlerinin az haşlanıp üzerine salça, yoğurt, baharat vb sürülüp fırında kızartılmasıdır.
- **kuzu vb dolmaları** Kuzu, hindi ve kümes hayvanlarının iç pilavla doldurulup fırın kebabı gibi pişirilmesidir.

YAĞ-SU KARIŞIMINDA

- **yahniler** Etlerin biraz haşlanıp öylece ya da kızartılıp kızarmış soğan ve herhangi bir sebze veya meyveyle tencerede özelliğine göre başka malzemelerin de ilavesiyle pişirilmesidir. Düğün yahnisi, nohutlu yahni, ayvalı yahni vb.
- **kuşhane tencere kebapları** Kebaplar ızgara dışında kuşhane ve tencerede pişirilir. Tencerede yağla et ve soğanın kavrulup diğer malzemelerin ilavesiyle hazırlanır. Sebze vb ile de pişirilirler. Tas ve kâğıtta da hazırlanırlar.
- **sahan, tepsi etleri** Köfte, külbastı vb etlerinin istenilen tarzda hazırlanıp salçalı su ve lezzet vericiler ilavesiyle sahan ya da tepsiye dizilerek pişirilmesidir.
- **diğerleri** Etlerin çiğden sebzelerle tencereye basılarak ya da başka yöntemlerle istenilen biçimlerde pişirilmesidir.

haşlamalar

etler için soğan suyu

3 iri soğan *1 çay kaşığı tuz*

Soğanı rendele. Tuz serp, 2 dakika beklet. Ovarak süzgeç veya tülbetten geçir. Çıkan suyu gereken etlerde kullan.

• Soğan suyu ızgara kebaplar, ızgara köfteler, ızgara balıklar, sakatatlar ve kümes hayvanlarında kullanılmaktaydı. Günümüzde soğan rendelendikten sonra olduğu gibi kullanılmaktadır. Tariflerde verilen ölçülere göre ikisi de uygulanabilir.

koyun-kuzu haşlaması

1 kg koyun but, kol veya gerdan eti (birer kişilik parçalara bölünmüş)
10 su bardağı (2 litre) su
2 soğan (200 gr)
6 havuç (300 gr)
1 kereviz (100 gr)
3 dal maydanoz
3 patates (300 gr) (istenirse)
4 karanfil
1 çay kaşığı karabiber
1 tatlı kaşığı tuz

Etleri yıka, bir tencerede on bardak suyla ateşe koy. Kaynayınca köpüğünü al. Soğanları soy, havuçları temizle ve doğra, kerevizi kuşbaşı doğra, maydanozu yıka, hepsini etin üzerine koy. Karanfil, karabiber ve tuz at. Kapağını ört. Etler pişene kadar kaynat.

Etleri ve havucu sudan çıkar. Et suyunu süzgeçten süz, tekrar ateşe koy, yarı yarıya kalana kadar kaynat. Servis tabağının ortasına etleri, kenarına havuçları diz, üzerine koyulaşan et suyunu dök, sofraya al.

• İstenirse sebzelerin pişmesine yakın patates de ilave edilip haşlanır ve sofraya havuçla birlikte patatesle de alınabilir. Patatesli yapılırsa iki domates veya bir kaşık salça da ilave edilmelidir.

kuzu kapama

1 kg kuzu budu (yağlı altı parça)
3 su bardağı su
15 yeşil soğan
1 demet maydanoz
1 demet nane
1 tatlı kaşığı tuz

Eti yıka, suyla birlikte tencereye koy. Kaynamaya başlayınca kevgirle köpüğünü al. Parmak uzunluğunda doğranmış soğanları, ayıklanmış maydanoz ve nane yapraklarını ve tuzunu ilave ederek, etler pişinceye kadar kaynat.

• Arzu edenler kapamaya beş-altı yaprak kıvırcık, marul ve birkaç dal ıspanak da ilave edebilirler.

kuzu kapama (terbiyeli)

1 ölçü kuzu kapama malzemesi
2 yumurta sarısı
1 limon suyu
1 kaşık un
1 çay bardağı kapamanın ılık suyu

Kapama pişince yumurta sarısı, limon suyu ve unu çırp. Kapamanın suyundan alarak karıştır. Kaynamakta olan kapamaya alıştırarak ilave et. İki taşım kaynayınca servise al.

sığır ve dana eti haşlaması

1 kg sığır veya dana kürek ya da but eti (birer kişilik parçalara bölünmüş)
10 su bardağı su
2 soğan
6 havuç
1 kereviz
3 patates
3 dal maydanoz
4 karanfil
1 çay kaşığı karabiber
1 tatlı kaşığı tuz

Koyun-kuzu haşlaması (*bkz.* s. 71) gibi pişirilir. Pişme süresi biraz daha uzun olabilir.

terbiyeli haşlama et

1 ölçü koyun, kuzu dana veya sığır eti haşlamaları
2 çorba kaşığı yağ
½ su bardağı su
½ ölçü limon-un-yumurta terbiyesi

Bir ölçü haşlama eti hazırla. Tabağa et ve sebzeleri döşedikten sonra suyunu dökmeden terbiyeyi kaynamakta olan yemeğin suyuna ilave et ve servis tabağındaki sebzelerin üzerinde gezdir.

Terbiyeyi hazırlamak için yağla unu pembeleşmeden kavur. Bir kâsede yumurta sarılarını, limon suyunu ve suyu çırp. Meyaneye ilave et. Alıştırarak et suyuyla karıştır, etlerin üzerine dök.

kebaplar

beğendili kebap (hünkâr beğendi - ı)

1 kg çok yağlı kuşbaşı kemiksiz koyun eti
1 kg patlıcan
3 su bardağı taze domates suyu
1 tatlı kaşığı kırmızıbiber
1 tatlı kaşığı karabiber
1 tatlı kaşığı tuz

Eti tavada pembeleşinceye kadar kızart. Izgarada kemer patlıcanların iki tarafını kuru hâlde pişir. Kabuklarını soy, tencereye al. Tuz ve biber ek. Domates suyu ilave et, tahta kaşıkla döverek bulamaç hâline getir, bir tepsiye yay. Üstüne yağlı kavurmayı sıcak sıcak dök. Kapağını ört. Pilav demlendirme derecesindeki çok hafif ateş üzerinde bir saat pişir.

hünkâr beğendi - II

1 kg koyun eti
2 çorba kaşığı sadeyağ
3 iri soğan
2 iri domates veya 1 çorba kaşığı salça
3 su bardağı et suyu
1 kg kemer patlıcan
2 çorba kaşığı un
100 gr tereyağ
2,5 su bardağı süt
¼ su bardağı kaşar peyniri
1 tatlı kaşığı kırmızıbiber
1 tatlı kaşığı tuz

Tencerede yağı kızdır. Etleri koy, pembeleşinceye kadar kızart, çıkar. Kalan yağda ince çentilmiş soğanı kavur. Kabuğu alınmış domatesleri ilave et, çevir. Tuz ve biber koy. Bir bardak sıcak suyu etlere ilave et, kapağını ört. Hafif ateşte etler yumuşayıncaya kadar pişir. Suyunu çektikçe kalan et suyunu iki üç defa sıcak olarak ilave et. Beğendi ile sofraya al.

Beğendiyi hazırlamak için patlıcanları kömür ateşinde veya ızgarada iyice pişir, kabuklarını soy, beyazlaşmaları için limonlu suda 20 dakika beklet, süz, tahta kaşıkla döverek ez. Yağla unu pembeleşmeden hafif ateşte kavur. Patlıcanları ilave ederek dövercesine karıştır. Önceden kaynamış soğumuş sütü ilave et, tuz ek. Ateşe al. Koyu bulamaç hâline gelene kadar karıştırarak pişir. Peyniri ilave et, karıştır, ateşten al.

buğu kebabı

1 kg orta yağlı koyun but eti
300 gr arpacık soğan
2 diş sarmısak
3 domates
3 yeşil biber
1 tatlı kaşığı kekik
1 tatlı kaşığı kimyon
2 kaşık sadeyağ
1 tatlı kaşığı tuz

Tencereye eti, ayıklanmış soğanları, doğranmış sarımsağı, kabuğu soyulup doğranmış domatesi, yeşil biberi ve baharatı yerleştir. Yağı erit, üzerine dök. Kapağını ört. Çok hafif ateşte etler yumuşayıncaya kadar pişir.

• Güveç yapılır ve her iki tencerenin de kapağı örtüldükten sonra hamurla sıvanırsa daha lezzetli olur. Ya da çelik tencerede hamursuz pişirilebilir.

but fırın kebabı

1 koyun budu
2 soğan rendesi veya suyu
1 tatlı kaşığı kekik
1 çay kaşığı kimyon
1 çay kaşığı tarçın
1 tatlı kaşığı karabiber
1 tatlı kaşığı tuz
2 çorba kaşığı yoğurt
1 kaşık salça veya 1 yumurta sarısı

Kuzu fırın kebabı gibi hazırla, pişir (*bkz.* s. 78).

çömlek kebabı (güveç)

1 kg kuşbaşı kuzu eti
10 taze fasulye
1 büyük havuç
1 büyük patlıcan
15 arpacık soğanı
2 dolma biber
1 büyük patates
10 bamya
3 büyük domates
100 gr sadeyağ
1 su bardağı su
1 tatlı kaşığı tuz

Fasulyeleri ayıkla, yıka, ortadan ikiye böl. Havuçları soy, parmak uzunluğunda kes, dörde böl. Patlıcanı dörde böl, ortadan kes. Soğanları soy. Dolma biberlerin içlerini çıkar, dörde böl. Patatesi soy, ceviz büyüklüğünde doğra. Bamyaları ayıkla. Domatesleri soy, yuvarlak kes.

Güvece önce etleri, sonra sırayla domatesin yarısını, fasulyeleri, havuçları, patlıcanları, soğanları, biberleri, patatesi ve bamyaları döşe. Tuzunu at. Sadeyağını ara ara koy. Suyunu ilave et, üzerine kalan domatesleri yay, kapağını ört. Orta ateşte etler yumuşayıncaya kadar, yaklaşık 1,5 saat pişir. Güveci tepsiye yerleştir, sofraya al.

çöp kebabı

1 kg kuşbaşı et
½ kilo patlıcan
6 dolmalık biber
2,5 bardak su
5 çorba kaşığı sadeyağ
2 büyük soğan
4 orta domates
1 tatlı kaşığı tuz
12 tane asma ya da defne çöpü

Patlıcanları alaca soy, ortadan ikiye kes, ceviz büyüklüğünde doğra ve tuzlu suda yarım saat beklet. Sudan çıkardıktan sonra sıkarak kurut. Biberlerin içini çıkart, dörde böl, yıka, kurut. Dört kaşık yağı kızdır, önce patlıcan, sonra biberleri kızart.

Tencereye bir kaşık sadeyağ, soğan ve eti koy. Et ve soğan bıraktıkları suyu çekince soyulup doğranmış domatesi ve suyunu ilave et, et yumuşayıncaya kadar pişir.

Pişen etleri, patlıcanı ve biberi birer arayla çöplere diz, bir tepsiye yerleştir. Artan salçasını süzerek üzerine dök, fırında on dakika beklet, sofraya al.

kâğıt kebabı

1 kg doğranmış kuşbaşı kuzu eti
1 tatlı kaşığı tereyağ
2 soğan
2 domates veya 1 çorba kaşığı salça
1 su bardağı sıcak su
1 çorba kaşığı sirke
1 tatlı kaşığı kekik
1 tatlı kaşığı karabiber
1 tatlı kaşığı tuz
2 yağlı kâğıt

sebzeler

1 su bardağı çiçek yağı
1 su bardağı iç bezelye
2 demet dereotu
2 havuç
3 patates

Havucu haşla, fındık büyüklüğünde doğra. Patatesleri fındık büyüklüğünde doğra. Ayçiçek yağında önce patatesleri, sonra havucu kızart. Bezelyeleri kızgın yağda hemen çevir ve al. Hepsinin yağlarını süz. Dereotunu kıy.

Tencerede tereyağla, soğan ve etleri kavur. Salça ilave et, karıştır. Sirke, sıcak su, tuz ve baharatı koy, etler pişene kadar kaynat. Etleri al, etin salçalı suyunu süz.

Yirmi beş santimetre kare kâğıtlara önce et, üzerine patates, havuç, bezelye, etin salçalı suyunu ve kıyılmış dereotunu koy, kâğıtları sar, uçlarını alta çevir, fırın tepsisine yerleştir. Üzerlerine su sür, fırında on dakika beklet.

kâğıt kebabı (patlıcanlı)

1 ölçü kâğıt kebabı et malzemeleri
4 patlıcan
6-7 dolma biber
1 su bardağı çiçek yağı
1 demet maydanoz

Kâğıt kebabı etini pişir. Patlıcanları alaca soy, ceviz büyüklüğünde doğra, tuzlu suda bir saat beklet çıkar, sık. Biberlerin içlerini çıkar, dörde böl, yıka. Çiçek yağında önce patlıcan, sonra biberleri kızart, kâğıt üzerine çıkar.

Kâğıtlara eti, patlıcan ve biberleri, etin salçalı suyunu ve maydanozu yerleştirip sar. Kâğıt kebabında olduğu gibi fırına ver.

kaytan kebabı

½ kilo yağsız koyut but veya böbrek yatağı
1 ölçü soğan suyu
1 çay kaşığı kırmızıbiber
1 tatlı kaşığı tuz
1 çorba kaşığı tereyağ
1 çay kaşığı tarçın
1 çay kaşığı yenibahar
1 çay kaşığı dövülmüş karanfil

But veya böbrek yatağından başparmak kalınlığından biraz daha kalın ve dört parmak uzunluğunda parçalar kes. Etleri soğan suyu, tuz ve kırmızıbiberle iyice ov, bir-iki saat dinlendir. Kebap şişlerine boylamasına geçir.

Tarçın, yenibahar, karanfil ve tereyağı karıştır. Etleri kömür ateşine koy ve çevirdikçe bu yağlı karışımdan sür. Pişince maydanozlu soğan piyazıyla birlikte sofraya al.

kurban kavurması

1 kg koyun but eti
100 gr kuyruk veya 1 kaşık sadeyağ
½ çay kaşığı tarçın
2 soğan
1 çay kaşığı kekik
1 çay kaşığı karabiber
1 tatlı kaşığı tuz

Et ve kuyruğu küçük kuşbaşı doğra. Tencereye önce kuyruğu koy, ateş üzerine al, yağını verince eti koy. Soğanları rendele, ilave et, kapağını ört. Ara ara karıştır, et, suyunu bırakıp kaynamaya başlayınca ateşi kıs, kapağını al. Ara ara karıştırarak etler pişince tuz ve baharatı at, karıştırarak on dakika daha pişir, servise al.

- Kuyruk istemeyenler sadeyağla da pişirebilirler.

kuzu dolması

1 kuzu
5 ölçü iç pilav
1 su bardağı yoğurt veya salça
2 ölçü soğan suyu veya 6 soğan
2 litre et suyu

Kuzuyu temizle, yıka, üstünü örtecek kadar suyla ateşe koy. Üzerine biriken köpüğü kevgirle al, at. Biraz yumuşayıncaya kadar kaynat. Sudan çıkar, süz. İçine önceden hazırlanmış iç pilav doldur, karnını yorgan iğnesiyle dik.

Yoğurt veya salçayı soğan suyu ya da rendesiyle çırp, her tarafına sür. Fırın tepsisine yerleştir. Et suyunu kenarından dök. Bir tarafı kızarınca, diğer tarafını çevir, kızart, sofraya al.

• Soğan, yoğurt veya salçayla ayrı çırpıldığı gibi her üçü birlikte de çırpılıp kuzuya sürülebilir.

kuzu fırın kebabı

Yağlı ve küçük 1 kuzu
1 kg soğan rendesi veya suyu
1 çorba kaşığı kekik
1 çorba kaşığı kimyon
1 çorba kaşığı karabiber
1 çorba kaşığı tuz
200 gr yoğurt, salça ya da yumurta sarısı

Büyük bir tencerede kuzuyu suyla haşla. Yumuşamaya başlayınca çıkar, süz. Soğan suyu veya rendesini, baharatla birlikte kuzunun içine ve dışına sür. Sonra yoğurdu, yumurta sarısı veya sulandırılmış salçayı sür, tepsiye yerleştir. Et suyundan da koy, fırına sür. Ara sıra kaşıkla suyundan kuzunun üzerine gezdir. Pişince sıcak sıcak sofraya al.

• Kuzu bütün yapıldığı gibi çeyrek, yarım da yapılabilir.

• Yoğurtla salça birlikte çırpılarak da kuzuya sürülebilir.

sac kebabı

1 kg koyun budundan orta yağlı kuşbaşı et
2 kaşık sadeyağ
5 ince biber
3 domates veya 1 kaşık salça
1 su bardağı sıcak su
5 soğan
1 çay kaşığı kırmızıbiber
1 çay kaşığı kekik
1 çay kaşığı kimyon
1 çay kaşığı tarçın
1 çay kaşığı karabiber
1 tatlı kaşığı tuz
½ demet dereotu

Saca yağı ve yıkanmış etleri koy. Etler bıraktığı suyu çekince, önce halka doğranmış soğanları, sonra ince doğranmış biberleri karıştır. Soğanlar sararınca doğranmış domatesleri ilave et, karıştır. Sıcak su, baharat ve kıyılmış dereotunu da ilave et, kaynat. Sofraya almadan önce kapağı kapalı olarak on dakika dinlendir.

- Tencere veya tavada da yapılabilir.

sac kebabı (akıtmalı)

1 ölçü sac kebabı et malzemesi
4 su bardağı un
5 su bardağı su
1 tatlı kaşığı tuz

Un, su ve tuzu iyice çırp, yarım saat dinlendir. Sac veya tavayı kızdır, fındık kadar tereyağla iyice yağla ve bir kepçeyle bulamaçtan dök, tavayı sallayarak yay. Altı pişince üstünü çevir, pişir. Arasına sac kebabı koyarak sar, tabağa düzenle, sofraya al.

- 12 akıtma elde edilir.

şiş kebabı

1 kg yarısı yağlı yarısı yağsız koyun budu eti
2 soğan veya 1 ölçü soğan suyu
1 tatlı kaşığı tuz

Kuşbaşı etleri, rendelenmiş soğan veya soğan suyu içinde bir gece ya da en azından iki saat dinlendir. Şişe bir yağlı, bir yağsız geçirerek kömür ateşinde iki tarafını pişir. Servise alırken tuzunu serp.

şiş kebabı (güney usulü)

Şiş kebabı (*bkz.* s. 79) ölçüleriyle hazırlanır. Terbiyesini hazırlamak için zeytinyağı, salça, karabiber ve kırmızıbiber karıştırılır. Etler bu terbiye içinde bir gün bekletilir. Arzu edenler dövülmüş sarımsak ve naneyi de terbiyeye ilave edebilirler.

şiş kebabı (yoğurtlu)

1 ölçü şiş kebabı malzemesi (bkz. s. *79)*
3 ince pide
½ çorba kaşığı tereyağ
½ kilo yoğurt
3 diş sarmısak
1 çay bardağı et suyu
100 gr tereyağ (üzerine)

Şiş kebabı hazırla. Pişirirken ara ara pidenin arasına bastırarak etlerin suyunu pideye geçir. Sonra pideye tereyağ sürerek ızgarada ısıt, baklava dilimi kes, tabağa yerleştir. Şişteki etleri pidenin üzerine çıkar. Ilıtılmış yoğurdu dövülmüş sarımsakla ez. Pidelere dök. Üzerine önce et suyunu, sonra kızdırılmış tereyağı gezdir. Kapağını ört, ateşte dört dakika beklettikten sonra sofraya al.

tas kebabı

1 kg kuşbaşı yarı yağlı koyun kol veya but eti
2 soğan
1 çorba kaşığı sirke
1 tatlı kaşığı tarçın
1 çay kaşığı kırmızıbiber
1 çay kaşığı kekik
1 küçük defne yaprağı
1 çay kaşığı karabiber
1 tatlı kaşığı tuz
1 çorba kaşığı salça
3 su bardağı su

Etleri yıka. İnce doğranmış soğanı, sirke, tuz ve biberle karıştır. (İstenirse baharat da konabilir.) Etleri ve soğanlı karışımı tencereye koy, üzerini bastırarak örtecek bir kapakla kapat. Suyla salçayı kaynat, bir bardağını koy. Tencerenin kapağını ört. Tenceredeki et suyu çektikçe azar azar salçalı sudan ilave ederek pişir.

tas kebabı (dana etinden)

Aynı yukarıda belirtilen ölçü ve biçimde uygulanır. Her ikisinde de tencereye konulduğunda bir kahve fincanı sirke ilave etmek gerekir.

tas kebabı (lezzetli usülde)

1 kg yarı yağlı kuşbaşı koyun but eti
2 baş soğan
3 su bardağı su
1 çay kaşığı kırmızıbiber
1 çay kaşığı kekik
1 çay kaşığı tarçın
1 küçük defne yaprağı
1 çay kaşığı karabiber
1 tatlı kaşığı tuz

hamuru için
1,5 su bardağı un
1 su bardağı su

Eti yıka, soğan, biber, tuz ve arzuya göre baharatla karıştır. Bir süzgece koy, üstünü ört, bir gece beklet, suyu süzülsün. Ertesi gün tencereye koy. Kapağını ört. Buharının çıkmaması için etrafını hamurla sıva, kül ateşinde üç saat pişir. Pişerken hamurdan buhar çıkarsa yemeğin yanmaması için orayı hemen hamurla sıva.

• Gaz ocaklarının en küçük gözünde amyantlı tel kullanılarak ya da hamursuz olarak çelik tencerede de yapılabilir.

tencere kebabı

1 kg koyun iri kuşbaşı kemikli kol veya kürek eti
1 kaşık sadeyağ
2 soğan
2 su bardağı su
5 patates
1 su bardağı iç bezelye
1 tatlı kaşığı tuz

Yağla eti tencerede kavur. Et bıraktığı suyu çekince soğanı at, kavur. Tuz ve sıcak su ilave ederek kapağını ört, bir saat pişir. Patatesleri ceviz büyüklüğünde doğra, bezelye ile birlikte pişen ete ilave et. Çok hafif ateşte yağına inince sofraya al.

köfteler

cızbız köfte

½ kilo kıyma (koyun budundan)
2 soğan
½ demet maydanoz
1 kaşık sadeyağ
¼ su bardağı yağlı et suyu
1 tatlı kaşığı karabiber
1 tatlı kaşığı tuz

Izgara köfte (*bkz.* s. 83) gibi hazırla. İnce kıyılmış maydanoz da ilave ederek yoğur. Izgarayı sadeyağla yağla. Izgarada, çevirdikçe yağlı et suyunu fırçayla sürerek pişir.

çiğ köfte

250 gr dana kıyması
2 su bardağı ince bulgur
1 soğan
1 silme çorba kaşığı salça
1 tatlı kaşığı acı kırmızıbiber
1 tatlı kaşığı kimyon
1 tatlı kaşığı karabiber
1 tatlı kaşığı tuz

Bulgur, rendelenmiş soğan, salça ve baharatı arada ılık su alarak bulgur yumuşayıncaya kadar yoğur. Eti ilave et, bulgurla et birbirini tutuncaya kadar yine yoğur. Ceviz büyüklüğünde parçalar alıp sıkarak küçük köfteler yap. Acılı domates salatasıyla birlikte sofraya al.

hasan paşa köftesi

½ kilo kıyma
2 soğan
2 dilim bayat ekmek
2 yumurta
2 çorba kaşığı tereyağ
2 çorba kaşığı salça
1 su bardağı su
1 tatlı kaşığı karabiber
1 tatlı kaşığı tuz

püresi için

1 yumurta
¼ su bardağı süt
1 çay kaşığı tuz
5 patates
1 çorba kaşığı tereyağ

Kıyma, rendelenmiş soğan veya soğan suyu, ovalanmış, süzgeçten geçirilmiş veya ıslatılıp sıkılmış ekmek içi, yumurta, tuz ve karabiberi on dakika yoğur. Yumurta büyüklüğünde parçalar alarak yuvarla, havuz şekli ver. Yağlanmış tepsiye yerleştir. Aralarına tereyağı koyarak fırında pişir. Pişmiş köftelerin ortalarına kaşıkla veya tırtırlı huni geçirilmiş torbadan püre sık. Tepsiye salçalı kaynar su ilave et, tekrar fırına sür. Püre pembeleşince fırından al.

Püresini hazırlamak için patatesi ayıkla, yıka, ince doğra. Üzerini örtecek kadar suyla haşla, süz ve presten geçir. Tereyağ, yumurta, süt ve tuz ilave ederek ateş üzerinde koyulaştır.

ızgara köfte

½ kilo kıyma (koyun veya sığır etinden)
2 soğan veya soğan suyu
1 kaşık sadeyağ
½ su bardağı yağlı et suyu
1 çay kaşığı kırmızıbiber
1 tatlı kaşığı karabiber
1 tatlı kaşığı tuz

Soğan suyunu veya rendesini kıyma, tuz ve karabiberle on dakika yoğur. Parmak uzunluğunda veya oval yassı köfteler hazırla. Kızgın ateş üzerinde yağlanmış ızgarada, çevirdikçe yağlı et suyu sürerek pişir. Sofraya maydanozlu soğan piyazıyla birlikte al.

• Domatesler ikiye kesilir, tuzlandıktan sonra ızgara yapılır ve köftelerle birlikte servis edilebilir.

içli köfte

250 gr yağsız koyun budu kıyması
250 gr yağlı koyun kıyması
2 baş soğan
2 çorba kaşığı sadeyağ
1 tatlı kaşığı kimyon
1 su bardağı iç ceviz
10 dal maydanoz
2 su bardağı ince bulgur
1 tatlı kaşığı kırmızıbiber
2-3 su bardağı ılık su
1 yumurta
1 tatlı kaşığı karabiber
Tuz

İnce doğranmış soğanı yağla sarart. Yağlı eti koy, kavur. İnmesine yakın tuz, karabiber, kimyon ve bıçakla kıyılmış cevizi ilave et, kavur. Ateşten alınca kıyılmış maydanoz koy, soğut.

Bulguru tepsiye koy. Kırmızıbiber ve tuz at. Arasıra elle ılık sudan alarak avuçla sürte sürte yoğur. Bulgur yumuşayınca yumurta ve yağsız kıymayı ilave et, açılacak kıvama gelene kadar yoğur.

Köfte hamurundan yumurta büyüklüğünde parçalar alarak avuç arasında işaret parmağıyla boş yumurta kabuğu hâline getir. Donmuş içten koy, döndürerek ağzını kapat.

Büyük tencerede 10 bardak suyu bir silme çorba kaşığı tuzla kaynat. Köfteleri içine at. Kapağını ört. Köfteler suyun yüzüne çıkınca pişmiştir, sudan al. İster öyle servise al, ister yumurtaya bulayarak yağda kızart.

- İçli köfte çok ince açılırsa, haşlanmadan sadeyağda da kızartılabilir.

izmir köftesi

½ kilo koyun budundan kıyma
2 dilim bayat ekmek içi
2 soğan
10 dal maydanoz
1 yumurta
150 gr sadeyağ
4 patates
3 domates veya 1 kaşık salça
2 su bardağı su
1 tatlı kaşığı karabiber
1 tatlı kaşığı tuz

Kıymayı ovulmuş ve süzgeçten elenmiş ya da ıslatılarak sıkılmış ekmek, rendelenmiş soğan, kıyılmış maydanoz, yumurta, karabiber ve tuzla birlikte on dakika yoğur. İki ceviz büyüklüğünde yuvarlak yap, bastır ve yağda kızart.

Patatesleri soy. Yuvarlak dilimlere kes, yağda kızart, tepsiye diz. Kızarmış köfteleri üzerine yerleştir. Köftelerden artan yağa domatesleri rendele veya bir kaşık salça ve iki bardak su koy, kaynat. Patates ve köftelerin üzerine dök, hafif ateşte on beş dakika pişir.

kadınbudu köfte

½ kilo kıyma
¼ su bardağı pirinç
250 gr sadeyağ
2 soğan
½ su bardağı kaynar su
4 yumurta
1 çay kaşığı tarçın
1 tatlı kaşığı karabiber
1 tatlı kaşığı tuz

Pirinci ayıkla, yıka, sıcak suda beş dakika beklet. Tencerede, ince doğranmış soğanları bir kaşık yağla kavur. Yıkanmış pirince ilave et, kavur. Tuz ve yarım bardak kaynar su koy, pişir, soğut.

Kıymanın yarısını ayrı tencerede, suyunu salıp çekene kadar kavur, çiğ kıymayı içine koyarak karıştır. Soğumuş pirince, 2 yumurta, karabiber, tarçın ve tuz ilave et, on dakika yoğur. Yumurta büyüklüğünde yuvarlaklar alarak yassı şekil ver.

Yağı kızdır. İki yumurtayı çatalla iyice çırp, köfteleri yumurtaya bulayarak kızgın yağda kızart. Bir tencereye koy, kapağını örterek beş dakika buğulandır ve sofraya al.

- Bu köftelerin saçak saçak olması makbuldür.
- İstenirse köfteler yumurtadan önce una bulanarak da kızartılabilir.
- *Yemek Kitabı*'nda tüm malzemeler çiğden konarak yoğrulmaktadır. Örnek, günümüzden verilmiştir.

kimyonlu köfte

½ kilo kıyma
2 soğan veya suyu
1 tatlı kaşığı kimyon
1 çorba kaşığı limon suyu
2 diş sarmısak
150 gr sadeyağ
1 çorba kaşığı un
1 tatlı kaşığı karabiber
1 tatlı kaşığı tuz

sosu için

Tavada artan yağ
2 domates rendesi

Izgara köfte (*bkz.* s. 83) gibi hazırla. Kimyon, limon suyu ve dövülmüş sarımsakları da ilave ederek yoğur. Yağda unla kızart.

• İstenirse domates rendesi tavadaki yağda iki dakika kaynatıldıktan sonra köfteler konup, çok hafif ateşte yirmi dakika bekletilir.

kuru köfte

½ kilo kıyma (koyun budundan sinirleri alınmış)
2 dilim bayat ekmek içi
2 soğan rendesi veya suyu
½ demet maydanoz
1 yumurta
1 çorba kaşığı un
150 gr sadeyağ
1 tatlı kaşığı karabiber
1 tatlı kaşığı tuz

Kıymayı iki defa makineden çektir. Ekmek içlerini ufala, süzgeçten geçir veya ıslat, çok iyi sık, kıymaya ilave et. Soğanları rendele, maydanozu çok ince kıy, yumurta, tuz ve karabiberi de kıymaya ilave ederek on-on beş dakika yoğur.

İşaret parmağı en ve boyunda köfteler hazırla, tepsi üzerine serpilmiş unda yuvarla ve kızgın sadeyağda kızart. Sumaklı soğan piyazıyla birlikte sofraya al.

• Bu köfte uzun zaman dayanacağından piknik ve yolculuklarda da soğuk olarak kullanılır.

• Kebap şişine bir buçuk parmak uzunluğunda sıkıştırarak ateş üzerinde ızgara da yapılabilir. Bunun içine iki sarımsak da dövülebilir.

maydanozlu köfte

½ kilo yağlı koyun budu kıyması
1 çorba kaşığı pirinç
1 demet maydanoz
2 soğan rendesi veya suyu
1 çorba kaşığı un
1 limon
1 tatlı kaşığı karabiber
1 tatlı kaşığı tuz

Kıymaya ayıklanmış pirinç, ince kıyılmış maydanoz, rendelenmiş soğan, tuz ve biber koy, yoğur. Ceviz büyüklüğünde yuvarlaklar yap, una bula. Tencerede kaynamakta olan et suyuna at. Su kaynamaya başlayınca köfteleri hafif ateşe al, yirmi beş dakika pişir. Limon suyu ilave ederek sofraya al.

rulo köfte

1 kg koyun budundan kıyma (iki kere çekilmiş)
10 dal maydanoz
¼ su bardağı su
2 dilim bayat ekmek
2 soğan
4 yumurta
3 lop pişmiş yumurta
2 haşlanmış havuç
2 tatlı kaşığı karabiber
2 tatlı kaşığı tuz

salçası için
1 kaşık salça
1 çay bardağı su
2 kaşık sadeyağ

Kıymaya ince kıyılmış maydanoz, su veya ıslatılarak sıkılmış ekmek içi, rendelenmiş soğan ya da soğan suyu, 3 yumurta, karabiber ve tuzu ilave et, yirmi dakika yoğur. Tahta veya mermer üzerinde uzunca yay. Bir santim kalınlığında yaydığın bu etin ortasına soyulmuş lop yumurtaları ve havuçları boyuna yerleştir, eti üzerine topla.

Yağlanmış fırın tepsisine uzunlamasına yerleştir, üzerine çırpılmış bir yumurtayı sür. Orta hararetli fırında 40 dakika pişir. Pişerken ara sıra yağından kaşıkla üzerine gezdir. Servis tabağına birer parmak kalınlığında kes, yerleştir.

Tepside kalan yağı küçük bir tencereye al. Sulandırılmış salçayı ilave et, kaynat. Köftelerin üzerine dökerek servise al.

salçalı köfte

½ kilo koyun budundan kıyma
2 soğan
1 tatlı kaşığı kekik
10 dal maydanoz
1 tatlı kaşığı karabiber
1 tatlı kaşığı tuz

salçası için

1 küçük defne yaprağı
1 su bardağı su
1 çay kaşığı tuz
2 kaşık tavada artan yağ
2 domates
2 diş sarımsak

Köfteleri, ızgara köfte (*bkz.* s. 83) gibi hazırla, kızart. Artan yağdan iki kaşık al, içine domatesleri rendele, dövülmüş sarımsak, defne yaprağı, su ve tuz koy. Bir taşım kaynayınca tepsiye dizilmiş köftelerin üzerine dök. Kapağını örterek çok hafif ateşte yirmi dakika beklet.

• Bu köfte yağda kızartılmadan salçası üzerine dökülerek çiğden de hazırlanabilir. Daha hafif olur.

sahan köftesi

1 ölçü cızbız köfte malzemesi (bkz. s. *82)*
2 çorba kaşığı sadeyağ
2 iri domates
1 su bardağı su
3-4 yeşil biber
1 tatlı kaşığı tuz

Cızbız köfte ölçüleriyle aynen hazırlanır. Köfteler iki kaşık sadeyağ eritilmiş tepsiye yerleştirilir. Üzerine doğranmış iki büyük domates veya iki kaşık salça ile bir bardak su ve tuz çırpılarak dökülür. Aralara yeşil biber yerleştirilerek kapağı örtülür, pişirilir.

sucuk köftesi

½ kilo koyun budundan kıyma
6 diş sarımsak
1 tatlı kaşığı kimyon
150 gr sadeyağ
3 domates veya bir kaşık salça
1 tatlı kaşığı karabiber
1 tatlı kaşığı tuz

Sarımsağı döv. Kıyma, kimyon, karabiber ve tuz ilave et, yoğur. Yarım parmak uzunluğunda köfteler yap, yağda kızart. Tavadaki yağa domatesleri rendele veya salçalı su ilave et, kaynat. Köfteleri içine at, iki taşım kaynayınca sofraya al.

şiş köfte

1 ölçü kuru köfte malzemesi (bkz. s. *86)*
1 diş sarımsak

Kuru köfte hazırlanırken sarımsak da dövülerek ilave edilir. Şişe geçirilir, ızgarada pişirilir.

şiş köfte (yoğurtlu)

1 ölçü şiş köfte malzemesi
3 ince pide
100 gr tereyağ
2-3 diş sarmısak
½ kilo yoğurt
1 çay bardağı et suyu

Pideleri ızgarada ısıt, yağ sürerek baklava dilimi kes, kapağını ört, buğulandır. Sarımsağı döv, yoğurtla karıştır, pidelerin üzerine yay. Şiş köfteleri ızgarada pişir, yoğurdun üzerine çıkar. Önce et suyunu, sonra kızdırılmış tereyağı gezdir. Kapağını ört, dört dakika çok hafif ateş üstünde beklet, sofraya al.

terbiyeli köfte

1 ölçü maydanozlu köfte içi malzemesi (bkz. s. *87)*
1 ölçü limonlu terbiye

Maydanozlu köfte hazırlanır, pişirilir. İki yumurta sarısı bir limon, un ve suyla çırpılır. Köftelerin piştiği sudan bir kepçe alınarak terbiye ılıtılır ve yemeğe karıştırılır. Birkaç taşım kaynayınca ateşten alınır.

külbastılar

koyun ve kuzu külbastısı

1 kg koyun budu
1 çay kaşığı kırmızıbiber
2 soğan suyu
1 tatlı kaşığı kekik
1 kaşık sadeyağ
½ su bardağı yağlı et suyu
1 tatlı kaşığı tuz

Koyun budundan dörder parmak kalınlığında parçalar kes, pirzola inceliğinde döv. Tuz, biber, soğan suyu ve kekikle ov. Izgarayı sadeyağa batırılmış bezle sil, etleri diz. (Ateş çok yüksek olursa dışı yanar içi çiğ kalır; hafif olursa kurur. Orta ateş kullanılmalıdır.)

Köftelerin her iki tarafını da 6-8 dakika pişir. Her çevirişte ete yağlı et suyu sür. Pişince soğutmadan sofraya al.

sahan külbastısı

1 kg koyun külbastısı
2 soğan suyu
1 tatlı kaşığı kekik
1 çay kaşığı kırmızıbiber
2 kaşık sadeyağ
1 su bardağı su veya et suyu
1 tatlı kaşığı tuz

Külbastıları soğan suyu, kekik, tuz ve biberle ov, yarım saat beklet. Tavada iki taraflarını sadeyağda kızart, sahana diz. Et suyunu ilave et. Çok hafif ateşte kapağı kapalı olarak, suyunu çekinceye kadar pişir.

sığır ve dana külbastısı

1 kg sığır veya dana sırtı kuş gönü kısmından veya bel kemiğinin iki tarafındaki etlerden
1 çay kaşığı kırmızıbiber
2 soğan suyu
1 kaşık sadeyağ
½ su bardağı yağlı et suyu
1 tatlı kaşığı tuz

Aynen koyun külbastısında (*bkz.* s. 90) olduğu gibi yapılır. İstenirse külbastılara ilave ederken su veya et suyunun içine taze domates ezmesi ya da salçası konabilir.

tencere külbastısı

1 kg koyun veya dana külbastısı
2 soğan suyu
4 çorba kaşığı sadeyağ
2,5 su bardağı et suyu veya su
2 parça tarçın kabuğu
1 tatlı kaşığı tuz

Koyun veya dana külbastılarına iki soğan suyu ve tuzu sür, bir saat beklet. Tavaya sadeyağ koy, külbastıları kızart. Tencereye al, üzerine iki buçuk su bardağı su ve iki parça tarçın kabuğunu koy, hafif ateşte pişir.

tepsi külbastısı

1 kg koyun külbastısı
2 kaşık sadeyağ
2 soğan suyu
1 su bardağı et suyu
2 parça tarçın kabuğu
1 kuzu karın zarı
1 tatlı kaşığı tuz

Tepsinin içini sadeyağla yağla. Etleri soğan suyu ve tuza bula, tepsiye yay. Et suyunu, tarçını ilave et. Kuzu karın zarını üstüne yerleştir, fırına ver. Pişince kapak görevi yapan zarı al, etleri sıcak sıcak sofraya çıkar.

pirzolalar

koyun ve kuzu pirzolası

1 kg koyun veya kuzu pirzolası
2 soğan suyu
1 tatlı kaşığı kekik
1 kaşık sadeyağ
½ su bardağı yağlı et suyu
1 tatlı kaşığı tuz

Pirzolaları soğan suyu ve tuzla bir gece veya en az iki saat beklet. Üzerlerine kekik serp, orta ateşteki ızgarayı sadeyağla yağla ve iki taraflarını kızart. Her çevirişte yağlı et suyuyla ıslat.

- İkiye bölünmüş ve ızgarada kızartılmış domatesle birlikte sofraya alınabilir.

dana pirzolası

Koyun ve kuzu pirzolasındaki ölçülerle aynı şekilde hazırlanır. Etin taze olması gerekir.

sığır pirzolası

Koyun ve kuzu pirzolasındaki ölçülerle aynı şekilde hazırlanır. Etin taze olması gerekir.

söğüşler

koyun eti söğüşü

1 kg koyun budu (kemiği alınmış)
10 su bardağı su
1 soğan
6 maydanoz
4 karanfil
1 çay kaşığı karabiber
1 tatlı kaşığı tuz

Eti yıka, suyla birlikte ateşe koy, kaynamaya başlayınca soğan, maydanoz, karanfil ve tuzu ilave et, pişir. Piştikten sonra eti temiz bir tülbent üzerine al. Suyu iyice gidince ikinci bir kuru tülbente sımsıkı sar, bir ağırlık altında beklet. Servise alınacağı zaman tülbetten çıkar, dilimlere kes, karabiber serp.

kuzu eti söğüşü

Koyun eti söğüşü (*bkz.* s. 92) ölçüleriyle aynen yapılır.

dana eti söğüşü

Koyun eti söğüşü (*bkz.* s. 92) ölçüleriyle aynen yapılır.

sığır eti söğüşü

Koyun eti söğüşü (*bkz.* s. 92) ölçüleriyle aynen yapılır.

yahniler

börülceli yahni

½ kilo orta yağlı kemikli veya kemiksiz koyun kol, böbrek yatağı, kürek eti
1 su bardağı börülce
3 soğan
2 kaşık sadeyağ
1 tatlı kaşığı kırmızıbiber
1 tatlı kaşığı tuz

Börülceyi 8 saat öncesinden içme suyunda ıslat. Yine içme suyunda haşla, kabuklarını soy.

Parça etleri soğuk suda yıka, üzerini örtecek kadar suyla ateşe koy, köpüğünü al, bir saat pişir. Soğanları dörde bölerek sadeyağda kızart, börülcelerle birlikte ete ilave et. Tuz ve kırmızıbiber serp, etler iyice pişene kadar kaynat.

• İstenirse ekmekler kızartılıp tabağa ufak doğranır, yahni üzerine dökülerek de sofraya alınabilir.

domatesli yahni

½ kilo orta yağlı kemikli veya kemiksiz koyun böbrek yatağı, kol, kürek eti
2 soğan | *3 iri domates*
1 tatlı kaşığı kırmızıbiber | *1 tatlı kaşığı tuz*
1 kaşık sadeyağ

Eti tuz, biber ve soğan rendesiyle ov, bir gece (ya da en azından iki saat) beklet. Sadeyağda kızart, tencereye koy. Domatesi başka tencereye doğra, az su koyarak pişir, süz, etin üzerine dök. Az suyla tuz ilave et, pişene kadar kaynat.

• İstenirse iki patates ceviz büyüklüğünde doğranarak etin pişmesine yakın ilave edilebilir.

düğün yahnisi

½ kilo orta yağlı koyun böbrek yatağı veya kol kürek eti
2 su bardağı su | *1 çay kaşığı tarçın*
2 kaşık sadeyağ | *2 karanfil*
2 soğan | *1 tatlı kaşığı tuz*

Eti yıka, tencerede suyla birlikte ateşe koy. Üzerine biriken köpüğü al, süzgece çıkar, süzdür. Sadeyağda kızart, tencereye döşe. Etin kızardığı yağda halka doğranmış soğanları kızart, etin üzerine yağıyla dök. Et suyu, tarçın, karanfil ve tuz koy. Çok az suyu kalıncaya kadar hafif ateşte pişir.

• İstenirse etler yoğurda bulanarak da kızartılabilir.

fasulyeli yahni

Nohutlu yahni (*bkz.* s. 96) ölçüleriyle aynen yapılır. Nohut yerine 8 saat öncesinden ıslatılıp haşlanmış ve kabuğu alınmış fasulye konur.

incik yahnisi

½ kilo incik
2 kaşık sadeyağ
2 soğan
1 çay kaşığı tarçın
2 karanfil
2 su bardağı su
1 tatlı kaşığı tuz

Aynen düğün yahnisi (*bkz.* s. 94) gibi pişirilir.

mantar yahnisi

½ kilo mantar
2 soğan
2 kaşık sadeyağ
2 bardak et suyu
1 çay kaşığı karabiber
1 tatlı kaşığı tuz

Mantarı ayıkla, yıka, tencereye koy. Soğanı ince doğra, bir tavada yağda kavur, üzerine ilave et. Tuz, biber ve et suyunu da katarak mantarlar yumuşayıncaya kadar pişir.

maydanozlu yahni

½ kilo koyun eti
3 su bardağı su
2 soğan
3 demet maydanoz
1 tatlı kaşığı tuz

Etleri yumruk büyüklüğünde doğra. Suyla birlikte tencerede ateşe koy. Üzerinde biriken köpüğü al. Soğanları ince doğradıktan sonra ilave et. Bir saat sonra doğranmış maydanoz ve tuz katarak etler pişinceye kadar kaynat.

• Bu yahniye iki yumurta sarısı ve 1 limon suyuyla hazırlanan terbiye verilebilir. O zaman üç yerine iki demet maydanoz kullanılmalıdır.

mercimekli yahni

½ kilo yağlı koyun kol kürek veya böbrek yatağı
250 gr mercimek
3 soğan
2 kaşık sadeyağ
1 tatlı kaşığı tuz

Aynen börülceli yahni (*bkz.* s. 93) gibi yapılır. Kırmızıbiber konulmaz.

nohutlu yahni

½ kilo orta yağlı koyun kol, kürek veya böbrek yağı eti
250 gr nohut — *2 kaşık sadeyağ*
3 soğan — *1 tatlı kaşığı tuz*

Aynen börülceli yahni gibi hazırla, pişir.

sarımsaklı yahni

½ kilo koyun kol, kürek veya böbrek yatağı
10 arpacık soğanı veya 3 soğan — *1 çay kaşığı kimyon*
2 baş sarımsak — *1 çay kaşığı karabiber*
3 su bardağı su — *1 tatlı kaşığı tuz*

Eti ayıklanmış soğan, sarımsak ve suyla birlikte tencereye koy. Kaynamaya başlayınca köpüğünü al, baharat ve tuz ilave ederek et yumuşayıncaya kadar pişir.

tatlılı yahni

1 koyun gerdanı — *1 çay kaşığı tarçın*
4 su bardağı su — *1 çay kaşığı tuz*
Yarım su bardağı şeker

Gerdanı bütün olarak veya üçe, dörde parçalayarak yıka, suyla ateşe koy. Kaynamaya başlayınca üzerinde biriken köpüğü al, etler yumuşayıncaya kadar kaynat. Tuz, şeker ve tarçını ilave et. Hafif ateşe al, yaklaşık yarım saat kaynatarak ateşten al.

• İstanbul'da kurban bayramlarında bu yahni her evde yapılırdı. Bazı yerlerde düğünlerde de yapılırdı.

4

sakatatlar

Sakatatlar, kasaplık hayvanların baş, ayak ve iç organlarıdır.

sakatatları pişirme yöntemleri

haşlama İşkembe, beyin, baş, ayak, dil vb.

ızgara Ciğer, böbrek, dalak, ince barsak vb.

yağ-su karışımı Ciğer yahnisi, işkembe yahnisi vb.

kuru hararette Kuzu başı tandır ya da fırını vb.

yağda kızartma Ciğer, böbrek, dalak vb.

arnavut ciğeri

1 koyun ciğeri
2 tatlı kaşığı kırmızıbiber
1 su bardağı zeytinyağı
½ su bardağı un
1 demet maydanoz
5 soğan
1 tatlı kaşığı tuz

Ciğerin zarını al. Ceviz büyüklüğünde doğra, yıka, süzgeçten süzdür. Kırmızıbiberle karıştır. Una bula, fazla unları bir elekte ele. Kızgın yağda iki dakika karıştırarak birkaç defada kızart. Yağdan çıkartıp bir tepsiye al, tuzla. Yağından iki kaşık koyarak iki dakika kızgın fırında buğulandır. Veya kapağını ört, ateş üzerinde iki dakika beklet. Maydanozlu soğan piyazıyla birlikte sofraya al.

baş pilav

1 haşlanmış kuzu başı
1 ölçü pilav malzemesi

Başı, baş söğüşünde olduğu gibi ayıkla, yıka, haşla. Suyunu süz ve salma pilavı pişir. Et suyu yerine baş suyu kullan. Başı fırında kızart, pilavın üzerine yerleştir, sofraya al.

- Baş yıkanıp önce sadeyağda kızartıldıktan sonra haşlanarak da yapılabilir.

baş söğüşü

1 keçi veya koyun başı (keçi makbuldür)
10 su bardağı su
1 soğan
6 dal maydanoz
2 defne yaprağı
Karabiber

Başın derisini yüz. Çenesini yar, burnunu taşa vurarak iyice temizle. Sonra büyük bir tencerede bol su içinde bir saat beklet. Tekrar güzelce yıka, suyla tencereye koy, kaynat, köpüğünü al. Soğan, maydanoz ve defne yaprağı ilave et. Baş pişinceye kadar kaynat. Sudan çıkar, temiz bir beze sararak kurula. Etlerini baştan ayırarak tabağa düzenle. Üzerine karabiber serp.

beyin haşlaması

4 koyun beyni
2 havuç
¼ su bardağı iç bezelye
1 soğan
4 bardak et suyu veya su
2 domates
2 patates
10 dal maydanoz
1 tatlı kaşığı tuz

Tencereye patates ve domates dışında, yıkanmış, doğranmış sebzeleri ve et suyunu koy, kaynat. Sonra ceviz büyüklüğünde doğranmış patates ve domatesleri, zarları soyulmuş beyinleri ilave et, 25 dakika haşla. Kıyılmış maydanozla süsleyerek tabağa düzenle.

beyin salatası

4 koyun beyni
4 bardak su
1 çorba kaşığı sirke
1 soğan
6 yaprak marul
3 yeşil soğan
2 domates
10 zeytin
¼ su bardağı limon suyu
¼ su bardağı zeytinyağı
1 tatlı kaşığı tuz

Tencerede su, sirke, tuz ve soğanı kaynat. Kaynamaya başlayınca beyinleri at, 25 dakika haşla, ateşten al, soğuk suda beklet. Suda soğuyunca süzgece al, süzdür. Beyinleri dilimledikten sonra salata tabağına yerleştir. Marul ve soğanları doğra, beyinlerin etrafına yerleştir. Domatesleri ve zeytinleri ilave et. Limon suyu, zeytinyağı ve 1 tatlı kaşığı tuzu çırp ve üzerine gezdir.

beyin tavası

2 sığır veya 4 koyun beyni
4 su bardağı su
1 çorba kaşığı sirke
2 çorba kaşığı un
2 yumurta
150 gr tereyağ
2 tatlı kaşığı tuz

Tencereye zarları soyulmuş beyinleri, su, sirke ve tuzu koy, yirmi beş dakika haşla. Soğuk suya al, soğuyuncaya kadar beklet, süzgece çıkar, kurut. Uzunlamasına ikiye, sonra tekrar ikiye dilimle.

Yayvan tabağa unu koy. Bir kâsede yumurtayla bir tatlı kaşığı unu çırp, beyinleri önce una, sonra yumurtaya bulayarak kızgın tereyağda kızart.

böbrek külbastısı

Ciğer külbastısı (*bkz.* s. 101) ölçüleriyle aynı biçimde hazırla. Yalnız böbreği iki veya üçe böl.

bumbar dolması

2 dolmalık bumbar
250 gr karaciğer
1 çay bardağı pirinç
2 çorba kaşığı sadeyağ
1 tatlı kaşığı tarçın
1 çay kaşığı karabiber
1 tatlı kaşığı tuz

Bumbarın içini dışını tertemiz yıka. Ciğerleri et makinesinden çektir. İçine pirinç, baharat ve biraz su koy, karıştır. Bumbarın bir ucunu bağla, diğer ucuna huni tak ve ciğerli içi doldur. Dolunca diğer ucunu da bağla, birkaç yerine toplu iğne batır. Kaynamakta olan, 2 kaşık sadeyağ atılmış iki litre suyun içinde haşla. Servise al.

- İstenirse soğutulur. Köfte uzunluğunda kesilir, yumurtaya bulanır, kızgın zeytinyağda kızartılabilir. Dereotlu soğanla birlikte sofraya alınır.

ciğer çorbası

Düğün çorbası (*bkz.* s. 51) ölçüleriyle aynı biçimde hazırla. Et yerine fındık büyüklüğünde doğranmış karaciğer kullan.

ciğer dolması

250 gr çekilmiş veya ince kıyılmış ciğer
2 su bardağı pirinç
2 kaşık sadeyağ
50 gr helva fıstığı
1 soğan
2,5 su bardağı et suyu
1 kaşık salça
50 gr kuş üzümü
1 tatlı kaşığı kırmızıbiber
1 tatlı kaşığı tarçın
1 tatlı kaşığı karabiber
1 tatlı kaşığı tuz

Pirinci tuzlu ılık suda iki saat beklet, yıka, süz. Fıstık ve ince doğranmış soğanı sadeyağda kavur. Pirinci ilave et, kavur. Kaynar et suyu ve önceden hazırlanmış ciğerli harcı koy, kapağını ört, pişir.

Karın zarına bütün veya birer kişilik dolmalar sar, yağlanmış tepsiye diz, fırında pembeleşinceye kadar kızart.

Ciğeri hazırlamak için bir tencerede az yağla ciğer kavrulur, salça, az su, kuş üzümü ve baharat ilave edilerek bir taşım kaynatılır.

ciğer külbastısı

1 kg koyun karaciğeri
2 soğan suyu
1 kaşık sadeyağ
½ su bardağı yağlı et suyu
1 çay kaşığı kırmızıbiber
1 tatlı kaşığı kekik
1 tatlı kaşığı tuz

Karaciğer ince doğranır. Koyun külbastısında (*bkz.* s. 90) olduğu biçimde hazırlanır, ızgarada pişirilir.

ciğer tavası

1 koyun karaciğeri
1 çorba kaşığı un
1 su bardağı zeytinyağı
2 baş soğan
1 demet dereotu
1 tatlı kaşığı karabiber
1 tatlı kaşığı tuz

Karaciğeri yarım santim eninde doğra, yıka, süzdür. Una bula, kızgın zeytinyağda kızart. Soğan-dereotu piyazıyla birlikte sofraya al.

- Ciğer haşlanıp doğrandıktan sonra da kızartılabilir.

ciğer yahnisi

1 koyun ciğeri
1 çay bardağı sadeyağ
2 soğan
4 diş sarımsak
1 küçük havuç
1 çorba kaşığı salça
1 çay kaşığı kırmızıbiber
1 çay kaşığı kekik
1 küçük defne yaprağı
1 çay kaşığı karabiber
1 tatlı kaşığı tuz

Ciğerleri yıka, süzdür, ceviz büyüklüğünde doğra. Soğanı ve ciğerleri yağda kavur. Ufak doğranmış sebzeleri ilave et, kavur. Salça koy, çevir. Baharat ilave et. İki su bardağı sıcak su koy. Ciğerler pişene kadar kaynat.

çerkes tavuğu (sıcak ve ciğerli)

1 kuzu ciğeri ve yüreği
2 orta boy soğan
Sadeyağ
¼ su bardağı su
1 ölçü Çerkes tavuğu cevizli salçası

Ciğeri ve yüreği ceviz büyüklüğünde doğra, çentilmiş soğanla sadeyağda kavur. Su ve tuz ilave et, pişir. Cevizli salçayı sıcak tavuk suyuyla ezerek hazırla. Üzerine gezdir. Sıcak sıcak servise al.

• Ceviz sıcak suyla hazırlanırken kesilebilir. Bunu önlemek için cevize iki kahve kaşığı nişasta karıştırılır ve sıcak tavuk suyu öyle ilave edilir. Nişasta kokusu gitmesi için de bir taşım kaynatılır. Fazla kaynatılmamalıdır, yine kesilir.

dalak dolması

2 koyun dalağı
1 çay bardağı pirinç
1 iri soğan
5 dal dereotu
1 çorba kaşığı çam fıstığı
1 tatlı kaşığı kuş üzümü
2 çorba kaşığı sadeyağ
1 çay kaşığı karabiber
1 çay kaşığı tuz

Dalakları yıka, keskin bir bıçakla eninden yar. İçinden biraz dalak çıkar. İnce doğranmış soğan ve dereotunu diğer malzemelerle ve içten alınan dalaklarla harç yap. Açılan yerden dalağa doldur, dik. Kaynamakta olan tuzlu suya atarak haşla. Süzgece çıkar. Kızgın sadeyağda kızart.

• Dalak dolmaları soğuduktan sonra dilimlenip yumurtaya bulanarak da kızartılır.

dalak külbastısı

Ciğer külbastısı (*bkz.* s. 101) gibi hazırla, pişir.

dalak tavası

Ciğer tavası (*bkz.* s. 102) gibi hazırla, pişir.

dil söğüşü (sığır)

Sığır dili (1 kg)
10 su bardağı su
1 soğan
6 dal maydanoz
2 defne yaprağı
1 çay kaşığı karabiber
1 tatlı kaşığı tuz

Dili yıka, suyla birlikte tencereye koy. Kaynamaya başlayınca köpüğünü al, sebzeleri ve tuzu ilave et. Pişinceye kadar kaynat. Pişince sudan al, temiz bir bezle kurula. Üzerindeki ince deriyi soy. Dilim dilim kes, tabağa diz. Üzerine karabiber serp.

işkembe (karın) dolması

1 ölçü ciğer dolması için 1 bütün işkembe

İşkembeyi, işkembe çorbasında (*bkz.* s. 52) anlatıldığı biçimde temizle. Ciğer dolması (*bkz.* s. 101) içi hazırla, içine doldur, kenarından yorgan iğnesiyle dik. Tuzlu suda haşla, çıkar, sofraya al.

işkembe yahnisi

½ kilo işkembe
1 su bardağı nohut (150 gr)
2 kaşık sadeyağ (50 gr)
2 iri soğan (200 gr)
1 çay kaşığı kırmızıbiber
3 su bardağı işkembe suyu
1 tatlı kaşığı tuz

üstüne

1 çorba kaşığı sadeyağ
1 çay kaşığı kırmızıbiber

İşkembeyi iyice yıka, haşla. Sudan çıkar, iki santim karelere kes, tekrar suyuna at. Nohudu içme suyuyla 8 saat öncesinden ıslat, haşla, kabuklarını soy, işkembeye ilave et, iyice pişinceye kadar kaynat.

İnce doğranmış soğanı yağda kavur. Bir kaşığını ayır, kalanını işkembelere kat, birkaç taşım kaynat. Ayrılan yağa kırmızıbiber koy, bir dakika kızdır, yahniye gezdir, sofraya al.

kokoreç

1 kuzu ciğeri ve yüreği
1 kuzu bumbarı ve barsakları
1 karın zarı
1 soğan
1 tatlı kaşığı kekik
1 tatlı kaşığı karabiber
1 tatlı kaşığı tuz

Ciğer ve yüreği parmak inceliğinde doğra, tuz, karabiber ve kekik serp, soğan rendele, birlikte ov. Bir saat beklet. Uzun kokoreç şişlerine uzunlamasına geçir, ızgarada pişir.

Önceden tuzla ovularak tertemiz yıkanmış kuzu barsak ve bumbarlarını bu ciğerlerin üzerine sar. Karın zarını en üste sar ve ızgarada çevire çevire kızart. Şişten çıkar, iki parmak eninde keskin bıçakla kes, sofraya al.

paça terbiyesi

5 yumurta sarısı
2 limon suyu veya ¼ su bardağı sirke
1 su bardağı paça suyu
1 tatlı kaşığı tuz

Tencereye yumurta sarılarını, tuz ve limon ya da sirkeyi koy, çırp. Yağı alınmış paça suyunu da koy, iyice çırp. Boza kıvamına gelene kadar çok hafif çırparak ateşte tut, paçada kullan.

paça yüzü yağı

4 böbrek yağı
1 küçük soğan suyu
50 gr parça et
3 ilikli kemik
2 karanfil
1 parça tarçın
1 çay kaşığı kırmızıbiber

Böbrek yağını üzerinden al, ince doğra. Tencerede kavur, kıkırdaklarını al. Soğan suyu, parça et, ilikli kemik, karanfil ve tarçını ilave et. Etler nar gibi olana kadar kızart. Yağı süz, kırmızıbiber ilave et. Ateşte iki taşım kaynat, indir. Biberlerin aşağı çökmesini bekle. Yağı süz, istenilen yerde kullan.

paça

10 adet paça
12 su bardağı su
1 limon suyu
1 çorba kaşığı tuz

terbiyesi için

1 limon suyu veya ⅛ su bardağı sirke
1 ölçü paça yüzü yağı (bkz. s. 105)
4 diş sarımsak

Paçaların üstlerini kazı, tırnak aralarındaki kıl keselerini al, iyice yıka, suyla birlikte ateşe koy, kemiklerinden ayrılıncaya kadar kaynat (kapağını örtünce etrafı hamurlanmalı, yoksa paçanın suyu çekilir, meşin gibi olur).

Pişince, kemiklerini ayır, suyunu süz. Tekrar ateşe koy, tuz at, bir-iki taşım kaynat (çiğken tuz konulursa sertleşir). Sofraya alırken sarımsaklı sirke veya sade limon suyu sık, biberli yağ gezdir.

- Hamurlanmadan pişirilirse suyunu çektikçe kaynar su ilave edilmelidir.

paça (donma)

1 ölçü paça malzemesi
4 diş sarımsak
⅛ su bardağı sirke

Sade paça gibi hazırla. Etlerini kemiklerinden ayır. Suyunu süz, tekrar tencereye koy. Sarımsağı döv, sirkeyle karıştır, paçaya ilave et, bir taşım kaynat. Etlerini tepsiye veya birer kişilik kâselere al. Üzerlerine paça suyunu doldur ve dondur.

Sarımsak sevmeyenler koymayabilir. Paçaya sarımsaklı sirke konmazsa yenirken limon suyu dökülür.

paça (kavrulmuş tiritli)

1 ölçü paça malzemesi, terbiyesi ve biberli yağı
½ ekmek
100 gr sadeyağ

Sade paça gibi pişir, kemiklerini ayıkla. Ekmekleri sadeyağda kızart, kenarlı tepsiye al. Paça etlerini üzerine diz. Tuzlu paça suyundan iki su bardağı gezdir. Çok hafif ateşte ekmekler yumuşayıncaya kadar kaynat. Terbiyesini dök, biberli yağ gezdir, sofraya al.

paça (kızarmış tiritli)

1 ölçü paça malzemesi, terbiyesi, biberli yağı
½ ekmek

Kavrulmuş tiritli paça (*bkz.* s. 106) gibi yapılır. Ekmekler yağda değil ızgarada kızartılır.

paça yahnisi

1 kg paça
2 soğan
1 su bardağı nohut
1 çay kaşığı karabiber
1 tatlı kaşığı tuz

Paçaları iyice yıka, bolca suda kemiklerinden ayrılıncaya kadar haşla. Kemiklerini al, büyük kemikleri kır, ilikleri paçaya ilave et. Etleri parçala, yüzeyine toplanan yağdan iki kaşık al. Soğanları ince doğra ve bu yağda kızart.

Sekiz saat öncesinden ıslatılıp haşlanmış ve kabukları soyulmuş nohudu ve soğanları paçalı tencereye koy. Tuz ve biber at, iyice pişir.

- Tiritli yapmak istenirse biraz suluca pişirilir.

şirden dolması

İşkembe dolması (*bkz.* s. 104) gibi hazırla, pişir.

yürek külbastısı

Ciğer külbastısı (*bkz.* s. 101) ölçüleriyle aynı biçimde hazırla. Yalnız yüreği ince doğra, pirzola gibi döv, sonra pişir.

5

kümes hayvanları

Etinden ve yumurtasından yararlanmak için yetiştirilen kanatlı hayvanlardır.

tavuk Kümes hayvanlarının en lezzetlisidir. Bir yaşını aşmamış genç ve yağlı tavuklar en makbul olanlarıdır. Tavuğun genç olup olmadığı göğüs kemiğinin sivri yerinin sağa sola kolay bükülmesinden anlaşılır. Tavuğun en lezzetli olduğu aylar aralık-şubat arası; lezzetsiz olduğu zamanlar mart-eylül arasıdır.

horoz Yağsız ve kuru olması dolayısıyla tavuk kadar lezzetli değildir, makbul sayılmaz.

piliç Tavuğun iki ile beş ay arasındaki yavrularıdır. Besili ve yağlı olanları makbuldür.

yarka Tavuğun beş ile sekiz ay arasında olan yavrularıdır. Yarkalar tavuktan daha yağlıdır ve daha çabuk pişer.

hindi Tavuktan sonra en çok tüketilen kümes hayvanıdır. Dişileri daha yağlı ve makbuldür, haşlamada kullanılır. Erkek hindiler kızartma için daha uygundur. Hindilerin palaz denilen altı-sekiz ay arasında olanları daha lezzetlidir. En lezzetli oldukları aylar ekim-şubat arasıdır.

kaz Diğer kümes hayvanlarından daha yağlı ve ağırdır. En lezzetli olduğu aylar temmuz-eylül arasıdır.

kümes hayvanlarının temizlenmesi

Tüylerini kolay ayıklayabilmek için hayvan kesilir kesilmez sıcakken tüylerini yolmalıdır, soğursa derisi parçalanabilir. Elle alınamayacak çok ince tüyler alevli bir ateşte yukarıdan tutularak tütsülenmelidir. İçini temizlemek için boynunun derisini kursağın üzerinden keserek, yem torbası çıkarılır. Torbayla birlikte gırtlağa uzanan boru da alınır, gerisinin iki parmak aşağısından içeri el girebilecek kadar kesilir. Kesilen yerden elle hayvanın barsak, ciğer ve katısı çıkarılır (ciğere bağlı büyük öd kesesi patlatılırsa hayvanın eti acı olur). Anüs çevresi tutularak bıçakla kesilir, çıkarılır. Bol su altında yıkanır.

kümes hayvanlarını pişirme yöntemleri

haşlama Temizlenmiş tavuğun suda sebze demetiyle kaynatılmasıdır. Tavuk söğüşü vb.

ızgara Tavuğun özellikle göğüs kısmının ızgarada pişirilmesidir. Tavuk şiş kebabı, piliç ızgarası, tavuk pirzolası vb.

yağ-su karışımı Tavuğun tencerede yağ, su, salça vb ilavesiyle pişirilmesidir. Tavuk yahnisi vb.

kuru hararette Kümes hayvanlarının fırında çeşitli türlerde pişirilmesidir. Fırında tavuk vb.

yağda kızartma Kümes hayvanlarının hafif haşlandıktan sonra yağda kızartılmasıdır. Tavuk kızartması vb.

çerkes tavuğu (soğuk)

1 haşlanmış tavuk
1 kaşık sadeyağ veya tereyağ
1 küçük soğan
1 su bardağı (150 gr) ekmek içi
1 su bardağı (150 gr) ceviz içi
1 çorba kaşığı kırmızıbiber

Haşlanmış tavuğun iki budunu ayır. Diğer etlerini dit, bir tencereye koy. İnce çentilmiş soğanı yağda kavur, tavuk etlerinin üzerine yay, 1 su bardağı tavuk suyu ilave et, pişir, bir büyük tabağa yerleştir.

Ekmek içlerini tavuk suyuna batır, iyice sık. Havanda ceviz ve kırmızıbiberle macun gibi olana kadar döv. Bir tülbetten yağını süz.

Cevizli ekmeği tavuk suyuyla ezerek boza kıvamına getir, tavuğun üzerine gezdir. Butları üzerine karşılıklı yerleştir. Tekrar cevizli bulamaçla kapla. Üzerine süzülen yağı gezdir, sofraya al.

- Cevizli ekmek makineden de çekilebilir.

kümes hayvanları dolması

Kuzu dolması (*bkz.* s. 78) gibi kümes hayvanlarıyla hazırla, pişir.

kümes hayvanları fırın kebabı

Kuzu fırın kebabı (*bkz.* s. 78) gibi kümes hayvanlarından herhangi biriyle hazırla, pişir.

kümes hayvanları köftesi

½ kilo tavuk veya hindi vb göğsü
2 soğan
2 dilim ekmek içi
2 yumurta
150 gr sadeyağ
1 kaşık un
4 patates
1 tatlı kaşığı karabiber
1 tatlı kaşığı tuz

Tavuk göğsünü, soğan, ekmek içi, tuz ve biberi makineden geçir veya çok ince kıy. Yumurta kırarak uzun köfteler yap, una bulayarak kızgın yağda kızart. Halka doğranmış patatesi artan yağda kızart. Sofraya al.

kümes hayvanları pilavı

1 ölçü pirinç pilavı malzemesi

1 kg tavuk veya hindi, piliç ördek vb göğsü

Pirinci salma ya da kavurma yöntemiyle (*bkz.* s. 191) pilav hazırla. Tavuk suyunu ilave ederken önceden haşlanmış ve bir parmak uzunluğunda didilmiş bir tavuğun veya diğer kümes hayvanlarından birinin iki göğsünü de ilave ederek sade pirinç pilavı gibi pişir.

- Bu pilav tavuk veya kümes hayvanları suyuyla pişirilir. Diğer kümes hayvanları pilavları da aynı biçimde pişirilir.
- Tavuk bütünüyle de didilir, ilave edilebilir. Bu durumda pilav malzemesi 2 ölçü kullanılır.

kümes hayvanları tas kebabı

1 tavuk veya diğer kümes hayvanları (1 kg)

3 soğan

1 çay kaşığı tarçın

1 çay kaşığı kırmızıbiber

1 çay kaşığı kekik

1 küçük defne yaprağı

1 çay kaşığı karabiber

1 tatlı kaşığı tuz

Tavuk birer kişilik parçalara bölündükten sonra istenilen koyun eti tas kebapları tariflerinden biri aynen uygulanır. Hamurlu olanı tercih edilecekse bir gece bekletip suyu süzüldükten sonra tencereye konulacağı zaman bir soğan rendelenerek ilave edilir.

- Hindi ve piliç tas kebapları da aynıdır. Dörde bölünmüş pilice sebze de konulabilir.

kümes hayvanları tas kebaplı pilavı

Tas kebaplı pilav (*bkz.* s. 204) gibi hazırla. Kümes hayvanları kullan.

6

deniz ürünleri

Deniz, göl ve akarsulardan elde edilen ürünlerdir.

türleri ve özellikleri

• **beyaz etli balıklar** Hafif, lezzetli balıklardır. Türleri ve en lezzetli oldukları aylar:
Dil: Kasım-mart ayları arası
Kefal: Ekim-nisan ayları arası
Lüfer: Ekim-ocak ayları arası
Kalkan: Mart-haziran ayları arası
Levrek: Ekim-haziran ayları arası
Barbunya: Ağustos-ekim ayları arası
Tranca: Eylül-ekim ayları arası
Çupra: Ağustos-eylül ayları arası

• **siyah etli balıklar** Beyaz balıklardan daha yağlı ve ağırdırlar. Türleri ve en lezzetli oldukları aylar:
Uskumru: Kasım-mart ayları arası
Hamsi: Aralık-mart ayları arası
Palamut: Ağustos-kasım ayları arası
Sardalya: Temmuz-eylül ayları arası

• **diğer deniz ürünleri** Beyaz ve siyah etli balıklar dışında kalan deniz hayvanları, balıklarla aynı besin değerlerine sahiptir. Kabuklu ve kabuksuz olabilen bu deniz hayvanlarının türleri ve en lezzetli oldukları aylar:
Midye: Her ay yenilebilir
Karides: Nisan-haziran ayları arası
İstiridye: Kasım-mayıs ayları arası
Siyah havyar: Şubat-nisan ayları arası
Balık yumurtası: Haziran-eylül ayları arası
Tarama: Nisan-mayıs ayları arası

- **tatlı su balıkları** Göl, nehir ve ırmaklardan elde edilen balıklardır. Kılçıklı olurlar.

Tatlı su balıkları ve en lezzetli oldukları aylar:
Sazan: Ekim-kasım ayları arası
Yayın: Eylül-nisan ayları arası
Alabalık: Kasım-ocak ayları arası
Yılan balığı: Kasım-aralık ayları arası
Kaya balığı: Şubat-mayıs ayları arası

deniz ürünlerini pişirme yöntemleri

haşlama Çeşitli balıkların sebze demeti ve suyla haşlanarak pişirilmesidir. Balık çorbası gibi.

ızgara Çeşitli balıkların ızgarada pişirilmesidir. Uskumru, hamsi ızgarası vb.

yağ-su karışımı Balıkların yağ, su, çeşitli sebze ve tat vericilerle hazırlanarak pişirilmesidir. Pilaki buğulama vb.

yağda kızartma Balıkların kızdırılmış yağda kaplanarak kızartılmasıdır. Palamut kızartması vb.

kuru hararette Balıkların fırında çeşitli biçimlerde pişirilmesidir. Fırında kefal vb.

balıkların satın alınması Balığın lezzetinde en önemli özellik tazeliğidir. Balık sudan çıkarılınca tazeliğini kaybeder. Hemen kullanılmayacaksa buz içinde muhafaza edilmelidir. Taze balığın gözleri parlak, solungaçları kırmızı, pulları ve yüzgeçleri diri, kasları sert ve esnektir. Kuyruğu sallanmaz, kokusu yoktur, basıldığında parmak izi kalmaz. Pulları zor kopar, deniz kokuludur. Satın alınan balık hemen pişirilmeli, evde bekletilmemelidir.

balıkların temizlenmesi, bölünmesi Balık bir tahtaya konarak, pulları aksi yöne kazınarak temizlenir. İçlerini temizlemek için solungaçları alınarak balığın karnı yarılır, parmaklarla barsakları çıkarılır, bol suda yıkanır.

Fileto çıkarmak için keskin bir bıçakla balıkların iki tarafındaki etler boylamasına kesilir. Sonra kuyruğun ucundan başlayarak bıçak yardımıyla deri kısmı yüzülür ve parçalara bölünür.

balık buğulaması

1 kg istenilen balık
1 demet maydanoz
½ su bardağı balık eti suyu veya su
¼ su bardağı zeytinyağı
¼ su bardağı limon suyu
1 tatlı kaşığı tuz

Balıkları ayıkla, yıka, tepsi veya kulaklı tencereye diz. Tuz ve kıyılmış maydanoz serp. Su ilave et, kapağını ört. Hafif ateşte balıklar yumuşayıncaya kadar pişir. Zeytinyağı ile limon suyunu çırp, balıkların üzerine gezdir.

• İstenirse üzerine, kabuğu soyulmuş, küçük doğranmış 2 domates döşenerek maydanoz ve tuz serpilir, pişirilir.

balık çorbası - ı

250 gr kefal veya herhangi bir balık
10 su bardağı (2 litre) balık suyu
2 soğan
1 çay kaşığı kırmızıbiber
2 çorba kaşığı zeytinyağı
2 diş sarımsak
⅛ su bardağı sirke
4 çorba kaşığı un
1 tatlı kaşığı tuz

Kefalı temizle, ufak ufak doğra, yıka, tuzla, bir saat beklet. Soğanı ince doğra, kırmızıbiberle zeytinyağında kızart. Balıkları ve balık suyunu ilave ederek, üstü açık, balıklar pişene kadar kaynat. Sarımsağı döv, sirkeyle karıştırarak çorbaya ilave et. Sirkeli istenmiyorsa iki limon sıkılabilir.

• Malzemeler tencereye konarken sulandırılmış un da ilave edilebilir.

• Torik, palamut, levrek, uskumru gibi balıklarla da aynı biçimde hazırlanır.

balık çorbası - ıı (istiridyeli)

250 gr istiridye	*2 kaşık un*
2 kaşık yağ	*Tuz*

terbiyesi için

1 ölçü limon-yumurta terbiyesi veya 1 limon
½ demet maydanoz

İstiridyeleri kaynar suda dört dakika haşla, süz, soğuk sudan geçir.

Unu yağda kavur. Balık suyuyla ateşe koy. İstiridyeleri içine at. Tuzunu koy. Yarım saat kaynat. Limonlu yumurtalı terbiye ilave et ya da limon sık ve kıyılmış maydanoz ekle.

balık çorbası - ııı (midyeli)

60 midye	*2 litre balık suyu*
2 soğan	*2 kaşık un*
3 dal maydanoz	*2 kaşık yağ*

terbiyesi

1 ölçü limon-yumurta terbiyesi

Midyeleri temizle, yıka. Tencereye midyeleri, soğan, maydanoz ve suyla birlikte koy, haşla, içlerini al. İstiridyeli balık çorbası gibi pişir.

balık dolması

6 iri uskumru
4 iri soğan
2 çorba kaşığı çam fıstığı
1 su bardağı zeytinyağı
1 çorba kaşığı kuş üzümü
1 çay kaşığı dövülmüş karanfil
2 tatlı kaşığı tarçın
2 tatlı kaşığı yenibahar
2 tatlı kaşığı tuz
¼ su bardağı un

Balıkların içini, kulaklarının arasından parmak sokarak solungaçlarıyla çıkar, yıka. Elle ovarak etlerini yumuşat. Kuyruk uçları ve boğazını oynatarak kılçığını kır, etleriyle birlikte çıkar. Kılçığı ayır, etleri kıy.

Soğanları ince doğra, fıstıkla beraber zeytinyağda pembeleştir. Balık etlerini koy, kavur. Kuş üzümü, 1 tatlı kaşığı tarçın, karanfil, 1 tatlı kaşığı bahar ve tuz ilave et, çevir, ateşten al.

Soğuyunca balıkların içine doldur. Una bula, zeytinyağda kızart. Süzgece al, süzdür. Soğuyunca üzerine artan tarçını ve baharı serp, sofraya al.

balık fırın

1 kg kefal
3 soğan
3 domates
1 tatlı kaşığı kırmızıbiber
1 tatlı kaşığı tarçın
1 çay kaşığı dövülmüş karanfil
30 dal maydanoz
½ su bardağı zeytinyağı
2 limon suyu
4 damla sakızı
1 su bardağı su
1 tatlı kaşığı tuz

Balıkları ayıkla, halka doğra, yıka, süzdür, kenarlı tepsiye diz.

Bir kapta rendelenmiş soğan, domates suyu (veya rendelenmiş domates), tuz, biber, tarçın, karanfil kökü ile suda bir taşım kaynamış maydanozun suyunu ve zeytinyağını iyice karıştır, balıkların üzerine gezdir, fırına ver. Fırından alınca limon suyunu gezdir. Bir fiske tuzla dövülmüş sakızı serp.

- Torik, kılıç, palamut vb balıklar da aynı biçimde hazırlanır.

balık haşlaması

1 kg beyaz etli balık
1 ölçü balık taratoru ve balık terbiyesi

Balığı balık eti suyu sebzeleriyle (*bkz.* s. 46) haşla, pişince sudan çıkar. Beze sararak suyunu al, tabağa yerleştir. Taratorla (*bkz.* s. 187) üzerini kapla, sofraya al.

balık ızgarası

1 kg orta irilikte lüfer
1 ölçü soğan suyu
¼ su bardağı zeytinyağı
2 çorba kaşığı limon suyu
30 dal maydanoz
1 çorba kaşığı soğan suyu
2 yumurta sarısı
½ su bardağı zeytinyağı
¼ su bardağı limon suyu
2 tane dövülmüş damla sakızı
1 tatlı kaşığı karabiber
1 tatlı kaşığı tuz

Balıkları ayıkla, yıka, süzdür. Üzerine 1 ölçü soğan suyu, karabiber ve tuz serp. İki saat beklet. Bıçakla boydan boya üç sıra çiz. Çeyrek su bardağı zeytinyağla iki kaşık limon suyunu çırp. Izgarayı kızdır, çırpılmış limonlu zeytinyağla yağla. Balıkları diz. Çevirdikçe zeytinyağlı limon sürerek kızart, tabağa al.

Maydanozu ince kıy. Bir çorba kaşığı soğan suyuyla karıştır, balıkların ağzına koy. Kâsede yumurta sarılarını yarım su bardağı zeytinyağı, limon suyu, tuz ve dövülmüş damla sakızıyla 10 dakika çırp, terbiye yap. Tabağa yerleştirilen balıkların üzerine dök, sofraya al.

- Uskumru, kolyoz, palamut, izmarit vb balıklar da aynı biçimde hazırlanır.

balık kebabı

1 kg kılıç balığı	*2 çorba kaşığı limon suyu*
1 ölçü soğan suyu	*1 çorba kaşığı soğan suyu*
10 ince defne dalı	*1 çorba kaşığı limon suyu*
15 defne yaprağı	*1 tatlı kaşığı tuz*
½ su bardağı zeytinyağı	

Kılıç balığını ayıkla. Ceviz büyüklüğünde dört köşeli doğra. Tuz ve soğan suyu (*bkz.* s. 71) ile bir saat beklet. Defne dalından şişler hazırla. Her şişe bir defne yaprağı, bir balık olmak üzere altışar tane geçir. Zeytinyağın yarısıyla iki kaşık limon suyunu karıştır, ızgarayı yağla. Şişleri koy.

Ayrı bir kâsede, kalan zeytinyağıyla bir kaşık soğan suyu ve bir çorba kaşığı limon suyunu çırp. Şişleri çevirdikçe, bir fırçayla karışımdan sürerek kızart. Şişleriyle veya şişten çıkarıp, defne yapraklarını alarak limon suyuyla birlikte sofraya al.

- Torik, altı parmak, palamut vb de aynı biçimde hazırlanır.

balık köftesi

½ kilo torik veya palamut balığı	*1 su bardağı zeytinyağı*
1 soğan	*2 limon suyu*
10 dal maydanoz	*1 tatlı kaşığı karabiber*
3 yumurta	*1 tatlı kaşığı tuz*

Balığın derisini ve kılçıklarını ayıkla, çok ince kıy. Rendelenmiş soğan, tuz, biber ve kıyılmış maydanozla iyice yoğur. Yumurta büyüklüğünde parçalar alarak yuvarla, yassılt. Çırpılmış yumurtaya batırarak kızgın zeytinyağında kızart. Limon suyuyla birlikte sofraya al.

- Diğer balıklarla da aynı biçimde hazırlanabilir.

balık papaz yahnisi

1 kg uskumru
1 su bardağı balık suyu
8 soğan
½ su bardağı zeytinyağı
4 demet maydanoz
1 tatlı kaşığı tarçın
¼ su bardağı sirke veya limon suyu
1 tatlı kaşığı karabiber
1 tatlı kaşığı tuz

Uskumruyu ayıkla, yıka, balık suyu sebzeleriyle (*bkz.* s. 46) haşla, süzdür. Derisini, kılçıklarını ayıkla. Soğanı halka doğra, zeytinyağda pembeleştir, ince kıyılmış maydanoz karıştır.

Kuşhaneye bir kat soğan, bir kat balık, en üste soğan gelmek üzere döşe. Bir su bardağı balık suyuna tarçın, tuz ve karabiber karıştır, üzerine gezdir. Sirke veya limon suyu ilave et, kapağını ört, hafif ateşte yağına ininceye kadar pişir.

• Kefal, palamut, kırlangıç balığı ve diğer balık papaz yahnileri aynı biçimde pişirilir.

balık pilakisi

1 kg uskumru
8 iri soğan
½ su bardağı zeytinyağı
Maydanoz
3 iri domates
8 diş sarımsak
1 tatlı kaşığı kırmızıbiber
1 tatlı kaşığı tuz

Balıkları ayıkla. İster bütün, ister boydan ikiye böl, ara kılçığını çıkar, yıka, süzdür. Soğanları halka doğra, zeytinyağda kızart. İnce doğranmış maydanozla kabuğu alınmış, ufak doğranmış domatesi, ayıklanmış sarımsakları, tuz ve biberi karıştır.

Yarısını tepsiye yay, üstüne balıkları diz. Kalan soğanı yağıyla birlikte balıkların üzerine yay, fırına ver veya kapağı kapalı olarak orta ateşte pişir.

• Levrek, torik, kılıç, palamut vb balıklar da aynı biçimde hazırlanır.

balık pilavı

½ kilo levrek
1 su bardağı zeytinyağı
2 soğan
2 su bardağı pirinç
3 su bardağı kaynar su
3 tatlı kaşığı tuz
1 çorba kaşığı tuz (pilavı ıslatmak için)

Levrekleri parçalara ayır, yıka, tuzla, süzdür ve zeytinyağda kızart. Artan yağda ince çentilmiş soğanları kavur. Ilık tuzlu suda ıslatılıp yıkanmış ve süzülmüş pirinci ilave et, kavur.

Tencereye balıkları ve pirinci döşe. Üzerine kaynar suyu ilave et, üstü açık olarak suyunu çektir. Tabak kapayarak ters çevir. Soğuyunca sofraya al.

• Diğer balıklarla da aynı biçimde hazırlanır.

balık tavası

1 kg kalkan balığı
1 su bardağı zeytinyağı
¼ su bardağı un
¼ su bardağı limon suyu
1 tatlı kaşığı tuz

Balığı ayıkla, sert kısmından parmak kalınlığında, 15 santim büyüklüğünde parçalar kes, yıka, tuz serp ve bir saat süzgeçte beklet.

Tavada zeytinyağını kızdır. Balıkları una bula, tavada iki tarafları kızarınca süzgece çıkar, yağını süzdür. Limon suyuyla birlikte sofraya al.

• Diğer balıklarla da aynı biçimde hazırlanır.

balık tavası (un-yumurta bulamaçlı)

1 kg balık
1 su bardağı un
¼ su bardağı su
1 yumurta
1 su bardağı zeytinyağı
1 çay kaşığı tuz

Bir kâsede un, su ve tuzu çırp. Yumurtayı ayrıca iyice çırp, ilave et. Balıkları ayıkla, yıka, süzdür. Yumurtalı bulamaca bula, kızdırılmış zeytinyağında kızart.

- Midye ve istiridye özellikle bu tür kızartılır.

balık tavası (yumurtalı)

1 kg balık
3 yumurta
¼ su bardağı un
Zeytinyağı
1 çay kaşığı tuz

Bir kâsede tuzla yumurtayı çırp. Balıkları önce una, sonra yumurtaya bula, kızart.

7

kuru baklagiller

Taneli bitkilerin yenebilen tohumlarıdır. Nohut, fasuyle, bezelye vb.

baklagilleri pişirme yöntemleri

haşlama Baklagillerin haşlanarak salata olarak ya da haşlandıktan sonra ezilerek fava, humus vb biçimlerde hazırlanmasıdır.

yağ-su karışımı Baklagillerin diğer yiyecek maddeleriyle yağ ve su karışımı içinde pişirilmesidir. Yahniler vb.

haşlanarak ve kuru hararette Nohutun haşlandıktan sonra kuru hararette pişirilip leblebi olarak hazırlanmasıdır.

baklagillerin pişirilmesinde dikkat edilecek noktalar

- Pişirilirken sert kalmaması için 8 saat önceden ayıklayıp yıkayarak ılık suda ıslatmalıdır.
- Tuzu, ocaktan indirilmeye yakın eklenmelidir.
- Pişirme sırasında su ilave etmek gerekirse, bu su sıcak olmalıdır.
- Yumuşak suyla ıslatılmalı, sert su kullanılmamalıdır.
- Pişince ateşten alınırken suyu yüzünden fazla kalmalıdır, çünkü beklerken suyunu içine alır.

etli kuru fasulye

2 su bardağı kuru fasulye
250 gr koyun kol veya döş eti
3 iri soğan (300 gr)
4 çorba kaşığı (100 gr) sadeyağ
3 iri domates veya 2 çorba kaşığı salça
1 sivri kırmızı biber veya 1 tatlı kaşığı pul biber
5 su bardağı et suyu veya su
2 tatlı kaşığı tuz

Fasulyeleri ayıkla, 8 saat öncesinden içme suyunda ıslat. Sabah yeniden tatlı su koyarak 30 dakika haşla, süzdür.

Soğanları yemeklik kıy, yağla tencerede kavur. Parça etleri koy, et suyunu salıp çekinceye kadar arada karıştırarak kavur. Salçayı ve soyulmuş, küçük doğranmış domatesi ilave et. İnce doğranmış biber, et suyu ve tuzu da ilave et, kapağını ört. Çok hafif ateşte 30-40 dakika pişir. Haşlanmış ve süzülmüş fasulyeleri ekle, fasulyeler yumuşayıncaya kadar pişir.

• Fasulyeler pişmezse sıcak su ilave ederek bir süre daha pişir.

etli nohut

Yukarıda tarifi verilen etli kuru fasulye gibi hazırla, pişir.

fasulye çorbası

Bezelye çorbası (*bkz.* s. 50) gibi hazırla.

Fasulye çorbasının tanelisinden çok ezmesi makbuldür. Blender veya süzgeçten geçirerek aynı biçimde hazırla.

fasulye paçası

1 su bardağı kuru fasulye	*½ su bardağı sirke*
1 su bardağı su	*1 silme çorba kaşığı kırmızıbiber*
6 diş sarımsak	*8 dilim ekmek*
1 su bardağı tahin	*Tuz*

Fasulyeleri 8 saat öncesinden içme suyunda ıslat. Ertesi günü yeniden içme suyu ilave et, yumuşayıncaya kadar haşla, tuz at, iki taşım daha kaynat, süz. Sarımsağı döv, tahin, sirke ve kırmızıbiberle çırp. Ekmekleri doğra, tabağa yerleştir. Üzerine fasulyeleri döşe, üzerine tahinli karışımı gezdir. Sofraya al.

fasulye pilakisi

½ kilo kuru fasulye	*1 büyük patates*
1 su bardağı zeytinyağı	*1 demet maydanoz*
1 iri soğan	*2 domates veya 1 çorba kaşığı salça*
1 küçük havuç	*3 su bardağı su*
5 diş sarımsak	*1 tatlı kaşığı toz şeker*
1 küçük kereviz	*1 tatlı kaşığı tuz*

Fasulyeyi 8 saat öncesinden içme suyunda beklet. Ertesi gün suyu süz, tekrar içme suyu ilave et, yarı haşla, süz. Tencereye zeytinyağı koy, ince çentilmiş soğan ilave et, kavur. Kazınmış, ufak doğranmış havuçları, diş diş soyulmuş sarımsağı ilave et, çevir. Kerevizi ve patatesi soy, küçük doğra, ilave et, sarart. Maydanozun yarısını ince kıy, karıştır. Domateslerin kabuklarını soy, ufak doğra, çevir. Fasulyeleri koy. Üzerine su, şeker ve tuz ilave et. Fasulyeler yumuşayıncaya kadar pişir.

kıymalı mercimek

2 su bardağı mercimek
250 gr orta yağlı koyun kıyması
3 iri soğan
4 çorba kaşığı sadeyağ
1 tatlı kaşığı kırmızıbiber
1 çay kaşığı karabiber
3 iri domates veya 2 çorba kaşığı salça
5 su bardağı et suyu veya su
2 tatlı kaşığı tuz

Mercimeği 8 saat öncesinden içme suyunda ıslat. Sabah tekrar içme suyuyla 10 dakika haşla, süzdür. Soğanları ince doğra, tencerede yağla sararıncaya kadar kavur. Kıyma, tuz ve biberleri ilave et. Kıyma bıraktığı suyu çekinceye kadar arada bir karıştırarak kavur. Soyulmuş, doğranmış domates veya salçasını ve suyu ilave et, bir taşım kaynat. Haşlanmış mercimekleri ekle, mercimekler yumuşayıncaya kadar pişir.

nohut çorbası

Bezelye çorbası (*bkz.* s. 50) ölçüleriyle akşamdan ıslatılıp haşlanmış nohut kullanarak hazırla.

Bu çorbanın da ezmesi daha makbuldür. Haşlanan nohutları süzgeçten ya da blenderden geçirerek kullan.

8

taze sebze ve meyveler

Sebze ve meyveler beslenmede kullanılan bitkilerin yenebilen kısımlarıdır. Sebzeler bitkilerine ve renklerine göre sınıflandırılır.

bitkilerine göre
Yumrular: Yerelması, patates vb.
Kökler: Havuç, pancar, kereviz, vb.
Soğanlar: Pırasa, soğan, sarımsak vb.
Sürgünler: Kuşkonmaz.
Çiçekler: Enginar, karnıbahar.
Meyveler: Domates, patlıcan, biber, kabak, karpuz vb.
Meyve tohum bir arada: Fasulye, bakla, bezelye vb.

renklerine göre
Yeşil sebzeler: Klorofil bulunduran sebzelerdir. Karoten de bulundururlar.
Kırmızı sebzeler: Antosayan pigmenti bulunduran sebzelerdir. Pancar, kırmızı lahana vb.
Sarı sebzeler: Karoten, laykopen pigmenti bulundururlar. Kayısı, havuç, domates vb.
Beyaz sebzeler: Flavon pigmenti bulundururlar. Patlıcan, karnıbahar, armut, elma vb.

sebze ve meyve satın alırken iyi kalite ve besin değeri yüksek olanları seçilmelidir. Bütçe kısıtlıysa yeşil ve sarı sebzeler tercih edilmelidir. Bu gruptaki sebzeler vitaminlerle beraber mineralleri de bünyelerinde bulundururlar. Mevsimlik sebzelerin besin değerleri yüksek, fiyatları ucuzdur. Sıkılığını kaybetmemiş, olabildiğince yeni toplanmış, ezik, yırtık, çürük olmayan sebze ve meyveler tercih edilmelidir.

sebze ve meyvelerin kullanılması Beslenmede önemli yer tutan sebze ve meyvelerin en iyi biçimde değerlendirilmeleri için bazı noktalara dikkat etmek gerekir:

PİŞİRMEYE HAZIRLANMASI Sebzeler pişirilmeye hazırlanırken üç aşamadan geçirilir.
ayıklama Sebzeler önce yıkanarak gereksiz yerleri atılır ya da sap ve kılçıkları ayıklanır. Ayıklama fazla derinden yapılmamalıdır. Fasulye vb biraz derinden alınabilirse de patates vb sebzeler olabildiğince ince soyulmalıdır.

yıkama Sebzeler ayıklandıktan sonra yıkanır. Yıkamada yeşil yapraklı sebzeleri kaptan kaba geçirerek daldırma usulü yıkamak uygundur. İri yapraklı, marul, lahana vb sebzeleri tek tek akan su altında el yardımıyla yıkamalıdır. Diğer sebzeler yıkanıp ayıklandıktan sonra daldırma usulü yıkanıp bekletilmeden pişirilmelidir. Hiçbir sebzeyi suyun içinde uzun süre (akşamdan) bekleterek yıkamamalı, doğranmış halde su içinde bekletmemelidir.

doğrama Besin değerlerini koruma açısından sebzeleri keskin bıçakla, iri iri doğramalıdır. Renklerini koruma açısından doğranan sebzeler hemen pişirilmeli, çabuk kararan sebzeler enginar vb limonlu unlu suya doğranmalı ve bu su yemeğe konarak değerlendirilmelidir. Salataların, garnitürlerin doğranması yemeğe yakın yapılmalı, bekletilmeden kullanılmalıdır.

PİŞİRİLMESİ Sebzeleri pişirirken renklerini, yapısını, lezzetini, besin değerini korumayı göz önünde tutmalıdır.

- Sebzeler ayıklanıp doğrandıktan sonra bekletilmeden hemen pişirilmelidir.
- Haşlama sebzelerin suyu az ve kaynar olmalıdır.
- Sebzeleri kaynatma süresi kısa olmalıdır.
- Renklerini koruma amacıyla soda eklenmemelidir.
- Sebzelerin haşlama suları dökülmemeli, çorba vb yerlerde kullanılmalıdır. Suda eriyen vitaminler, suya geçeceği için besin değeri kaybı olur.
- Kokulu sebzeleri pişirirken tencerenin kapağını arada bir açarak kokunun dışarı çıkması sağlanmalıdır.
- Sebzeleri yiyecek kadar pişirmeli, pişmiş olarak bekletmemeli, tekrar ısıtmamalıdır. C vitamini başta olmak üzere vitamin ve besin değeri kaybı olur.
- Kabuklu sebzeler pancar, patates vb yıkanıp kaynar suya atılarak pişirilmelidir. Kabukları sonra soyulmalıdır.
- Pişerken su ilave etmek gerekirse kaynar su kullanılmalıdır.
- Kızartırken bol yağ kullanmalıdır.
- Yahni türünde pişirirken suyunu fazla koymamalıdır. Sebzelerin kendi bünyelerindeki suyu da verecekleri düşünülmelidir.

sebze pişirme yöntemleri

HAŞLAMALAR

- **suda** Sebze ve meyvelerin haşlanarak kullanılmasıdır. Patates salatası, hoşaf vb.
- **su buharında** Sebzelerin soyularak, su dolu tencerede süzgeç üzerinde kapak örtülerek buharla pişirilmesidir. Garnitürler vb.

YAĞDA KIZARTMA

• **az yağda** Saplı tavada sebzelerin az yağda kızartılmasıdır. Sindirimi güçtür. Bu nedenle çeşitli soslarla yenir. Sarımsaklı yoğurt vb. Bu tür pişirmede bitkisel yağ kullanılır. Kızaran yiyecekler süzgeç ya da kâğıt üzerine çıkartılarak fazla yağları alınır. Kızartmada kullanılan yağ çabuk yanar, tekrar kullanılmamalıdır. Az yağda üç tür hazırlama yapılır:

sade kızartma Sebzelerin ayıklanıp doğranıp yağa atılmasıyla hazırlanır. En ağır kızartma türüdür. Fazla yağ çeker. Patlıcan, biber vb.

una bulayarak kızartma Sebzelerin una ya da galeta tozuna bulanarak kızartılmasıdır. Kabak, patlıcan vb.

kaplama Sebzelerin un, su, tuz, yumurta bulamacına bulanarak kızartılmasıdır.

• **çok yağda** Çok yağda kızartmalar derin tencerelerde yapılır. Tencerenin yarısına kadar yağ konarak, sebzeler bunun içinde kızartılır. Bu kızartmalar daha az yağ çektiği için hazmı daha kolay ve sağlığa uygundur. Yağı yanmadığı için tekrar tekrar kullanılabileceğinden ekonomiktir.

KURU HARARETTE

• **fırında** Sebze ya da meyvelerin fırınlanmasıdır. Kabak, ayva vb.

• **ızgara** Sebzelerin et yemekleri yanında şiş ya da ızgarada pişirilmesidir. Biber, domates vb.

• **külde** Patlıcan, patates, soğan vb. Sebzelerin küle gömülerek pişirilmesidir. Salata, garnitür olarak kullanılır.

YAĞ-SU KARIŞIMI Tencere yemeklerini içine alır. Sebzelerin tencerede diğer yiyecek malzemeleriyle pişirilmesidir. Aşağıdaki bölümlerde incelenebilir.

• **etli dolmalar** Çeşitli sebzelerin kıyma, pirinç veya bulgur, soğan, maydanoz, salça, baharat karışımıyla sarılması ya da doldurulup sadeyağ, su ilavesiyle pişirilmesidir.

• **zeytinyağlı dolmalar** Zeytinyağı, soğan, pirinç, maydanoz, baharat vb ile hazırlanan "iç"in çeşitli sebzelere sarılması, doldurulması ve su ilavesiyle pişirilmesidir.

• **musakkalar** Sebzelerin doğranıp yağda hafif kızartılması, ayrı kapta yağda soğan, kıyma ve bazen salça ya da domatesin kavrularak, kızaran sebzelerle birlikte su ilavesiyle pişirilmesidir.

• **oturtmalar** Yağda kızartılmış sebzelerin ortalarına musakkalarda verilen harcın yerleştirilerek tepsiye dizilip az su ilavesiyle pişirilmesidir.

• **bastılar** Etli ya da etsiz, tereyağla pişirilen bir sebze yemeği türüdür. Tencerede yağ, et, soğan kavrulur. Su ilave edilir. Yarım saat pişirilir. Ayrı tencereye çiğ sebzeler dizilir, yağ ve domates doğranarak (domatessiz de olabilir) hafif pişirilir. Etli harç hafif pişen sebzelerin üzerine yerleştirilerek su ilavesiyle bir saat kadar pişer.

Etsiz olanında ana sebze ve yağ tencerenin dibine dizilerek üzerine diğer sebzeler tuz ve su ilavesiyle pişirilir.

- **silkmeler** Sebzeler doğranır, hafif kızartılır. Ayrı tencerede yağda soğan, et ve salça kavrulur. Çok az su ilavesiyle pişirilir. Sebzeler ilave edilir. Tencere arada bir silkelenerek pişirilir.
- **güveçler** Sebzeler çiğden güvece yerleştirilip üzerine yağda kızartılmış ya da çiğ et, yağ, tuz ve diğer baharat ilave edilerek pişirilir.
- **diğerleri** Bu türler dışında hazırlanan sebze yemekleridir. Tencerede yağ, soğan, et ve salça kavrulur. Sebzeler doğranarak katılır. Az su ilavesiyle pişirilir.

ZEYTİNYAĞLI SEBZE YEMEKLERİ Sebzelerin zeytinyağda çeşitli türlerde pişirilmesidir. Zeytinyağlı pırasa gibi yağ su karışımı, ıspanak gibi haşlama, kavurma ve yağda kızartma türleridir.

etli sebze yemekleri

dolmalar

etli dolma içi - ı (domatessiz)

½ kilo yağlı koyun döşü kıyması
5 soğan
½ su bardağı pirinç
1 kaşık sadeyağ
¼ su bardağı su
10 dal maydanoz
5 dal dereotu
5 dal nane
1 tatlı kaşığı karabiber
1 tatlı kaşığı tuz

Soğanlar çok ince çentilir. Kıyma, pirinç, sadeyağ, su, kıyılmış maydanoz, nane, dereotu ve baharat karıştırılır, kullanılır.

etli dolma içi - ıı (domatesli)

Yukarıda tarifi verilen dolma içine ince doğranmış iki iri domates veya bir kaşık salça karıştırılır.

asma yaprağı sarması

250 gr taze yaprak
1 ölçü dolma içi (domatessiz) (bkz. s. *129)*
6 su bardağı su
1 limon suyu
2 su bardağı et suyu
1 tatlı kaşığı tuz

terbiyesi için

1 limon suyu
1 yumurta

Tencerede 6 bardak suyla limon suyunu kaynat. Yaprakları ilave et, 2 dakika haşla, soğuk sudan geçir, süzgece al. İki-üç tanesini tencereye döşe. Dolma içini yapraklara küçük sar, tencereye diz. Üzerine tekrar yaprak döşe, et suyu ve tuz koy. Dolmaların açılmaması için üzerine bir sahan veya tabak kapat.

Tencerenin kapağını ört, 40 dakika pişir. Sarımsaklı yoğurtla sofraya al veya ateşten almadan terbiyesini ilave et, iki taşım kaynat.

- Terbiyeli yapılırsa sarımsaklı yoğurt konmaz.

biber dolması

1 kg biber
1 ölçü dolma içi (domatesli) (bkz. s. *129)*
1 kaşık sadeyağ
2 su bardağı su

Biberleri kaynar suda iki dakika haşla. Sap kısımlarını kapak olacak biçimde, bir tarafını ayırmadan kes, içlerini temizle. Dolma içini sadeyağla tavada iki dakika kavur, biberlere doldur. Kapaklarını ört, dikine tencereye yerleştir. Tuz at, et suyunu dök. Kapağını ört, hafif ateşte 40 dakika pişir.

- Biber dolması domatessiz içle de yapılır ve terbiye dökülebilir.
- Biberler haşlanmadan, iç kavrulmadan da yapılabilir.

ebegümeci dolması

2 kilo ebegümeci yaprağı
1 ölçü dolma içi (domatessiz) (bkz. s. *129)*
1 su bardağı et suyu
1 tatlı kaşığı tuz

Ebegümeci yapraklarını kaynar suya batır, soğuk suya çıkar. Dolma içini yapraklara sar, tencereye yerleştir. Tuz ve et suyu ilave et. Üzerine açılmaması için kapak veya sahan koy. Hafif ateşte 1 saat pişir, sarımsaklı yoğurtla sofraya al.

- Terbiyeli de yapılabilir.

enginar dolması

8 enginar
1 ölçü dolma içi (domatessiz) (bkz. s. *129)*
Limon
1 kaşık sadeyağ
1 su bardağı et suyu
1 demet dereotu
1 tatlı kaşığı tuz

Enginarların dış kabuklarını iki sıra kalana kadar soy. İçini al. Tuz ve limon sıkılmış suya at. Sudan çıkar, limonun yarısını ikiye bölerek enginarların her tarafına sür. Dolma içini sadeyağla tavada iki dakika kavur, enginarlara doldur ve tencereye diz. Et suyu ve tuz ilave et. Üzerine yağlı kâğıt kapayarak enginarlar yumuşayıncaya kadar pişir. Dereotunu kıy, üzerine serp, sofraya al.

domates dolması

1 kg domates
1 ölçü dolma içi (domatesli) (bkz. s. *129)*
2 kaşık sadeyağ
1 su bardağı et suyu
1 tatlı kaşığı tuz

Domateslerin sap kısmından kapak kes. İçlerini çıkar. Dolma içini sadeyağla tavada 10 dakika kavur. Domateslerin içine doldur. Tepsiye diz, et suyunu ilave et. Kapağını ört, yarım saat pişir. Üstü açık olarak kızgın fırında 5 dakika beklet.

kabak dolması

1 kg kabak
1 ölçü dolma içi (domatesli) (bkz. s. *129)*
1 kaşık sadeyağ
2 domates veya 1 kaşık salça
2 su bardağı et suyu
1 tatlı kaşığı tuz

Kabakları ikiye kes, ortalarını oyacakla çıkar. Dolma içini bir kaşık sadeyağla tavada iki dakika kavur. Kabakların içlerine doldur, tencereye diz.

İki domates veya salçayı ez, sıcak et suyu ilave et, tuz serp ve kabakların üzerine dök. Hafif ateşte 30 dakika pişir.

• Kabak dolmasının içine yarım demet dereotu ve yarım demet nane de ayrıca konabilir.

karışık dolma

1,5 ölçü dolma içi (domatesli) (bkz. s. *129)*
4 biber
4 domates
4 patlıcan
4 kabak
10 asma yaprağı
1 çorba kaşığı sadeyağ
2 su bardağı et suyu
1 tatlı kaşığı tuz

Dolma içini sadeyağla tavada 2 dakika çevir. Hazırlanmış sebzelere doldur. Tencereye yaprak, patlıcan, kabak, biber ve en üste domates dolmalarını yerleştir. Sıcak et suyu ve tuz ilave et, kapağını ört. Hafif ateşte 40 dakika pişir.

kereviz dolması

1 kg kereviz
1 ölçü dolma içi (domatessiz) (bkz. s. *129)*
1 limon
1 kaşık sadeyağ
2 su bardağı et suyu
1 tatlı kaşığı tuz

terbiyesi için

1 limon suyu
1 yumurta

Kerevizleri kök ve baş kısımlarından kes, limonla ov. Baş kısmından tatlı kaşığıyla oy, yıka. Kaynamakta olan limonlu, tuzlu suda az haşla. Dolma içini tavada sadeyağla iki dakika çevir, kerevizlere doldur. Sıcak et suyu ekle. Hafif ateşte 30 dakika pişir. Limon-yumurta terbiyesi ilave et, iki taşım kaynat.

kuru patlıcan dolması

Aynen taze patlıcan dolması (*bkz.* s. 134) gibi yapılır. 250 gram kuru patlıcan suda haşlanır. Yumuşayınca içi doldurulur. Pişince fırınlanır.

lahana sarması

1 büyük lahana
1 ölçü dolma içi (domatessiz) (bkz. s. *129)*
3 su bardağı su
1 kaşık sadeyağ
2 çorba kaşığı tuz

Lahanayı ikiye böl. Koçanını, etrafını çıkar. Üç su bardağı suya 1,5 çorba kaşığı tuz ekle, kaynat ve lahanayı haşla. Haşlanmış lahanayı el büyüklüğünde parçalara ayır.
Dolma içini tavada sadeyağla 5 dakika kavur, lahanalara sar. Dibine lahana yaprakları döşenmiş tencereye diz. Üzerine kapak veya sahan koy. Tuz ve et suyunu ilave et. Kapağını örterek yarım saat pişir. Limon suyuyla birlikte sofraya al.

- Bu dolma içine nane, dereotu konmaz.

patates dolması

1 kg patates
1 ölçü dolma içi (domatesli) (bkz. s. *129)*
3 kaşık sadeyağ
1 demet dereotu
2 su bardağı et suyu
1 kaşık salça
1 tatlı kaşığı tuz

Patatesleri soy. İçlerini oy, yıka, süzdür. İki kaşık sadeyağla kızart, tepsiye diz. Dolma içini, kıyılmış dereotu ve 1 kaşık sadeyağla tavada iki dakika kavur, patateslere doldur. Et suyunu sıcak olarak dök. Salça ve tuz ilave et. Çok hafif ateşte yarım saat pişir. Kızgın fırında 5 dakika beklet.

patlıcan dolması

1 kg patlıcan
1 ölçü dolma içi (domatesli) (bkz. s. *129)*
1 kaşık salça veya 2 domates
2,5 su bardağı et suyu
1 tatlı kaşığı tuz

Patlıcanları ikiye böl, oyacakla içlerini soy. Dolma içini gevşekçe doldur, tencereye diz. Salça, sıcak et suyu ve tuz ilave et. Hafif ateşte 40 dakika pişir.

- İstenirse 1 yumurta ile 1 limon suyu çırpılarak dolmalar ateşten alınmadan ilave edilir.
- Bu dolma içine bir tutam tarçın, 2 dövülmüş karanfil ve ince kıyılmış iki-üç yeşil biber de konabilir.

pazı dolması

2 kg pazı
1 ölçü dolma içi (domatessiz) (bkz. s. *129)*

Ebegümeci dolması (*bkz.* s. 131) gibi hazırla, pişir.

pırasa dolması

1 kg pırasa
1 ölçü dolma içi (domatessiz) (bkz. s. *129)*
1 çorba kaşığı sadeyağ
2 su bardağı et suyu
1 tatlı kaşığı tuz

Pırasaları parmak uzunluğunda kes. Kaynar suda 1 dakika haşla, soğuk suya al. İki-üç dış kabuğu kalacak biçimde içini çıkar. Dolma içini tavada sadeyağla iki dakika çevir, pırasalara doldur, tencereye diz. Et suyu ve tuz ilave et, 30 dakika pişir.

soğan dolması

1 kg irice soğan
1 ölçü dolma içi (domatessiz) (bkz. s. *129)*
1 kaşık sadeyağ
2 su bardağı et suyu
1 tatlı kaşığı tuz

Soğanları soy, kaynar tuzlu suda 2 dakika haşla. Tatlı kaşığıyla tepelerinden iç kısmını çıkar. Soğanı az hazırlanmış dolma içini 1 kaşık sadeyağla tavada iki dakika çevir, soğanlara doldur. Tencereye diz. Kaynar et suyu ve tuz ilave et. Hafif ateşte 30 dakika pişir.

salamura yaprak sarması

250 gr salamura yaprak
1 ölçü dolma içi (domatessiz) (bkz. s. *129)*
2 su bardağı et suyu

Aynen asma yaprağı sarması (*bkz.* s. 130) gibi hazırlanır, pişirilir. Sadece önceden yapraklar, bir limon suyu ilave ettiğiniz 6 bardak suda 5 dakika haşlanır.

şalgam dolması

1 kg şalgam
1 ölçü dolma içi (domatessiz) (bkz. s. 129)
1 kaşık sadeyağ
2 su bardağı et suyu
1 tatlı kaşığı tuz

Şalgamları elma gibi soy. Tepelerinden kapak aç, içlerini oy. Dolma içini tavada sadeyağla iki dakika çevir, şalgamlara doldur, kapaklarını kapat. Tencereye diz. Sıcak et suyu ve tuz koy. Hafif ateşte 40 dakika pişir.

yeşil domates dolması

Aynen kırmızı domates dolması (*bkz.* s. 131) gibi yapılır. Yeşil domates daha geç pişeceği için 1,5 bardak su konur.

musakkalar

bezelye musakkası

1 kg taze bezelye
250 gr orta yağlı kıyma
2 kaşık sadeyağ
3 soğan
1 tatlı kaşığı kırmızıbiber
1 çay kaşığı karabiber
1 su bardağı et suyu
1 tatlı kaşığı tuz

Taze körpe bezelyeleri ayıkla. Kenarının kılçıklarını bıçakla al, yıka, süz. İnce doğranmış soğanı yağda kavur, eti koy, kavur. Tencereye bir sıra kıyma, bir sıra bezelye yerleştir. Üzerine et suyu, tuz ve biber ilave et, hafif ateşte pişir. Tabağa çevir, sofraya al.

- İstenirse 2 domates de ezilerek et suyuyla birlikte ilave edilir.

fasulye musakkası

½ kilo kuru veya taze tane fasulye
250 gr kıyma
2 kaşık sadeyağ
3 soğan
1 su bardağı et suyu
1 tatlı kaşığı kırmızıbiber
1 tatlı kaşığı tuz

Fasulyeleri (kuru ise 8 saat öncesinden ıslat) yumuşayıncaya kadar haşla. Tepsiye diz. Üzerine yağda kavrulmuş soğanlı kıymayı koy. Et suyu, tuz ve biber ilave et. Suyunu çekinceye kadar pişir. Tepsisiyle sofraya al.

- Ateşten indirilmeden önce, üzerine sarımsaklı yoğurt gezdirilirse daha lezzetli olur.
- Fasulyeler tazeyse bezelye musakkası (*bkz.* s. 136) gibi pişir.

domates musakkası

8 domates
250 gr yağlı kıyma
3 soğan
1 çorba kaşığı çam fıstığı
1 çorba kaşığı üzüm
½ çay kaşığı karabiber
1 çay kaşığı kırmızıbiber
1 çay kaşığı tarçın
1 çay kaşığı kekik
Galeta tozu

Domateslerin sap tarafından kapak aç. İçini oy. Soğan, kıyma ve çam fıstığını kavur. Kuş üzümü ve baharat ilave et, oyulan domateslere doldur, yağlanmış tepsiye diz. Domateslerin içinden çıkanların yarısını ez, et suyuyla karıştırarak tepsiye dök. Galeta tozu serperek fırına ver. Domatesler yumuşayıncaya kadar pişir. Tepsisiyle sofraya al.

havuç musakkası

1 kg havuç
250 gr yağlı kıyma
3 soğan
1 su bardağı et suyu
1 tatlı kaşığı kırmızıbiber
1 tatlı kaşığı tuz

Havuçların dışını kazı, yuvarlak doğra. Kıymayı soğanla kavur. Tencereye bir sıra kıyma bir sıra havuç döşe. Tuz ve biber ek. Kapağını ört, ateşe koy. Havuçlar bıraktığı suyu çekince sıcak et suyunu ilave et. Suyunu çekinceye kadar hafif ateşte pişir. Tabağa çevir, sofraya al.

ıspanak musakkası

2 kilo ıspanak
250 gr yağlı kıyma
3 soğan
1 su bardağı et suyu
1 tatlı kaşığı kırmızıbiber
1 tatlı kaşığı tuz

Ispanak köklerini dört santim uzunluğunda kes, yapraklarından ayır, ayıkla, yıka. Tepelerinden ayırmadan dörde böl. Yıka, süzdür.

İnce çentilmiş soğanı kıymayla kavur, birazını tencereye koy. Köklerin baş kısmı alta gelecek şekilde sık olarak kıymanın üstüne yerleştir. Tekrar bir sıra kıyma, bir sıra ıspanak olacak biçimde tencereyi doldur. Tuz ve biber ek. Et suyu ilave et, çok hafif ateşte pişir. Limon suyuyla birlikte sofraya al.

• Üzerine 1 yumurta ve 1 limon suyuyla hazırlanmış terbiye de dökülebilir.

kabak musakkası

1 kg kabak
½ kilo yağlı kıyma
100 gr sadeyağ
3 soğan
3 domates
1 su bardağı et suyu
1 tatlı kaşığı kırmızıbiber
1 tatlı kaşığı tuz

Kabakları halka halka dörde veya beşe böl, yıka, süzgece çıkar. Sadeyağda kızart. Soğanı ince doğra, kıymayla kavur.

Tepsiye bir sıra kabak, bir sıra kıyma olarak üste üste döşe. Tuz ve biber ek. Domatesleri ez, sıcak et suyuyla ilave et. Hafif ateşte pişir. Suyunu pişmeden çekerse sıcak su ilave et. Tepsisiyle sofraya al.

• Musakka kuşhane veya tencerede pişirilirse alta kıyma, üste sebze döşenir. Pişince servis tabağına ters çevrilir.

karnabahar musakkası

1 kg karnabahar
250 gr yağlı kıyma
3 soğan
1 su bardağı et suyu
1 tatlı kaşığı tuz

Karnabaharları dal dal kopar, yıka, süzdür. İnce çentilmiş soğan ve kıymayı yağla kavur. Tencereye kat kat kıyma ve karnabaharları yerleştir. Sıcak et suyu ve tuz koy, hafif ateşte pişir. Servis tabağına alt üst et.

patates musakkası

1 kg patates
250 gr yağlı kıyma
100 gr sadeyağ
3 soğan
3 domates suyu
1 bardak et suyu
1 tatlı kaşığı kırmızıbiber
1 tatlı kaşığı tuz

Patatesleri soy, halka doğra, yıka, süzdür. Kızgın sadeyağda kızart. Tepsiye diz. Kıymayı ince doğranmış soğanla birlikte kavur, patateslerin üzerine yay. Kat kat patates ve kıyma koyarak döşe. Domates suyu, et suyu, tuz ve biber ilave ederek hafif ateşte suyunu çekinceye kadar pişir. Tepsisiyle sofraya al.

patlıcan musakkası

1 kg patlıcan
250 gr az yağlı kıyma
1 su bardağı sadeyağ
3 soğan
3 domates
1 su bardağı et suyu
1 tatlı kaşığı kırmızıbiber
1 tatlı kaşığı tuz

Patlıcanları halka halka dörde veya beşe böl, tuzla, yarım saat beklet, acı suyunu al, yıka, kurula. Kızgın sadeyağda kızart, tepsiye üçte birini diz.

Soğanı ince doğra, kıymayla birlikte kavur. Patlıcanların üzerine döşe. Tekrar patlıcan ve kıyma sırasıyla, en üste kıyma gelecek biçimde yerleştir. Domatesi ezerek suyunu çıkart, tuz, biber ve et suyuyla birlikte ilave et, hafif ateşte pişir. Suyunu çekerse sıcak su ilave et. Tepsisiyle sofraya al.

• Musakka tencerede pişirilirse en alta kıyma konur ve sahana ters çevrilerek sofraya alınır.

pırasa musakkası

1,5 kg pırasa
250 gr yağlı kıyma
1 soğan
1 çay kaşığı tarçın
1 su bardağı et suyu
1 tatlı kaşığı kırmızıbiber
1 tatlı kaşığı tuz

Pırasanın beyazlarını halka halka çok ince doğra. İnce doğranmış soğanı kıymayla kavur. Tuz, biber ve tarçın ilave et. Birazını tencerenin dibine yay. Bir sıra pırasa, bir sıra kıyma olacak biçimde tencereyi doldur. Et suyunu ilave et. Pırasalar yumuşayıncaya kadar hafif ateşte pişir.

şalgam musakkası

1 kg şalgam
250 gr kıyma
100 gr sadeyağ
3 soğan
3 domates
1 kaşık helva fıstığı
1 kaşık kuş üzümü
1 tatlı kaşığı karabiber
1 tatlı kaşığı kırmızıbiber
1 tatlı kaşığı tarçın
1 tatlı kaşığı yenibahar
1 tatlı kaşığı toz şeker
1 su bardağı et suyu
1 tatlı kaşığı tuz

Şalgamları soy, içlerini oy, yıka, süzdür. Kızgın sadeyağda sararıncaya kadar kızart. Soğanı yağda kavur. Doğranmış domatesi koy, kavur. Fıstık, üzüm, karabiber, kırmızıbiber, tarçın, yenibahar ve şekeri ilave et, karıştır. Şalgamlara doldur. Tepsiye diz. Et suyunu ekle, şalgamlar yumuşayıncaya kadar pişir. Tepsisiyle sofraya al.

yerelması musakkası

1 kg yerelması
250 gr yağlı kıyma
100 gr sadeyağ
3 soğan
3 domates
1 bardak et suyu
1 tatlı kaşığı kırmızıbiber
1 tatlı kaşığı tuz

Yerelmalarını soy. Halka doğra, yıka, süzdür. Kızgın sadeyağda kızart. Tepsiye diz. Kıymayı ince doğranmış soğanla kavur, doğranmış domatesi ekle, kavur. Yerelmalarının üzerine yay. Bir kat yerelması, bir kat kıyma koyarak döşe. Et suyu, tuz ve biber ilave et. Hafif ateşte yerelmaları pişene kadar beklet. Tepsisiyle sofraya al.

oturtmalar

enginar oturtması

8 enginar
3 su bardağı et suyu
2 limon
1 çay kaşığı tuz

içi için

250 gr orta yağlı koyun kıyması
3 soğan
3 domates
1 çay kaşığı kırmızıbiber
1 çay kaşığı tuz

Enginarların dış kabuklarını içlerinden iki sıra kalacak biçimde soy. İçlerinin tüylerini temizle. Tuz ve limon suyu ilave edilmiş suya at.

Soğanla kıymayı kavur. Kabuğu ve çekirdekleri alınmış, küçük doğranmış domatesleri ilave et, kavur. Tuz ve biber koy.

Enginarları sudan çıkar. Her tarafını limonla ov. Tepsiye diz. İçlerine kıymayı doldur. Bir su bardağı et suyu koy. Enginarlar et suyunu çektikçe kalan suyu ilave ederek, hafif ateşte pişir.

patates oturtması

1 kg iri patates
250 gr orta yağlı koyun kıyması
100 gr sadeyağ
2 soğan
1 tatlı kaşığı salça
1 çay kaşığı kırmızıbiber
10 dal maydanoz
2 su bardağı et suyu
1 tatlı kaşığı tuz

Patatesleri soy, ortadan ikiye böl. Tepsiye oturtabilmek için altlarını düzelt, içini oy, yıka, süzdür. Kızgın sadeyağda hafif kızart, bir tepsiye diz. Tencerede kıymayla soğanı kavur, salçayı ilave et, kavur. Tuz, biber ve kıyılmış maydanozu koy, karıştır, ateşten al. Patateslerin içine doldur. Et suyunu ilave et. Kapağını ört. Hafif ateş üzerinde veya fırında pişir.

patlıcan oturtma

1 kg yuvarlak patlıcan
250 gr orta yağlı koyun kıyması
2 kaşık sadeyağ
2 soğan
2 domates
1 tatlı kaşığı kırmızıbiber
10 dal maydanoz
2 su bardağı et suyu
1 tatlı kaşığı tuz

Patlıcanları baş ve dip kısımlarından kes, ortadan ikiye böl. İçlerini oy, tuzlu suda beklet. Soğan ve kıymayı yağla kavur. Kabuğu ve çekirdekleri alınmış, kıyılmış domatesleri koy, tuz ve biber at, suyunu çektir. İnce kıyılmış maydanoz ilave et. Patlıcanlara doldur, tepsiye diz, kapağını ört. Suyunu çektikçe sıcak et suyunu birkaç defada vererek patlıcanlar yumuşayıncaya kadar pişir.

bastılar ve silkmeler

bakla bastısı

½ kilo bakla
250 gr yağlı kuşbaşı koyun eti
1 çorba kaşığı un
Limon
1 iri soğan
1 çorba kaşığı kuyruk yağı veya sadeyağ
1 demet dereotu
2 bardak et suyu
Tuz

Baklayı ayıkla, bıçakla kılçıklarını kazı, küçükse bütün bırak, iriyse ikiye, üçe böl, limonlu unlu ve tuzlu suya at.

Yağlı koyun etini soğanla kavur. (Etin yağı azsa bir kaşık kuyruk yağı ilave et). Beş-altı eti küçük tencerenin ortasına topla, etrafına baklaları muntazam yerleştir. Üstüne et ve baklaları dizip dereotunu koy, tuz ve et suyu ilave et, kapağını ört, kaynat. Kararmaması için pişinceye kadar kapağı açma. Pişince sahana koyarak alt üst et.

- İstenirse bir iri domates de doğranabilir.

bamya bastısı

½ kilo bamya
250 gr yağlı kuşbaşı koyun eti
½ su bardağı sirke
2 çorba kaşığı tuz
1 çorba kaşığı kuyruk yağı veya sadeyağ
1 iri soğan
2 iri domates
2,5 su bardağı et suyu
1 çay kaşığı kırmızıbiber
1,5 limon suyu
1 tatlı kaşığı tuz

Bamyaların tepelerini külah gibi ayıkla, dip kısmını al. Üzerine sirke dök, tuz serp, harmanla, yarım saat dinlendir.

Eti yıka, tencereye koy. Kapağını ört. Bıraktığı suyu çekip cızırdamaya başlayınca, yağı ve ince çentilmiş soğanı ilave et, pembeleştir. Domatesi enine böl, kuşhanenin dibine yerleştir. Bamyaları bol suda yıka, başları domatese gelecek biçimde bir sıra diz. Üzerine etleri yerleştir. Bamyaların kalanlarını da tencereye diz.

Domatesleri sık, süz, etlerin kavrulduğu tencereye koy. Ateşte bir-iki çevirip et suyunu ilave et. Bir taşım kaynat, bamyalara dök. Tuz ve kırmızıbiber ek. Kapağını ört. Hafif ateşte et ve bamyalar pişene kadar kaynat. Ateşten indirmeden önce bir çorba kaşığı koruk suyu veya limon suyu ilave et. Servis tabağına alt üst et, sofraya al.

- Kuru bamyayı limonlu suda haşla, aynı biçimde pişir.

bezelye bastısı

½ kilo taze bezelye
250 gr yağlı kuşbaşı et
1 çorba kaşığı kuyruk yağı veya sadeyağ
1 iri soğan
2 domates
2 su bardağı et suyu
1 çay kaşığı kırmızıbiber
1 tatlı kaşığı tuz

Aynen bakla bastısı (*bkz.* s. 143) gibi hazırlanır. Suyu, yukarıda tarifi verilen bamya bastısı gibi domatesle hazırlanır, ilave edilir, limon konmaz.

- İç bezelye ile de aynen yapılır.

biber bastısı

½ kilo yeşil biber
250 gr kuşbaşı et
1 çorba kaşığı kuyruk yağı veya sadeyağ
1,5 su bardağı et suyu
1 iri soğan
2 domates
1 tatlı kaşığı tuz

Aynen bamya bastısı (*bkz.* s. 144) gibi yapılır, limon sıkılmaz.

enginar bastısı

½ kilo enginar
250 gr kuşbaşı koyun eti
2 iri soğan
2 kaşık sadeyağ
Bir kaç dal dereotu
2 bardak et suyu
1 limon
1 tatlı kaşığı tuz

Kuşbaşı eti ve ince çentilmiş soğanı yağla kavur. Dereotunu ince kıy, ilave et, karıştır, ateşten al. Etleri ortaya topla.

Enginarların kabuklarını ayıkla, küçükse dörde, büyükse sekize böl, tuzlu limonlu suya at. Enginarları sudan çıkar, tuza batırılmış limonla ov. Etlerin etrafına muntazam diz. Kalan enginarları üste doldur. Et suyu ve tuz ilave et, enginarlar yumuşayıncaya kadar pişir. Tencereye sahan kapatıp alt üst et.

• Enginarlar ayıklandıktan sonra kaynar suda haşlanarak veya sadeyağda kızartılarak da aynı biçimde pişirilir.

fasulye bastısı

½ kilo fasulye
250 gr kuşbaşı yağlı et
1 çorba kaşığı kuyruk yağı veya sadeyağ
1 iri soğan
2 domates
2 su bardağı et suyu
1 çay kaşığı kırmızıbiber
1 tatlı kaşığı tuz

Aynen bakla bastısı (*bkz.* s. 143) gibi yapılır. Dereotu konmaz. Bamya bastısında (*bkz.* s. 144) hazırlandığı gibi domates suyu süzülür, et suyuna ilave edilir.

ıspanak bastısı

½ kilo ıspanak
250 gr yağlı et
1 iri soğan
1 su bardağı su
1 tatlı kaşığı kırmızıbiber
1 tatlı kaşığı tuz

Ispanak yapraklarını ayıkla, ikiye veya üçe böl. Sıcak suda haşla. Yağlı kuşbaşı eti veya kıymayı ince çentilmiş soğanla kavur. Üstüne ıspanakları, suyu koy, tuz ve biber ilave et, pişir.

- Ispanaklar haşlanmadan tuzla ovulduktan sonra da pişirilebilir.
- Ebegümeci bastısı da aynı biçimde hazırlanır.

kabak bastısı

½ kilo kabak
250 gr yağlı kuşbaşı et
1 iri soğan
1 kaşık kuyruk yağı veya sadeyağ
2 domates veya 1 kaşık salça
2 su bardağı su
1 tatlı kaşığı kırmızıbiber
10 dal nane
½ limon suyu veya koruk suyu
1 tatlı kaşığı tuz

Kabakların baş ve diplerini kes, kabuğunu kazı, iki parmak kalınlığında doğra, yıka. Eti tencereye koy, kapağı ört. Cızırdamaya başlayınca yağ ve ince çentilmiş soğanla pembeleşinceye kadar kavur. Kabakları etin üzerine döşe, domatesin kabuklarını soy, doğra, ilave et. Su, tuz, biber, nane ve limonunu ilave et, hafif ateşte pişir.

karnabahar bastısı

½ kilo karnabahar
250 gr kuşbaşı veya kıyma
1 kaşık sadeyağ
1 iri soğan
2 domates
2 su bardağı su
1 tatlı kaşığı kırmızıbiber
1 tatlı kaşığı tuz

Karnabaharları dal dal kes, yıka, süzdür. Eti tencereye koy, kopağını ört. Cızırdamaya başlayınca yağ ve soğan ilave et, pembeleşinceye kadar kavur. Karnabaharları etin üzerine döşe. Kabuğu soyulmuş domatesi doğra. Tuz, biber ve su ilave et. Hafif ateşte pişir.

• Domates yerine salça da kullanılır. Bu durumda yağla soğan kavrulunca salçayı ilave edip bir-iki karıştırmalı ve karnabaharları ilave etmelidir.

kereviz bastısı

½ kilo kereviz
250 gr kuşbaşı veya kıyma
1 çorba kaşığı sadeyağ
1 iri soğan
1,5 su bardağı su
1 tatlı kaşığı kırmızıbiber
1 tatlı kaşığı tuz

terbiyesi

1 yumurta
1 limon suyu

Kereviz kökünü soy, kuşbaşı doğra. Beyaz saplarıyla beraber haşla, süz. Eti tencereye veya kuşhaneye koy, kapağını ört. Cızırdamaya başlayınca yağ ve soğan ilave et, pembeleşinceye kadar kavur, tencerenin ortasına topla. Etrafına kerevizleri diz. Saplarını ara ara döşe. Tuz, biber ve su ilave et, kapağını ört. Hafif ateşte pişir. Servis tabağına alt üst et. Üzerine limon-yumurta terbiyesi gezdir.

lahana bastısı (kapıska)

½ kilo lahana
250 gr yağlı kuşbaşı dana eti
2 çorba kaşığı sadeyağ
1 iri soğan
2 su bardağı et suyu
1 tatlı kaşığı kırmızıbiber
1 tatlı kaşığı tuz

Lahananın dış kabuklarını çıkar. Beyaz iç kabuklarını doğra, yıka, süzgece al. Eti tencereye koy. Kapağını ört, suyunu çekince yağ ve ince çentilmiş soğan koy, pembeleşinceye kadar kavur. Lahanayı, tuz, kırmızıbiber ve et suyunu koy, kapağını ört, hafif ateşte pişir.

• Kapıskanın acı olması gerektiğinden iki Arnavut biberi de konabilir.

patates bastısı

½ kilo patates
250 gr yağlı kuşbaşı et
1 iri soğan
2 domates veya 1 kaşık salça
2 su bardağı su
1 tatlı kaşığı kırmızıbiber
1 tatlı kaşığı tuz

Yumurta iriliğindeki kuşbaşı eti tencereye koy, kapağını ört. Ocakta cızırdamaya başlayınca halka doğranmış soğanı ilave et, kavur. Soyulmuş, doğranmış patatesleri ekle, iki dakika kapağı kapalı olarak beklet. Kapağı aç, patatesleri kaşıkla çevir, tekrar iki dakika bırak, buğulandır. Salçayı veya kabuğu soyulmuş domatesi ilave et, karıştır. Su, biber ve tuz ekle, hafif ateşte karıştırmadan pişir.

• Et, patatesler konmadan salça, su, tuz ve biberle piştikten sonra suda haşlanmış, kabuğu soyulmuş ve sadeyağda kızartılmış ufak patatesler ilave edilerek de pişirilebilir.

• Yağlı istenirse soğanla kavrulurken bir kaşık kuyruk yağı veya sadeyağ da ilave edilebilir.

patlıcan bastısı

½ kilo patlıcan
250 gr yağlı kuşbaşı koyun eti
1 iri soğan
2 domates veya 1 kaşık salça
2 su bardağı su
1 tatlı kaşığı kırmızıbiber
1 tatlı kaşığı tuz

Patlıcanların başını al, ortasından dörde böl, parmak uzunluğunda doğra, tuzla. Bir saat beklettikten sonra sıkarak acı suyunu al, yıka. Eti yıka, tencereye koy, kapağını ört, ateşe koy. Cızırdamaya başlayınca halka doğranmış soğanları ilave et, pembeleştir. Salçayı veya kabuğu soyulmuş, doğranmış domatesleri koy, çevir. Patlıcanları, tuz, biber ve suyu ilave et, hafif ateşte pişir.

- Yağlı istenirse soğan kavrulurken bir kaşık sadeyağ ilave edilir.

pırasa bastısı

½ kilo pırasa
250 gr yağlı kuşbaşı koyun eti
1 iri soğan
2 su bardağı et suyu
1 tatlı kaşığı kırmızıbiber
1 tatlı kaşığı tuz

Aynen lahana bastısı (*bkz.* s. 148) gibi yapılır. Pırasalar ayıklanır, beyaz kısımları birer parmak uzunluğunda doğranır, ete ilave edilir.

semizotu bastısı

½ kilo semizotu
250 gr yağlı kuşbaşı veya kıyma
1 iri soğan
1 su bardağı su
1 tatlı kaşığı kırmızıbiber
1 tatlı kaşığı tuz

Aynen ıspanak bastısı (*bkz.* s. 146) gibi yapılır. Yalnız semizotu yaprakları yıkanıp doğrandıktan sonra ete ilave edilir. Haşlanmaz veya tuzla ovulmaz.

şalgam bastısı

½ kilo şalgam
250 gr yağlı kuşbaşı koyun eti
1 kaşık sadeyağ
1 iri soğan
2 su bardağı su
1 limon suyu
1 tatlı kaşığı kırmızıbiber
1 tatlı kaşığı tuz

Aynen patates bastısı (*bkz.* s. 148) gibi yapılır. Domates konmaz, yenirken limon sıkılır.

patates silkmesi

½ kilo patates
250 gr orta yağlı kuşbaşı göğüs koyun eti
150 gr sadeyağ veya kuyruk yağı
1 iri soğan
2 iri domates veya 1 çorba kaşığı salça
1 su bardağı su
1 tatlı kaşığı kırmızıbiber
1 tatlı kaşığı tuz

Patatesleri soy, ince ince doğra. Yıka, süzdür, sadeyağda pembeleşinceye kadar kızart, çıkar. Etleri aynı tavada pembeleştir, çıkar. Soğanları halka doğra, aynı yağda pembeleştir. Domatesleri veya salçayı ilave et, çevir.

Bir tencereye etleri, patatesleri, salçalı soğanları ve sıcak suyu koy. Tuz ve biber at. Kapağını ört. Ara sıra tencereyi kenarından tutup silkeleyerek hafif ateşte pişir. Suyu bitip yağı kalınca servise al.

patlıcan silkmesi

½ kilo patlıcan
250 gr orta yağlı kuşbaşı göğüs koyun eti
150 gr sadeyağ veya kuyruk yağı
1 iri soğan
1 su bardağı su
2 domates
1 tatlı kaşığı kırmızıbiber
1 tatlı kaşığı tuz

Patlıcanları, kabuğuyla veya kabuğunu soyarak tekerlek doğra. Tuz serp, bir saat beklet, acı suyunu sık, yıka, süzdür. Kızgın sadeyağda veya kuyruk yağında çevir, çıkar. Etleri patlıcanların kızardığı yağda pembeleşinceye kadar kavur, çıkar. Soğanları dörde böl, aynı yağda öldür. Eti soğanlara ilave et, su koy, kaynat. Etler yumuşayınca soyulmuş domatesleri içine doğra. Patlıcanları, tuz ve biberini ilave et. Arada bir tencereyi kenarından tutup silkeleyerek hafif ateşte yağına ininceye kadar pişir.

patlıcan silkmesi (kır)

½ kilo patlıcan
250 gr orta yağlı kuşbaşı göğüs koyun eti
50 gr kuyruk
1 iri soğan
2 domates
2 su bardağı su
1 tatlı kaşığı kırmızıbiber
1 tatlı kaşığı tuz

Kuşbaşı doğranmış kuyruk ve eti tencereye koy, pembeleşinceye kadar kızart. Diğer malzemeleri patlıcan silkmesinde olduğu gibi hazırla, tencereye yerleştir. Arada bir tencereyi silkeleyerek yağına ininceye kadar pişir.

diğer sebze yemekleri

bamya (piliçli veya etli)

1 kg bamya
1 piliç
4 çorba kaşığı sadeyağ
3 iri soğan
3 su bardağı su
3 yeşil biber
2 iri domates
1 çorba kaşığı limon suyu
1 tatlı kaşığı tuz

Bamyaların tepelerini külah gibi ayıkla, dip kısmını al. İki kahve fincanı sirkeyle iki çorba kaşığı tuzu üzerlerine dök, harmanla, yarım saat dinlendir.

Tencerede yağla çentilmiş soğanı sarart. Pilici ayıkla, yıka, dörde böl, tencereye koy, arada karıştırarak 5 dakika kavur. Bir su bardağı su koy, 15 dakika pişir. Bamyaları bol suda iyice yıka, tencereye ilave et. Üzerine ince doğranmış yeşil biber, kabuğu alınmış, doğranmış domates, limon suyu ve tuz ilave et. Kaynar hâlde 2 su bardağı su daha koy. Yağlı kâğıt örterek kapağını kapa. Hafif ateşte bamyalar yumuşayıncaya kadar pişir.

• 250 gr koyun veya kuzu döş eti kullanarak da aynı biçimde yapılır.

ıspanak kavurması

1,5 kg ıspanak
4 iri soğan
5 çorba kaşığı sadeyağ
1 su bardağı et suyu
1 tatlı kaşığı karabiber
1 tatlı kaşığı tuz
250 gr yoğurt
3 diş sarımsak

Ispanakları ayıkla, yıka, haşla, süzdür. Ilınınca avuçla sık, fazla suyunu al, kıy. Tencerede yağla ince çentilmiş soğanı kavur. Tuz ve ıspanakları ilave et, karıştırarak yağına ininceye kadar kavur. Et suyunu ilave et, hafif ateşte suyunu çekinceye kadar pişir. Karabiber at, karıştır, ateşten al. Dövülmüş sarımsakla çırpılmış yoğurtla birlikte sofraya al.

• Ispanaklar haşlanmadan ince doğranıp tuzla ovularak da aynı biçimde pişirilebilir. Semizotu, ebegümeci vb haşlanmadan aynı şekilde pişirilir.

ıspanak kökü

2 kg ıspanak
200 gr kuşbaşı koyun eti
3 çorba kaşığı sadeyağ
1 iri soğan
2 su bardağı et suyu
1 çay kaşığı karabiber
1 tatlı kaşığı tuz

terbiyesi

1 ölçü limonlu yumurtalı terbiye
½ su bardağı yemeğin suyu

Tencerede eti, yağ ve ince çentilmiş soğanla pembeleşinceye kadar kavur. Tuz, karabiber ve et suyunu ilave et, hafif ateşte 1 saat pişir. Ispanak yapraklarını köklerden ayır. Köklerin başını kes, üzerini kazı, kaynar tuzlu suda 10 dakika haşla, pişmekte olan ete ilave et. Yumurtayla limon suyunu çırp, yemek suyuyla karıştır, ıspanakların üstüne dök, hemen sofraya al.

kabak böreği

Patlıcan böreği (*bkz.* s. 154) ölçüleriyle aynen hazırla. Kabakta acı suyunu almak için tuzla bekletmek gerekmez.

karnıyarık

1 kg kemer patlıcan
250 gr yağlı koyun kıyması
5 kaşık sadeyağ
2 iri soğan
2 domates
1 çorba kaşığı çam fıstığı
1 tatlı kaşığı kuş üzümü
1 çay kaşığı kırmızıbiber
1 çay kaşığı tarçın
1 çay kaşığı yenibahar
1 çay kaşığı karabiber
1 tatlı kaşığı tuz
2 su bardağı et suyu

Patlıcanların kabuklarını soy, ortasından bıçakla ayırmadan yar, tuzla, 20 dakika beklet, yıka, süzdür. Kızgın sadeyağda sararıncaya kadar kızart. Kıymayı ince çentilmiş soğanla birlikte kavur. Kabuğu alınmış, ufak doğranmış domatesi ilave et, çevir. Fıstık ve kuş üzümü ilave et, ateşten al. Baharat ilave et. Patlıcanların karınlarına doldur, tepsiye diz. Kenarından et suyunu koy. Hafif ateşte pişir.

kış türlüsü

½ kilo orta yağlı koyun döşü
2 iri soğan
2 kaşık sadeyağ
1 kaşık salça
3 su bardağı et suyu
3 kereviz
3 havuç
3 pırasa
3 patates
3 şalgam
1 tatlı kaşığı kırmızıbiber
1 tatlı kaşığı tuz

Eti yıka, tencereye koy, kapağını ört. Cızırdamaya başlayınca halka doğranmış soğanı ve yağı koy, kavur, salça ilave et, çevir. Tuz, biber ve et suyunu ekle, kapağını ört, 1 saat pişir. Kerevizi soy, kuşbaşı doğra. Havuçları kazı, halka doğra. Pırasaları ayıkla, baş parmak uzunluğunda doğra. Patatesleri soy, dörde böl, şalgamları yıka, dörde böl. Patates dışındaki sebzeleri etin üstüne doldur, pişir. Sebzeler yumuşayınca patatesleri ilave et, yağına ininceye kadar pişir.

• Türlü güveçte yapılırsa daha lezzetli olur. Güveç kapağı örtülüp hamurlanır ve fırında pişirilir.

patlıcan böreği

3 iri patlıcan
250 gr peynir
20 dal maydanoz veya dereotu
¼ su bardağı un
3 yumurta
1 su bardağı zeytinyağı
1 su bardağı et suyu
1 tatlı kaşığı tuz

Patlıcanın tepesini ayıkla, kabuğunu soyma. Parmaktan kalın halkalara doğra. Her halkayı, patlıcanı ayırmadan ikiye böl, tuzla, beklet, yıka, süzdür.

Peyniri ince kıyılmış maydanoz veya dereotuyla karıştır, patlıcanların arasına doldur, bastırarak birleştir. Una ve çırpılmış yumurtaya batır, kızgın zeytinyağında kızart, süzgece çıkar, kulaklıya diz. Et suyunu ilave et, kapağını ört, suyunu çekene kadar kaynat.

• Yağda kızardıktan sonra da yenebilir.

• Patlıcanlar önce hafif kızartılıp içi konup yumurtaya bulanarak da kızartılabilir.

yaz türlüsü

½ kilo orta yağlı koyun döşü
1 su bardağı bakla
2 enginar
2 kabak
1 su bardağı fasulye
2 patlıcan
2 çorba kaşığı sadeyağ
1 çorba kaşığı salça
3 su bardağı et suyu veya su
1 tatlı kaşığı kırmızıbiber
1 tatlı kaşığı tuz

Bakla ve enginarı ayıkla, tuzlu, limonlu suya at. Kabak, bamya, fasulye ve patlıcanları ayıkla, doğra. Hepsini yıka, süzdür. Kış türlüsünde olduğu gibi eti hazırlayıp 1 saat pişirdikten sonra sebzeleri bas, pişir.

zeytinyağlılar

dolmalar

zeytinyağlı dolma içi

250 gr pirinç
1 çorba kaşığı kuş üzümü
750 gr soğan
1 su bardağı zeytinyağı
1 çorba kaşığı çam fıstığı
1 tatlı kaşığı şeker
1 tatlı kaşığı tarçın
1 tatlı kaşığı karabiber
½ su bardağı su
½ demet maydanoz
½ demet nane
½ demet dereotu
1 tatlı kaşığı tuz

Pirinci tuzlu ılık suda, üzümü ılık suda 1 saat beklet. Soğanları ince doğra. Tencerede zeytinyağıyla fıstıkları pembeleştir, soğanları ekle, pembeleştir. Yıkanmış pirinçleri ilave et, 3 dakika kavur. Tuz, baharat, şeker, kuş üzümü ve kaynar su ilave et, kapağını ört, pişir. Ateşten almadan önce maydanoz, nane ve dereotunu karıştırarak ekle, kapağını ört, demlendir. Soğuyunca istenilen dolmada ve sarmada kullanılabilir.

- İstenirse bir tatlı kaşığı salça veya domates de ilave edilebilir.

asma yaprağı sarması (yaprak sarması)

250 gr asma yaprağı
1 ölçü zeytinyağlı dolma içi (bkz. s. *155*)
7 su bardağı su
1 limon
1 tatlı kaşığı tuz

Tencerede yarım limon suyuyla 6 bardak suyu kaynat. Yaprakları ilave et, 2 dakika kaynat. Soğuk suya çıkar, süz, dolma içini ince uzun sar. Altına birkaç sıra yaprak döşenmiş tencereye diz. Bir tabak veya sahan kapat. 1 bardak su, yarım limon suyu ve tuz ilave et. Kapağını ört, hafif ateşte 1 saat pişir.

biber dolması

1 kg dolmalık biber
1 ölçü zeytinyağlı dolma içi (bkz. s. *155*)
1 bardak su
1 tatlı kaşığı tuz

Biberleri kaynar suda iki dakika haşla. Kapaklarını aç, içlerini temizle. Dolma içini gevşek doldur. Kapaklarını kapat. Tencereye dik olarak diz. Üzerlerine bir su bardağı sıcak su ve tuz koyarak tencerenin kapağını ört. 45 dakika pişir.

domates dolması

1,5 kg domates
1 ölçü zeytinyağlı dolma içi (bkz. s. *155*)
1 tatlı kaşığı şeker
½ su bardağı su
1 tatlı kaşığı tuz

Domateslerin sap kısımlarından kapak kes, içlerini boşalt. İçlerini dolma içiyle doldur. Tencereye diz. Domateslerin çıkan içlerinin yarısını, su, tuz ve şekeri ilave et, 25 dakika pişir.

enginar dolması

8 enginar
1 ölçü zeytinyağlı dolma içi (bkz. s. *155)*
1 limon
3 su bardağı su
1 tatlı kaşığı şeker
½ su bardağı zeytinyağı
Tuz

Enginarları iki sıra iç kabukları kalacak biçimde soy, içini temizle. Tuz ve limon sıkılmış suda beklet. Sudan çıkar, yarım limonun içini enginarların her tarafına sür. Dolma içini doldur, tencereye diz. Kaynar suyu, şeker ve zeytinyağını ilave et. Tencerenin ağzına yağlı kâğıt kapatarak, suyunu çekinceye kadar hafif ateşte pişir.

lahana sarması

1 lahana
1 ölçü zeytinyağlı dolma içi (bkz. s. *155)*
1 kaşık domates salçası
1 su bardağı su
1 çorba kaşığı tuz

Lahanayı ikiye böl. Koçanını çıkar. Üç su bardağı su ve bir kaşık tuzlu suda haşla. El büyüklüğünde parçalara ayır. Dolma içini bir kaşık salça ilavesiyle hazırla. Yaprak lahanalara sar. Lahana döşenmiş tencereye diz. Üzerine bir su bardağı su ilave et ve bir tabak koy. Kapağını ört, 45 dakika pişir.

- Lahana dolması nane ve dereotu konmadan hazırlanır.

patlıcan dolması

1 kg patlıcan
1 ölçü zeytinyağlı dolma içi (bkz. s. *155)*
2 domates ezmesi
1 bardak et suyu
Tuz

Patlıcanların başını kes, kestiğin yerden tekrar para şeklinde ince bir dilim kes, kenarını halka hâlinde çıkar, kapak için bir tarafa bırak. Patlıcanları oy, yıka, süzdür.

Dolma içini üçte ikisine kadar doldur, üzerine kapağını geçir. Tencereye diz. Üzerine tuz, iki domates ezmesi ve et suyunu ilave et, kapağını örterek hafif ateşte 40 dakika pişir. Çıkınca tepsiye diz. Yemeğin suyunu üstüne dök, sıcak fırında 5 dakika beklet.

- İstenirse patlıcanın içinden çıkan bir miktarı, ince kıyılır, tuzla ovulup sıkılır ve kavrulmakta olan dolma içine ilave edilebilir.

pırasa dolması

1 kg pırasa
1 ölçü zeytinyağlı dolma içi (bkz. s. *155)*
1 su bardağı su
½ limon
1 tatlı kaşığı tuz

Pırasaları kaynar suda 1 dakika haşla, soğuk suya al. Dış iki kabuğunu çıkar. Dolma içini doldur, tencereye diz. Sahanı kapat. 1 bardak su, yarım limon suyu ve tuz ilave et. Kapağını ört, yarım saat pişir.

salamura yaprak sarması

250 gr salamura yaprak
1 ölçü zeytinyağlı dolma içi (bkz. s. *155)*
1 limon
2 su bardağı su
1 çay kaşığı tuz

yaprakları haşlama suyu

6 su bardağı su
1 limon suyu

Taze asma yaprağı sarması (*bkz.* s. 130) gibi hazırlanır. Salamura yapraklar su içinde 5 dakika haşlanır.

midyeli domates dolması

6 domates
24 midye içi
½ su bardağı zeytinyağı
4 soğan
4 diş sarımsak
1 demet maydanoz
1 çay kaşığı karabiber
1 çay kaşığı tuz
½ su bardağı galeta tozu

Domatesleri sap tarafları yukarda kalacak biçimde aç, içlerini boşalt. Tavada zeytinyağında ince doğranmış soğan ve sarımsakları kavur. Midyeleri ilave et, kavur. İnmeden tuz, biber ve kıyılmış maydanozu koy, kavur. Yağlanmış tepsideki domateslerin içine doldur, kapaklarını ört. Üzerlerine galeta tozu serp, kızgın fırına ver, domatesler yumuşayınca servise al.

diğer zeytinyağlılar

domates pilakisi

5 iri domates
5 iri soğan
¼ su bardağı kıyılmış maydanoz
½ su bardağı zeytinyağı
2 çorba kaşığı limon suyu
1 tatlı kaşığı tuz

Soğanı ince halka doğra. Kızgın zeytinyağında kızart, maydanozu karıştır. Tepsinin altına bir kısmını döşe. Domateslerin kabuklarını soy, halka halka soğanların üzerine doğra. Kalan soğanı domateslerin üzerine yay. Bir domatesin suyunu çıkar, tuz ve limon suyu karıştır, tepsiye gezdir. Hafif ateşte pişir.

ekşili kabak (veya patlıcan)

1 kg kabak veya patlıcan
2 kaşık un
1 su bardağı zeytinyağı
4 iri soğan
1 tatlı kaşığı şeker
1 su bardağı su
2 çorba kaşığı sirke
1 tatlı kaşığı tuz

Kabakların kabuğunu kazı, tekerlek veya uzunlamasına dilimle, una bula, fazla ununu silkele, kızgın zeytinyağında kızart. Artan yağda halka doğranmış soğanı da kızart.

Bir tencereye bir sıra kabak, bir sıra soğan yerleştir. Üzerine tuz ve şekerini serp. Su ve sirkeyi ilave et, yağına ininceye kadar pişir, sofraya soğuk al. Patlıcan da aynı biçimde yapılır.

ekşili pırasa

1 kg pırasa
2 kaşık un
1 su bardağı zeytinyağı
½ bardak su
2 çorba kaşığı sirke
1 tatlı kaşığı şeker
1 tatlı kaşığı tuz

Pırasaları ayıkla, parmak uzunluğunda kes, kaynar suya at, haşla, kevgire çıkar, süzdür. Boyuna ince kıy, sıkarak yassı köfteler hazırla. Una bula, kızgın zeytinyağında kızart, tencereye diz. Su, sirke, şeker ve tuz ilave et, pişir.

- Kıyılan pırasalar köfte yapılmadan da kızartılıp pişirilir.

imam bayıldı

1 kg patlıcan
1 su bardağı zeytinyağı
4 iri soğan
10 diş sarımsak
3 domates
2 tatlı kaşığı toz şeker
3 su bardağı su
1 tatlı kaşığı tuz

Patlıcanların saplarını 1 santim uzun bırak, kes. Yeşil kısımlarını kes, çıkar. Kabuklarını ister tamamen, ister alaca soy. Karnını yar, tuzla 20 dakika beklet, acı suyunu sık, yıka, süzdür. Kızgın zeytinyağının yarısında kızart.

Soğanları ince halka doğra, artan zeytinyağında kızart, kıyılmış sarımsakları ilave et, çevir. Domateslerin kabuklarını al, küçük doğra, ilave et, çevir. Tuz ek, karıştır. Ateşten al. Patlıcanların arasına doldur, kenarlı tepsiye diz. Sıcak su ve şeker ilave et, soğanlardan artan yağı ilave et, hafif ateşte pişir.

- İstenirse ateşten alındıktan sonra maydanoz da ilave edilebilir.

kabak imam bayıldı

1 kg kabak
1 su bardağı zeytinyağı
4 soğan
8 diş sarımsak
3 domates
2 tatlı kaşığı toz şeker
3 su bardağı su
1 kaşık koruk suyu veya ekşi erik suyu ya da limon suyu

Aynen patlıcanlı imam bayıldı (*bkz.* s. 160) gibi yapılır. Kabakların baş ve dipleri kesilir. Pişerken ekşi konur. Tuzlanıp bekletilmez.

patates pilakisi

½ kilo patates
½ su bardağı zeytinyağı
2 soğan
3 havuç
5 diş sarımsak
1 iri domates
1 tatlı kaşığı şeker
1,5 su bardağı su
1 tatlı kaşığı tuz
½ demet maydanoz

Tencerede yağla ince çentilmiş soğanı kavur. Kazınmış, küçük doğranmış havuçları koy, kavur. Diş diş sarımsakları ve domatesi ilave et, çevir. Tuz, şeker ve su ekleyerek bir taşım kaynat. Halka doğranmış patatesleri ilave et. Hafif ateşte patatesler pişinceye kadar kaynat. Kıyılmış maydanozla sofraya al.

türlü sebze pilakisi

4 enginar
1 su bardağı taze iç bakla
1 su bardağı iç bezelye
1 su bardağı iç fasulye
250 gr semizotu
3 soğan
½ su bardağı zeytinyağı
1 demet dereotu
3 domates
¼ su bardağı sirke
3 diş sarımsak
1 tatlı kaşığı tuz

Sebzeleri ayıkla, kuşbaşı doğra, limonlu tuzlu suya at. Hepsini ayrı ayrı haşla. Soğanı ince halka doğra, zeytinyağda kızart. İnce doğranmış dereotunu ilave et, ateşten al. Tepsiye yarısını yay. Üzerine, karıştırılmış sebzeleri ve kalan soğanları yay. Domatesin suyunu çıkar, üzerine gezdir. Tuz at, su koy. Hafif ateşte pişir. Sofraya alırken limon suyu veya sarımsaklı sirke gezdir.

zeytinyağlı bakla

1 kg bakla
1 çorba kaşığı un
1 limon
½ su bardağı zeytinyağı
2 demet taze soğan
1 demet dereotu
1 çorba kaşığı silme toz şeker
1 su bardağı su
1 tatlı kaşığı tuz

Baklaları ayıkla, unlu, limonlu, tuzlu suya at, yıka, süzdür. Tencereye zeytinyağını koy. Soğanları ayıkla, yıka, parmak uzunluğunda doğra, tencerenin ortasına diz. Kıyılmış dereotunu serp. Baklaları ve kalan soğanları tencereye muntazam diz. Şeker, tuz ve suyu ilave et. Tencereye yağlı kâğıt kapat ve kapağını ört. Baklalar yumuşayıncaya kadar pişir.

zeytinyağlı enginar (iç baklalı)

6 iri enginar
½ kilo iç bakla
1 su bardağı zeytinyağı
3 iri soğan
5 su bardağı su
1 tatlı kaşığı şeker
2 çorba kaşığı limon
1 demet dereotu
1 tatlı kaşığı tuz

Enginarların saplarını üç parmak kalacak biçimde kes. Körpeyseler dış kabuklarından birkaç sıra kopar, kalanlarını üstten bir parmak kalacak şekilde kes, içinin tüylerini temizle. Keskin bıçakla saplarının kabuklarını soy, saplarını parmak uzunluğunda kes, limonlu, tuzlu suya at.

Tencereye zeytinyağını ve ince çentilmiş soğanı koy, ateşte biraz öldür, enginarları ve iç baklayı ilave et. Tuz, şeker ve su koy, pişir. Pişirme sürecinin yarısında limon ve dereotunu ilave et. Bakla ve enginarlar pişinceye kadar pişir.

- Baklasız da yapılabilir.

zeytinyağlı enginar (sebzeli)

6 iri enginar
2 patates
1 küçük kereviz
3 iri havuç
16 arpacık soğanı
1,5 bardak zeytinyağı
1 tatlı kaşığı toz şeker
½ limon suyu
5 bardak su

Enginarları, yukarıda verilen iç baklalı enginar tarifinde anlatıldığı gibi ayıkla, limonlu, tuzlu suya at. Sebzeleri soy, ceviz büyüklüğünde doğra, soğanları ayıkla, hepsini enginarların bulunduğu suya at. Tencereye enginarları diz. Diğer sebzeleri sudan al, etrafına yerleştir. Zeytinyağı, şeker, tuz, limon suyu ve 5 bardak su ilave et, kapağını ört, enginarlar yumuşayıncaya kadar pişir. Suyunu pişmeden çekerse sıcak su ilave et.

zeytinyağlı fasulye

1 kg taze fasulye
3 soğan
1 su bardağı zeytinyağı
2 domates
4 su bardağı su
1 tatlı kaşığı şeker
1 tatlı kaşığı tuz

Fasulyeleri ayıkla, ortalarından ikiye böl, yıka süzdür. Soğanı ince halka doğra, fasulyelere karıştır, tuz serp. Tenceredeki kızdırılmış zeytinyağına at, kapağını ört, arada silkele, börttür. Domatesin kabuklarını soy, ez, ilave et. Su ve şekeri ilave et, fasulyeler yumuşayıncaya kadar, yaklaşık bir saat pişir.

zeytinyağlı havuç

1 kg havuç
1 su bardağı zeytinyağı
3 soğan
6 diş sarımsak
2 su bardağı su
1 tatlı kaşığı kırmızıbiber
1 tatlı kaşığı tuz

Havuçları kazı, yuvarlak dilimle, yıka, süzdür. Tencerede ince halka doğranmış soğanı yağda kavur. Kıyılmış sarımsakları ilave et, çevir. Bir tencereye bir sıra havuç, bir sıra soğanları yerleştir. Tuz ve biber at. Su ilave et, havuçlar yumuşayıncaya kadar pişir.

- Havuç ve soğanlar tencereye yerleştirilirken önceden haşlanmış, süzülmüş mercimek de ilave edilir. Mercimeklisi sarımsaklı yoğurtla sofraya alınır.

zeytinyağlı ıspanak

1 kg ıspanak
3 soğan
½ su bardağı zeytinyağı
¼ su bardağı pirinç
2 su bardağı su
1 tatlı kaşığı kırmızıbiber
½ tatlı kaşığı tuz

Ispanakları ayıkla, yıka, haşla. Veya ince doğra, tuzla ov, sık. İnce çentilmiş soğanı zeytinyağda pembeleştir. Ispanakları, pirinç, su, tuz ve biberi ilave ederek suyunu çekinceye kadar pişir. Limon suyuyla sofraya al.

zeytinyağlı kuru bakla

400 gr kuru bakla
½ bardak zeytinyağı
4 soğan
6 bardak su
1 tatlı kaşığı toz şeker
1 tatlı kaşığı tuz
Dereotu

Baklaları 8 saat öncesinden sıcak suda ıslat. Yarı haşla süzdür. Tencereye zeytinyağı, bakla, ince çentilmiş soğan, su, şeker ve tuzu ilave et, baklalar yumuşayıncaya kadar pişir. Su ilave etmek gerekirse sıcak su ilave et. Kıyılmış dereotuyla sofraya al.

• Zeytinyağlı kuru bakla ezmesi fava da aynen zeytinyağlı kuru bakla gibi pişirilir. Süzgeçten geçirilerek tabağa hazırlanır. Üzerine limon suyuyla çırpılmış zeytinyağı dökülür. Dereotuyla süslenir.

zeytinyağlı pırasa

1 kg pırasa
½ su bardağı zeytinyağı
1 soğan
1 tatlı kaşığı toz şeker
1 su bardağı su
1 çorba kaşığı pirinç
1 tatlı kaşığı tuz
1 limon suyu

Pırasaları ayıkla, parmak uzunluğunda doğra, yıka. Tencerede zeytinyağını kızdır, ince çentilmiş soğanları ve pırasaları koy, kapağını ört, ara ara tencereyi silkeleyerek pırasaları börttür. Tuz, şeker ve su ilave et. Hafif ateşte pişir. Pişmesine yakın pirinçleri yıka, ilave et. Limon suyuyla sofraya al.

tavalar

biber tavası

½ kilo biber
1 su bardağı zeytinyağı
2 diş sarımsak
250 gr yoğurt
1 tatlı kaşığı tuz

Biberleri yıka, süzdür. Kızgın zeytinyağında kızart. İçine süzgeç konulmuş tepsiye çıkar. Sarımsağı tuzla döv, yoğurtla karıştırarak sofraya al.

enginar tavası

10 enginar
1 soğan
1 su bardağı et suyu
5 kaşık sadeyağ veya 1 su bardağı zeytinyağı
½ su bardağı un
1,5 kahve fincanı su
1 ölçü maydanozlu soğan piyazı
1 limon suyu
1 çorba kaşığı zeytinyağı

On enginarın kabuklarını alarak ayıkla, haşla. Üçünü ayır, diğerlerini ez. Rendelenmiş soğan, tuz ve enginar ezmesini et suyuyla lokma hamuru kıvamında bulamaç yap. Kaşıkla dökerek kızgın sadeyağda kızart. Üç enginarı un bulamacına batır, kızart, servis tabağının ortasına yerleştir. Kenarlarına ezme kızartmaları diz. Ortasına maydanozlu soğan piyazı koy. Limonla zeytinyağını çırp, üstüne dök.

havuç tavası

1 kg iri havuç
1 su bardağı un
3,5 kahve fincanı su
1 su bardağı zeytinyağı
2 diş sarımsak
250 gr yoğurt
1 tatlı kaşığı tuz

Havuçları kazı, yarım santim inceliğinde doğra, kaynar suda haşla, süzdür. Unla suyu bir kâsede karıştır, boza kıvamına getir. Havuçları bulamaca bula, kızgın yağa atarak kızart. Tepsi içine konulmuş süzgece veya yağlı kâğıda çıkar. Sarımsaklı yoğurtla sofraya al. Üzerine bir çorba kaşığı çiğ zeytinyağı gezdir.

kabak tavası

1 kg kabak
1 su bardağı un
1 su bardağı zeytinyağı
2 diş sarımsak
250 gr yoğurt
1 tatlı kaşığı tuz

Kabakları kazı, boyuna dört-beş dilime kes, tuzla, bir saat süzgeçte beklet. İki tarafını una bula, kızgın zeytinyağında kızart. Sarımsaklı yoğurt veya sarımsaklı sirkeyle sofraya al. Yoğurdun üzerine 1 kaşık çiğ zeytinyağı gezdir.

karnabahar tavası

1 kg karnabahar
10 su bardağı su
1 limon suyu
¼ su bardağı un
1 su bardağı zeytinyağı
2 diş sarımsak
250 gr yoğurt
1 çorba kaşığı tuz
1 çorba kaşığı çiğ zeytinyağı

10 su bardağı suyu, tuz ve limon suyuyla kaynat. Karnabaharı ilave et, az haşla, sudan al, küçük parçalara ayır. Una bula, kızgın zeytinyağında kızart, tepsi içine konmuş süzgece çıkar. Üzerine sarımsaklı yoğurt ve bir kaşık da çiğ zeytinyağı gezdir.

• Karnabahar haşlandıktan sonra bir fincan un, bir yumurta ve boza kıvamına gelecek kadar su ilavesiyle hazırlanan bulamaca da bulanarak kızartılabilir.

mücver

1 kg kabak
2 soğan
150 gr beyaz peynir
2 demet dereotu
1 su bardağı un
4 yumurta
1 tatlı kaşığı karabiber
1 tatlı kaşığı tuz
1,5 su bardağı zeytinyağı

Kabakları ayıkla, yıka, rendele, sık. Soğan ve peyniri rendele. Dereotunu ince kıy. Bir tencereye kabak, peynir, soğan, dereotu, un, yumurta, tuz ve biberi koy, tahta kaşıkla iyice karıştır. Kaşıkla dökerek kızgın zeytinyağında kızart. Tepsi içine konmuş süzgece veya yağlı kâğıda çıkar.

patates tavası

1 kg patates
1 su bardağı zeytinyağı
1 tatlı kaşığı tuz

Patatesleri soy, istenilen biçimde kes, suda on dakika beklet, süzdür. Kızgın zeytinyağında pembeleşinceye kadar kızart, tepsi içine konmuş süzgece veya yağlı kâğıda çıkar, tuzla.

• Patatesler kızartılırken renkleri dönünce tavadan alınır, bir dakika dinlendirilip tekrar yağa atılarak kızartılırsa rengi ve lezzeti daha güzel olur.

patlıcan tavası

1 kg patlıcan
1 su bardağı zeytinyağı
2 diş sarımsak
250 gr yoğurt
1 tatlı kaşığı tuz
1 kaşık çiğ zeytinyağı

Patlıcanları alaca soy. Yuvarlak veya boyuna doğra, tuzla, 30 dakika beklet. Sıkarak acı suyunu çıkar, yıka. Süzgece al. Kızgın zeytinyağında kızart. Tepsi içine konmuş süzgece veya yağlı kâğıda çıkar. Sarımsağı tuzla döv, yoğurdu az suyla ezerek karıştır, patlıcanların üzerine dök. Bir kaşık çiğ zeytinyağı gezdir.

• Yoğurt istenmezse sarımsaklı sirke de konabilir.

meyve yemekleri

Meyve yemekleri, her çeşit meyvenin tereyağ veya etle pişirilmesiyle hazırlanan yemeklerdir.

etli meyve yemekleri

ayva yahnisi

½ kilo orta yağlı kemikli veya kemiksiz kol, kürek, böbrek yatağı koyun eti
250 gr ayva
2 soğan
50 gr sadeyağ
1 parça kabuk tarçın
1 çorba kaşığı şeker
1 tatlı kaşığı tuz

Eti yumurta büyüklüğünde parçalara böl. Üzerini örtecek kadar suyla haşla. Kaynamaya başlayınca köpüğünü kevgirle al. Eti sudan çıkar, süzgece koy, süzdür. Kuruyunca rendelenmiş soğan sür, tuz serp, tavada sadeyağda kızart. Tekrar suyuna koy, bir parça tarçın atarak kaynat.

Ayvaları kabuğunu soymadan dörde böl, çekirdek yataklarını temizle, etten artan yağda kızart. Et pişince tencereye ilave et, şekeri ekle, ayvalar dağılmadan pişir.

ayva dolması

6 ayva
250 gr yağlı ince kıyma
¼ su bardağı pirinç
1 çorba kaşığı kişniş
2 çorba kaşığı tereyağ
½ su bardağı su
1 su bardağı şeker veya pekmez
1 çay kaşığı tuz

Ayvaları yıka, çekirdek yataklarını çıkar, dolmalık oy. Pirinci az haşla. Kıymayı ateşte iki dakika çevir, pirinç, yıkanmış kişniş ve tuz ilave et, yoğur, ayvalara doldur. Dolmaları tepsiye diz, üzerlerine fındıktan biraz büyük tereyağ parçaları yerleştir. Su koy, kapağını ört. İki taşım kaynayınca şeker veya pekmez ilave et, çok hafif ateşte meyveler yumuşayıncaya kadar pişir.

- İstenirse üzerine bir tutam tarçın serpilebilir.

elma dolması

6 elma
250 gr yağlı ince kıyma
¼ su bardağı pirinç
1 çorba kaşığı kişniş
2 çorba kaşığı tereyağ
½ su bardağı su
1 su bardağı şeker veya pekmez
1 çay kaşığı tuz

Yukarıda tarifi verilen ayva dolması gibi yapılır. İçine yarım çay kaşığı dövülmüş karanfil katılabilir.

erik dolması

½ kilo sarı erik kurusu
250 gr yağlı ince kıyma
¼ su bardağı pirinç
2 çorba kaşığı tereyağ
½ su bardağı su
1 su bardağı şeker veya pekmez
1 çay kaşığı tuz

Yukarıda verilen ayva dolması tarifinde anlatıldığı gibi, kişnişsiz iç hazırla, Erikleri haşla, aç. İçini koy. Tepsiye diz. Üzerine yağ ve su koy. Kaynamaya başlarken şeker veya pekmezi ilave et. Çok hafif ateşte pişir.

erik yahnisi

½ kilo orta yağlı kemikli veya kemiksiz böbrek yatağı veya kol, kürek koyun eti
250 gr kara erik kurusu
2 soğan
2 çorba kaşığı sadeyağ
1 parça kalem tarçın (1 çay kaşığı toz tarçın)
1 çorba kaşığı şeker
1 tatlı kaşığı tuz

Ayva yahnisi (*bkz.* s. 169) gibi hazırla. Etten artan yağda kara erik kurusunu kavur, ete ilave et.

kayısı yahnisi

1 kg kuru ekşi kayısı
½ kilo yağlı eğekemiği eti
3 çorba kaşığı tereyağ
2 su bardağı şeker veya pekmez
1 çay kaşığı tuz

Eti parçalara böl, yıka, ateşe koy. Üzerine biriken kefini alarak haşla. Yumuşayınca fazla suyunu al. Yıkanmış kayısıları ve tereyağı koy. Tuz ve şekeri ilave et. Çok hafif ateşte kayısılar yumuşayıncaya kadar pişir.

kestane yahnisi

½ kilo orta yağlı kemikli veya kemiksiz kol, kürek ya da böbrek yatağı koyun eti
250 gr kestane
2 soğan
50 gr sadeyağ
1 parça tarçın
1 çorba kaşığı şeker
1 tatlı kaşığı tuz

Aynen ayva yahnisi (*bkz.* s. 169) gibi yapılır. Yalnız ayva yerine iç ve dış kabukları soyulmuş kestane, etin kızardığı yağda kızartılarak tencereye ilave edilir.

- Kestane bıçakla çizilip hafif ateşte biraz ısıtılırsa kabukları daha kolay soyulur.

tereyağlı meyve yemekleri

armut bastısı (konya)

½ kilo armut
2 su bardağı su
3 çorba kaşığı tereyağ
¼ su bardağı pirinç
1 su bardağı şeker veya pekmez

Armutların kabuklarını soy, çekirdek yataklarını çıkar. Dilim dilim doğra, kulaklı tencereye diz. İki su bardağı su koy. Hafif ateşte yumuşayınca yağ ve pirinci ilave et. Pirinçler pişince şeker veya pekmezi ilave et. Suyunu çekince ateşten al.

ayva bastısı (konya)

Yukarıda tarifi verilen armut bastısı ölçüleriyle aynı biçimde hazırla, pişir.

elma bastısı (konya)

Yukarıda tarifi verilen armut bastısı ölçüleriyle aynı biçimde hazırla, pişir.

erik bastısı (konya)

Yukarıda tarifi verilen armut bastısı ölçüleriyle aynı biçimde hazırla, pişir.

kayısı bastısı (konya)

Yukarıda tarifi verilen armut bastısı ölçüleriyle aynı biçimde hazırla, pişir.

9

salatalar

Çeşitli yiyeceklerle hazırlanabilen salatalar, renk ve görünüşleriyle olduğu kadar besin değerleriyle de yemeklerin tamamlayıcısıdır.

ÇİĞDEN HAZIRLANAN SALATALAR Çeşitli sebzelerin çiğden istenilen biçimde doğranması ve karıştırılmasıyla hazırlanan salatalardır. Çoban salatası, marul, turp, havuç salataları vb.

PİŞİRİLEREK HAZIRLANAN SALATALAR

- **haşlanarak** Çeşitli sebzelerin haşlanarak ve diğer sebzelerle karıştırılarak hazırlanmasıyla yapılan salatalardır. Patates, pancar vb.
- **közlenerek** Çeşitli sebzelerin külde közlenmesiyle ve diğer sebzelerle veya soslarla hazırlanmasıyla yapılan salatalardır. Patlıcan vb.

ET GRUBU YİYECEKLERİYLE HAZIRLANAN SALATALAR

- Et grubu yiyeceklerin çeşitli biçimlerde hazırlanmasıyla yapılan salatalardır. Yumurta, balık türleriyle yapılan salatalar, beyin salataları, piyaz türlü (fasulye, bakla, bezelye, nohut) vb.

ÇİÇEK SALATALARI Yenebilen çiçeklerle yapılan salatalardır. Erguvan, papatya vb.

MEYVE SALATALARI

tatlı salatalar Çeşitli meyve karışımıyla yapılan tatlı salatalardır.
tuzlu salatalar Çeşitli ekşi meyvelerle yapılan salatalardır. Ayva vb.

SALATALARDA KULLANILAN SOSLAR

- Limon, zeytinyağı
- Sirke, zeytinyağı
- Yoğurt, sarımsak
- Su, şeker (tatlı salatalarda)

cacıklar

marul cacığı

1 kg katı yoğurt
1 marulun iç yaprakları
5 diş sarımsak
2-3 dal dereotu
1 çorba kaşığı zeytinyağı
1 tatlı kaşığı tuz

Marulları yıka, çok ince kıy. Sarımsakları tuzla döv, yoğurda ilave et, ezerek koyu boza kıvamına getir. Marulları ilave et. Kâselere al, üzerine kıyılmış dereotu koy, zeytinyağı gezdir.

- Marul köküyle de aynen salatalık cacığı gibi hazırlanır.
- 20 dal semizotuyla da aynı biçimde hazırlanır.

salatalık cacığı

1 kg katı yoğurt
3 salatalık
5 diş sarımsak
2-3 dal dereotu
1 çorba kaşığı zeytinyağı
1 tatlı kaşığı tuz

Salatalığı soy, rendele veya çok ufak doğra, tuz serp, 1 saat beklet. Sarımsakları tuzla döv, yoğurda ilave et, suyla ezerek koyu boza kıvamına getir. Salatalıkların suyunu süz. Yoğurda karıştır. Kâselere al. Üzerine kıyılmış dereotu koy, zeytinyağı gezdir.

salatalar

ayva salatası

½ kilo ekşi limon ayvası
¼ su bardağı limon
¼ su bardağı zeytinyağı
½ tatlı kaşığı tuz

Ayvaları soy, yıka, haşla, süzdür, ez. Tabağa yerleştir. Tuz, limon ve zeytinyağını çırp, üzerine gezdir.

bakla filizi salatası

½ kilo taze bakla filizi ve yaprakları
1 demet maydanoz
¼ su bardağı limon suyu
¼ su bardağı zeytinyağı
1 tatlı kaşığı tuz

Bakla filizleri ve körpe yapraklarını yıka, doğra. Maydanozu yıka, kıy. Yaprak ve maydanozu karıştır, tabağa döşe. Tuz, limon suyu ve zeytinyağını çırp, üzerine gezdir.

- Bakla filizleri haşlanarak da yapılabilir.

çerkes salatası

100 gr ceviz içi
100 gr ekmek içi
1 tatlı kaşığı acı kırmızıbiber
2 limon suyu veya ¼ su bardağı sirke

Ceviz içini, ıslatıp sıkılmış ekmek içiyle döv veya makineden geçir. Biberi ilave et, döv. Sirke veya limon suyunu koyu boza kıvamına gelinceye kadar ilave et.

- Bu salata çok acı olmalıdır. Biber isteğe göre artırılır veya azaltılabilir.
- Çok az su ilave edilebilir.

domates salatası

5 domates (½ kilo)
2 soğan
5 yeşil biber
5 dal nane
10 dal maydanoz
2 çorba kaşığı zeytinyağı
2 çorba kaşığı sirke veya limon suyu
1 tatlı kaşığı tuz

Soğanları ince halka doğra, tuz serp, 2 dakika beklet. Ovuştur, yıka, sık. Domateslerin kabuklarını soy, çekirdeklerini al, küçük doğra. Biberlerin sapını ve çekirdeklerini al, ince doğra. Nane yapraklarını ve maydanozu kıy. Servis tabağına, alta soğanları, üste domatesleri, biberleri, nane-maydanoz karışımını sırayla diz. Zeytinyağı, sirke ve tuz karışımını çırp, üzerine gezdir.

- İstenirse 1 salatalık da ince doğranıp ilave edilir.

havuç-turp salatası

250 gr turp
250 gr havuç
1 demet maydanoz
10 zeytin tanesi
¼ su bardağı limon suyu
¼ su bardağı zeytinyağı
1 tatlı kaşığı tuz

Turbu soy, rendele, tuz serp, iki dakika beklet, ovuştur, sık. Havuçları kazı, rendele, sıkmadan tabağın ortasına yerleştir. Kıyılmış maydanozu havuçların, sıkılmış turpları da maydanozun etrafına yerleştir. Zeytini serpiştir. Tuz, limon suyu ve zeytinyağını çırp. Sofraya alırken salatanın üzerine gezdir.

- Havuç ve turp salatası ayrı ayrı da yapılabilir. Veya marul da eklenebilir.

karnabahar salatası

½ kilo karnabahar
¼ su bardağı zeytinyağı
¼ su bardağı limon suyu
1 tatlı kaşığı tuz

Karnabaharı dal dal ayır, yıka, kaynar suda haşla, süzdür. Servis tabağına yerleştir. Zeytinyağı, limon ve tuzu çırp, salatayı sofraya alırken üzerine gezdir.

kereviz salatası

½ kilo körpe kereviz yaprakları
¼ su bardağı zeytinyağı
¼ su bardağı limon
1 tatlı kaşığı tuz

Kereviz yapraklarını ince doğra, tabağa diz. Zeytinyağı, limon suyu ve tuzu çırp, salatanın üzerine gezdir.

lahana salatası

½ kilo lahana
¼ su bardağı zeytinyağı
¼ su bardağı limon suyu

Lahana yapraklarını kıy, tabağa al. Zeytinyağı, limon suyu ve tuzu çırp, salatanın üzerine gezdir.

- Lahanayı haşlayarak da hazırlanabilir.

marul salatası

1 marul
¼ su bardağı zeytinyağı
¼ su bardağı limon suyu
1 tatlı kaşığı tuz

Marulu ayıkla, yıka, doğra, tabağa yerleştir. Zeytinyağı, limon suyu ve tuzu çırp, salatanın üzerine gezdir. İstenirse yeşil soğan kıyılarak ilave edilir.

- İki, katı pişmiş yumurta da dilimlenebilir.

papatya salatası

½ kilo körpe papatya yaprağı
¼ su bardağı zeytinyağı
¼ su bardağı limon suyu
1 tatlı kaşığı tuz

İlkbaharda papatyalar ilk çıktığı zaman körpe yapraklarını topla, yıka, tabağa diz. Zeytinyağı, limon suyu ve tuzu çırp, salatayı sofraya alırken üzerine gezdir.

salatalık salatası

½ kilo salatalık
1 demet maydanoz
¼ su bardağı zeytinyağı
¼ su bardağı sirke veya limon suyu
1 tatlı kaşığı tuz

Salatalığı soy, yuvarlak doğra, tabağa yerleştir. Maydanozu kıy, üstüne serp. Zeytinyağı, limon suyu ve tuzu çırp, salatanın üzerine dök.

semizotu salatası

½ kilo körpe semizotu
¼ su bardağı zeytinyağı
¼ su bardağı limon suyu
1 tatlı kaşığı tuz

Semizotunu ayıkla, yıka, ince doğra veya yapraklarını kopar, tabağa yerleştir. Zeytinyağı, limon suyu ve tuzu çırp, salatayı sofraya alırken üzerine gezdir.

tarator salatası

100 gr ceviz içi
8 diş sarımsak
¼ su bardağı tahin
½ su bardağı limon suyu
2 demet maydanoz
1 tatlı kaşığı tuz

Ceviz içi, sarımsak ve tuzu havanda macun gibi oluncaya kadar döv. Tahin, limon suyu ve ince kıyılmış maydanoz ilave et. Gerekirse çok az su ilave ederek bozadan biraz koyu kıvama getir.

piyazlar

bakla piyazı

250 gr kuru bakla
1 limon
2 iri soğan
20 dal maydanoz
¼ su bardağı zeytinyağı
¼ su bardağı sirke veya limon suyu
1 tatlı kaşığı tuz

Kuru baklayı 8 saat öncesinden içme suyunda ıslat. Yeniden içme suyu, limon suyu ve soğan ilave et, yumuşayıncaya kadar haşla. Süzgeçten geçir, tuz serp, tabağa al. Soğanları halka doğra, tuz serp, iki dakika beklet. Ov, yıka, avuçla sık. Maydanozu kıy, soğanla karıştır, ezmenin ortasına koy. Zeytinyağıyla sirke veya limon suyunu çırp, piyazın üzerine gezdir.

- Baklalar ezilmeden, haşlandıktan sonra kabukları alınarak da hazırlanabilir.

bezelye piyazı

Yukarıda tarifi verilen bakla piyazı ölçüleriyle, bakla yerine bezelyeyle hazırlanır. Üzerine karabiber serpilir.

enginar piyazı

6 enginar	*¼ su bardağı limon suyu*
1 limon	*6-7 zeytin*
¼ su bardağı zeytinyağı	*1 tatlı kaşığı tuz*

Enginarları ayıkla, limonla ov. Limonlu, tuzlu suda haşla, süzgeçten geçir. Zeytinyağıyla limon suyunu çırp, piyazın üzerine gezdir. Çekirdekleri alınmış zeytinle süsle.

fasulye piyazı

250 gr fasulye	*¼ su bardağı sirke veya limon suyu*
3 iri soğan	*Kırmızıbiber*
20 dal maydanoz	*1 tatlı kaşığı tuz*
¼ su bardağı zeytinyağı	

Kuru fasulyeyi 8 saat öncesinden sıcak içme suyunda ıslat. Yeniden içme suyu ve bir soğanla iyice yumuşayıncaya kadar haşla. Tuz serp, 5 dakika daha haşla. Süzgeçten geçir, tabağa al. İki soğanı ince halka doğra, tuz serp, 2 dakika dinlendir. Ov, yıka, avuçla sık, suyunu al. Maydanozu ince kıy, soğana karıştır. Tabaktaki ezmenin ortasına koy. Zeytinyağını limon suyu veya sirkeyle çırp, üzerine gezdir. Kırmızıbiber serp.

• Zeytinyağı ve sirke ezmeye de karıştırılabilir. Fasulyeler ezilmeden, kabukları soyularak da yapılar.

• Yazın soyulmuş, küçük doğranmış domates, ince kıyılmış yeşil biber de soğana konabilir. Kışın salatalık turşusu kıyılır, eklenir. Lop yumurta ve çekirdeği alınmış zeytinle de süslenebilir.

nohut piyazı

Yukarıda tarifi verilen fasulye piyazı ölçüleriyle aynı biçimde nohutla hazırlanır.

patates piyazı

5 iri patates (½ kilo)
2 iri soğan
¼ su bardağı zeytinyağı
½ su bardağı limon suyu
20 dal maydanoz
1 tatlı kaşığı kırmızıbiber
1 tatlı kaşığı karabiber
2 tatlı kaşığı tuz

Patatesleri haşla, soy, iyice ez, tuz ve biberleri ilave et. Zeytinyağı ve limon suyunu çırp, karıştır. Tabağa al. Soğanı halka doğra, tuz at, 2 dakika dinlendir. Ov, yıka, avuçla sık. Maydanozu kıy, soğana karıştır. Ezmenin üzerine koy.

• Patatesler ezilmeden, rendelenerek de yapılır.

soğan piyazı

½ kilo soğan
20 dal maydanoz
1 çorba kaşığı tuz

Soğanları ince halka doğra, tuz at, iki dakika beklet. Ov, yıka, avuçla sık. Maydanozu yıka, kıy, soğanla karıştır.

• İstenirse maydanoz yerine 1 veya 2 tatlı kaşığı sumak konabilir. Maydanoz yerine dereotuyla da hazırlanabilir.

10

garnitürler, salçalar, taratorlar

Garnitür, salça ve taratorlar yemekleri tamamlayıcı yiyeceklerdir.

garnitürler

TUZLU GARNİTÜRLERİ

haşlamalar Sebzelerin haşlanıp yağlanarak olduğu gibi kullanılması veya ezilip yağ, süt vb işlem görmesiyle hazırlanan garnitürlerdir.
kızartmalar Sebzelerin çeşitli biçimlerde doğranıp sıvı yağlarda kızartılmasıyla hazırlanan garnitürlerdir.
ızgaralar Sebzelerin ızgarada pişirilmesiyle hazırlanan garnitürlerdir.
közleme Sebzelerin külde pişirilmesiyle hazırlanan garnitürlerdir.
diğerleri Sebzelerin çiğden kullanılması ya da pilav vb garnitür olarak hazırlanmasıdır.

TATLI GARNİTÜRLERİ Kaymak, fındık, fıstık, ceviz, tarçın, Hindistan cevizi tatlılarla kullanılan garnitürlerdir.

salçalar

TUZLU SALÇALAR

çiğden hazırlanan salçalar Çeşitli yiyeceklerin pişirilmeden hazırlanmasıyla yapılan salçalardır. Tarator, limon salçası, sarımsaklı yoğurt vb.
pişirilerek hazırlanan salçalar Çeşitli yiyecek maddelerinin pişirilmesiyle hazırlanan salçalardır. Yumurtalı salça, domatesli salça, baharatlı salça, et suları türleriyle hazırlanan salçalar vb.

TATLI SALÇALAR

Şuruplar, reçeller, murabbalar, meyve çevirmeleri ve ezmeleri tatlı salçaları olarak kullanılan türlerdir.

taratorlar

Kuruyemişlerin dövülüp lezzet verici diğer yiyeceklerle karıştırılmasıyla elde edilir, çeşitli yiyeceklere kaplayıcı unsur olarak ilave edilirler.

garnitürler

buzlu soğan

12 soğan
1 kaşık tereyağ
1 çorba kaşığı şeker
1 su bardağı et suyu
1 tatlı kaşığı tuz

Soğanların iki başını kes. Kaynar suda 20 dakika haşla, soğuk suya çıkar. Kabuklarını soy, içten yarısını boşalt. Tavaya tereyağ sür. Soğanları yan yana diz. Boş yerlerine bir tutam şeker koy. Kızgın ateşte kızart. Soğanları örtecek kadar et suyu ilave et, tuz serp. Çok hafif ateşte kapağı kapalı olarak suyu çekilinceye kadar pişir. Arada bir kapağını kaldır, suyundan soğanların üzerine gezdir. Her türlü kebapla servise alınabilir.

domates garnitürü

½ kilo domates
1 iri soğan
10 dal maydanoz
1 çorba kaşığı yağ
1 çorba kaşığı un
1 su bardağı et suyu
1 tatlı kaşığı kırmızıbiber
1 tatlı kaşığı tuz

Domatesleri ve soğanı doğra, maydanozları kıy, tencereye koy. Tuz ve biber at, kapağını kapa, hafif ateşte pişir, süzgeçten geçir. Tencerede yağla unu kavur, 1 su bardağı soğuk et suyu ve domates süzmesini ilave et. Beş dakika kaynat, sonra çok hafif ateşte koyulaşıncaya kadar pişir. Et yemeklerinde servise alınabilir.

humus

2 su bardağı haşlanmış kuru nohut ezmesi
½ su bardağı tahin
6 diş sarımsak
¼ su bardağı limon suyu
1 tatlı kaşığı kimyon
1 tatlı kaşığı kırmızıbiber
¼ su bardağı zeytinyağı
10 dal maydanoz
1 tatlı kaşığı tuz

Nohudu 8 saat öncesinden içme suyunda beklet. Yeniden içme suyu ilave et, dağılıncaya kadar kaynat. Kabuklarını al, süzgeçten geçir veya havanda döv. Tahin, dövülmüş sarımsak, limon suyu, kimyon, biber, tuz ve zeytinyağının yarısını ilave et. Tabağa al, maydanoz ve zeytinyağıyla süsle. Kırmızıbiber serp.

• İçine yağ konulmadan yapıldığı gibi, tahine biraz su konarak istenen koyulukta da yapılabilir.

patates garnitürü (ezme / püre)

½ kilo patates
2 çorba kaşığı tereyağ
1 su bardağı su
1 su bardağı süt
1 tatlı kaşığı şeker
1 tatlı kaşığı tuz

Patatesi haşla, soy, kıyma gibi kıy. Su ve tereyağla hafif ateşte kaynat. Tahta kaşıkla ez. Süt, şeker ve tuz ilave et, tekrar kaynat. Suyunu çekip helva kıvamına gelince ateşten al. Et yemeklerinin yanında veya üstünde sofraya alınabilir.

patates garnitürü (kızartma)

1 kg patates
5 çorba kaşığı tereyağ
1 tatlı kaşığı tuz

Patatesleri kaynar suda 2 dakika haşla. Kabuklarını soy, halka doğra. Halkaları tekrar uzunlamasına doğra, kızgın tereyağda kızart. Üzerine ince tuz serp. Pirzola, biftek ve külbastılarla sofraya alınabilir.

patates garnitürü (silkme)

½ kilo patates
2 çorba kaşığı tereyağ
20 dal maydanoz
1 tatlı kaşığı tuz

Küçük patatesleri haşla, soy, tuz serp. Tencereye tereyağ ve patatesleri koy, kapağını kapa, arada silkeleyerek pembeleştir. Kıyılmış maydanozu ilave et, bir-iki silkele, ateşten al. Kebaplarla sofraya alınabilir.

salçalar

baharlı salça

1 iri soğan
2 çorba kaşığı tereyağ
3 defne yaprağı
20 dal maydanoz
½ su bardağı sirke
1 çay kaşığı kekik
3 dövülmüş karanfil
1 küçük havuç
2,5 su bardağı (½ litre) et suyu
2 çorba kaşığı un
1 tatlı kaşığı tuz

Soğanı ince doğra, yarısını 1 tatlı kaşığı yağla pembeleştir. Un, et suyu ve tuz dışında bütün malzemeleri ve çiğ soğanı ilave et. Sirke yarıya ininceye kadar kaynat. Kaynar et suyunu ve tuzu ilave et. Beş dakika daha kaynat, soğut. Kalan yağla unu kavur. Soğumuş baharatlı suyu karıştırarak yedir. Çok hafif ateşte 20 dakika, arada karıştırarak pişir. Süzgeçten geçir.

• Bu salça balık, her türlü et, özellikle de köftelerle kullanılır.

balık suyu salçası

½ kilo kalkan
½ kilo kırlangıç
100 gr kefal
4 diş sarımsak
3 litre su
2 tatlı kaşığı tuz

Balıkları ayıkla, yıka. Kırlangıçları başlarıyla birlikte tencereye koy. Sarımsakları ayıkla, ilave et. Tuz ve su koy, kaynat. Koyulaşınca ateşten al, süzdür. Balıklarla kullan.

domatesli salça - I

½ kilo domates
½ su bardağı su
2 çorba kaşığı sadeyağ
2 çorba kaşığı un
½ litre et suyu
1 tatlı kaşığı kırmızıbiber
1 tatlı kaşığı tuz

Domatesleri tencereye ufak doğra, su, kırmızıbiber ve tuz ilave et, kapağını ört. Arada karıştırarak kaynat, süzgeçten geçir. Yağla unu kavur, domates ezmesini soğuk ilave ederek iyice yedir. Üzerine soğuk et suyu koy, karıştırarak boza kıvamına gelene kadar kaynat.

- İstenirse 2 diş sarımsak ilave edilir.

domatesli salça - II

6 iri domates
2 soğan
20 dal maydanoz
1 tatlı kaşığı kırmızıbiber
2 karanfil
1 defne yaprağı
1,5 çorba kaşığı tereyağ
1 tatlı kaşığı tuz

Soğan ve domatesleri tencereye doğra. Maydanoz, tuz, kırmızıbiber, karanfil, defne yaprağı ve tereyağ ilave ederek hafif ateşte karıştırarak pişir. Süzgeçten geçirdikten sonra kullan.

- Sarımsak da ilave edilebilir.

domatesli salça - III

6 domates
2 soğan
½ litre et suyu
1 çorba kaşığı tereyağ
1 tatlı kaşığı acı kırmızıbiber
1 tatlı kaşığı tuz

Soğan ve domatesleri tencereye doğra. Et suyu, tereyağ, acı kırmızıbiber ve tuzu, arada karıştırarak kaynat. Koyulaşınca süzgeçten geçir.

- Domates salçaları sebze ve balıklarla kullanılacaksa tereyağ yerine zeytinyağıyla yapılmalıdır.
- İstenirse 2-3 diş sarımsak ilave edilebilir.

koyun et suyu salçası (peltesi)

2 ölçü koyun et suyu malzemesi (bkz. s. 46)

Et suyu hazırla, süz. Tekrar ateşe koy, üçte biri kalıncaya kadar kaynat. Soğuyunca üstüne biriken donmuş yağı al. Alta süzülen posayı karıştırmamaya dikkat ederek, pelteyi ayrı bir kaba al, tekrar bir taşım kaynat, kapalı cam kâselerde muhafaza et.

- Çorbalarda et suyu olarak kullanılacağı zaman iki misli su ilave edilir.

sığır et suyu salçası (peltesi)

2 ölçü sığır et suyu malzemesi (bkz. s. 46)

Yukarıda tarifi verilen koyun et suyu salçası gibi hazırlanır.

tavuk eti suyu salçası (peltesi)

2 ölçü tavuk eti suyu malzemesi (bkz. s. 47)

Yukarıda tarifi verilen koyun et suyu salçası gibi hazırlanır.

yumurtalı salça

1 tatlı kaşığı un
1 çorba kaşığı tereyağ
100 gr et suyu
2 yumurta sarısı
20 dal maydanoz

Tencerede yağın yarısıyla unu sararıncaya kadar kavur, soğut. Üstüne et suyunu kaynar olarak yedir. Yumurta sarılarını iyice çırp, çalkalaya çalkalaya yedir. Kalan tereyağı erit, ilave et. Süzgeçten geçir, kıyılmış maydanoz karıştır.

- Zeytinyağlılar dışında terbiye gerektiren yemeklerde kullanılır.

taratorlar

tarator

100 gr iç fındık
1 dilim bayat ekmek içi
4 diş sarımsak
¼ su bardağı et suyu
¼ su bardağı limon, koruk suyu veya sirke
1 çorba kaşığı zeytinyağı
1 çay kaşığı tuz

Fındık içini tavada kabuklarını alacak kadar kavur. Kabuklarını temizle, havana koy. Ekmek içini ıslatıp sık, sarımsakla beraber havanda macun kıvamına gelinceye kadar döv veya makineden çek. Boza kıvamına gelene kadar et suyu, gerekirse adi su ilave et. Tabağa al. Zeytinyağı limon gezdir.

cevizli tarator

Yukarıda tarifi verilen fındıklı tarator ölçüleriyle aynı biçimde, fındık yerine ceviz kullanılarak hazırlanır. Badem, fıstık vb taratorlar da aynı biçimde hazırlanır.

taratorlu bakla filizi

½ kilo bakla filizi
1 ölçü tarator

Bakla filizlerini ayıkla, yıka. Tabağa yerleştir. Yukarıda tarifi verilen taratorlardan istenileni hazırla, üzerine dök ve zeytinyağı gezdir.

taratorlu kabak

1 ölçü kabak tavası (bkz. s. 167)
1 ölçü tarator

Bir ölçü kabak tavası hazırla, tabağa al. Yukarıda tarifi verilen taratorlardan istenileni hazırla, üzerine dök ve zeytinyağı gezdir.

taratorlu karnabahar

½ kilo karnabahar	*1 ölçü tarator* (bkz. s. *187)*

Karnabaharları 5 su bardağı su, yarım limon suyu ve 1 tatlı kaşığı tuzlu kaynar suda haşla. Tabağa al. İstenilen taratoru hazırla, üzerine dök ve zeytinyağı gezdir.

taratorlu ıspanak kökü

1 kg ıspanağın kökleri	*1 ölçü tarator* (bkz. s. *187)*

Ispanak köklerini kaynar tuzlu suda haşla, süzdür. Tabağa al, üzerine tarator dök ve zeytinyağı gezdir.

taratorlu kuru fasulye

250 gr fasulye	*1 ölçü tarator* (bkz. s. *187)*
2 baş soğan	

Fasulyeleri 8 saat öncesinden içme suyunda ıslat, fasulye piyazında *(bkz.* s. *179)* anlatıldığı gibi haşla, süz, kabuklarını soy. Tabağa al, üzerine tarator dök ve zeytinyağı gezdir.

taratorlu patates

½ kilo patates	*1 ölçü tarator* (bkz. s. *187)*

Patatesleri haşla, soy, halka doğra, tabağa diz. Üzerine tarator dök, zeytinyağı gezdir.

taratorlu patlıcan

1 ölçü patlıcan tavası (bkz. s. *168)*

1 ölçü tarator (bkz. s. *187)*

Patlıcan tavasını hazırla. Üzerine istenilen taratoru dök ve zeytinyağı gezdir.

taratorlu taze fasulye

½ kilo taze fasulye

1 ölçü tarator (bkz. s. *187)*

1 tatlı kaşığı kekik

Fasulyeleri ayıkla, yıka, kaynar suda haşla, süz, tabağa diz. Üzerine tarator dök, zeytinyağı gezdir. Kekik serp.

taratorlu salatalık cacığı

3 salatalık

1 ölçü tarator (bkz. s. *187)*

2 çorba kaşığı zeytinyağı

1 çay kaşığı tuz

Salatalığı ince doğra veya rendele, tuz ek, bir saat beklet. Tabağa al, üzerine tarator dök, zeytinyağı gezdir.

taratorlu semizotu

½ kilo semizotu

1 ölçü tarator (bkz. s. *187)*

2 çorba kaşığı zeytinyağı

Semizotunun körpe yapraklarını yıka, doğra. Üzerine tarator dök, zeytinyağı gezdir.

11

muhtelif yemekler

aside (bamyalı)

1 ölçü etli bamya (bkz. s. *152)*
1 ölçü lapa
2 çorba kaşığı un

Bamyayı pişir. Lapa hazırla. Pirinç pişince 2 çorba kaşığı un ilave et. Çok hafif ateş üzerinde 45 dakika demlendir. Ortasını aç, sıcak bambayı yerleştir, sofraya al.

keşkek

300 gr döğme
1 gerdan veya tavuk
10 su bardağı su
3 soğan
3 çorba kaşığı tereyağ
1 tatlı kaşığı kırmızıbiber
4 çorba kaşığı tereyağ (üstüne)
1 tatlı kaşığı kimyon
1 tatlı kaşığı tuz

Buğdayı ayıkla, yıka, 8 saat öncesinden ıslat. Ertesi gün tavuk veya gerdanı yıka, buğdayla birlikte tencereye koy. Suyu ilave et. Orta ateşte, et ve buğdaylar iyice yumuşayıncaya kadar pişir. Eti içinden al, soğutmadan dit, kemiklerini çıkar, tencereye ilave et. Ayrı yerde soğanı ince doğra, yağla pembeleştir, biberini ilave et, kaynayan buğdaya karıştır. Ateş üzerinde tahta kepçeyle döve döve koyu boza kıvamına getir. Tabağa al, üstünü düzelt. Tereyağı kızdır, gezdir. Kimyon serp.

- Keşkek pişerken su ilave etmek gerekirse kaynar su ilave etmelidir.

papara

½ kilo bayat ekmek
3 su bardağı su veya et suyu
200 gr peynir
4 baş soğan
4 çorba kaşığı sadeyağ
2 tatlı kaşığı tuz

Ekmekleri ufak doğra. Tuzlu suyu kaynat. Ekmekleri içine at, bir taşım kaynar kaynamaz kevgirle tabağa çıkar. Peyniri ufala, üzerine serp. Soğanı ince çent, yağda pembeleştir, sıcak sıcak üzerine gezdir, sofraya al.

12

pilavlar

Pilavlar bulgur, pirinç, döğme, firik vb tahılların et suları ve yağla birlikte çeşitli yöntemlerle pişirilmesiyle hazırlanır.

pilav türleri

pirinç pilavı Ana malzemesi pirinç olan pilavdır. Su, tuz, yağ ilavesiyle hazırlanır.
bulgur pilavı Ana malzemesi bulgur olup su, tuz, yağ ilavesiyle hazırlanır.
döğme pilavı Ana malzemesi döğme olan, su, tuz, yağ ilavesiyle hazırlanan pilavdır.

KARIŞIK PİLAVLAR

makarna türleriyle Şehriye, kuskus ya da makarnanın pilava katılmasıyla hazırlanan pilavlardır. Kuskuslu pilav vb.
et, sakatat, baklagil türleriyle Et, sakatat ve mercimek, nohut ya da bezelye katılmasıyla hazırlanan pilavlardır. Tavuk pilavı, hamsi pilavı vb.
sebze türleriyle Çeşitli sebzelerin pilava ilavesiyle hazırlanan pilavlardır. Patlıcanlı pilav vb.

pilav pişirme yöntemleri

- **salma yöntemi** Pilavlık malzemenin kaynamakta olan yağlı ve tuzlu suya ilave edilmesi esasına dayanır.
- **süzme yöntemi** Pilavlık malzemenin tuzlu suda haşlanıp süzülerek, üzerine kızdırılmış yağ ilave edilmesiyle hazırlanır.
- **kavurma yöntemi** Pilavlık malzemenin tencerede yağla kavrularak, üzerine kaynar su ve tuz ilave edilmesiyle hazırlanır.

pilav pişirmede dikkat edilecek noktalar

pirinç pilavı

- İyi bir pirinç pilavı için çok iyi cins pirinç ve et suyu kullanılmalıdır.
- Pirincin en az altı ayı geçmiş olanı tercih edilmelidir. Bayat pirinçler daha çok su kaldırır.
- Pilavlık pirincin ne kadar su kaldırabileceğini ön denemeyle öğrenmelidir.
- İyi bir pirinç pilavı yaparken pirinci önceden ıslatmak gerekir. Islatma iki türde yapılır:

sıcak suda ıslatma Pirinçteki unu gidermek amacıyla birkaç su yıkayıp elin zor dayanacağı sıcaklıktaki suda beş dakika bekletilir.

tuzlu ılık suda ıslatma Bir kilo pirinci yıkamadan önce iki çorba kaşığı tuz atılıp ılık suyla iki-üç saat bekletilir.

- Pilava suyu ya da et suyunu mutlaka kaynar hâlde ilave etmelidir.
- Pilava sıcak suyunu koyduktan sonra iki dakika kaynatıp orta ateşe almalı, göz göz olunca çok hafif ateşte kapağın iç kısmına yağlı kâğıt ya da peçete koyup demlendirmelidir.
- Pilav pişirirken kesinlikle karıştırılmamalıdır. Taneleri kırılır, lapa olur.

bulgur pilavı

- Bulgurların taşsız ve orta irilikte olmaları makbuldür.
- Bulgurlar yıkanmadan, ıslatılmadan pişirilmelidir.

döğme pilavı

- Döğmenin o yılın döğmesi olması gerekir.
- Döğme pilavı yaparken döğmeyi akşamdan ılık suda ıslatmak gerekir.

karışık pilavlar

- Karışık pilavlarda ilave edilecek malzeme önceden pişirilmelidir.

salma pilavlar

bulgur pilavı - ı

2 su bardağı bulgur
3 su bardağı et suyu
4 çorba kaşığı tereyağ veya sadeyağ
2 tatlı kaşığı tuz

Suyla tuzu kaynat. Ayıklanmış bulguru içine sal, kapağını ört. Kaynamaya başlayınca hafif ateşe al. Suyunu çekip göz göz olunca tavada yağı kızdır, üzerine gezdir. Yağlı kâğıt koy ve kapağını ört. 20 dakika demlendir.

bulgur pilavı - ıı

2 su bardağı bulgur
4 çorba kaşığı tereyağ veya sadeyağ
3 su bardağı et suyu
2 tatlı kaşığı tuz

Yağı tencereye koy, kızdır. Et suyu ve tuz ilave et. Kaynayınca bulguru sal, kapağını ört. Kaynamaya başlayınca hafif ateşe al. Suyunu alıp göz göz olunca yağlı kâğıt koy ve kapağını ört. Çok hafif ateşte 20 dakika demlendir.

pirinç pilavı - ı

2 su bardağı pirinç
3 su bardağı et suyu
4 çorba kaşığı tereyağ veya sadeyağ
2 tatlı kaşığı tuz
1 çorba kaşığı tuz (ıslatmak için)

Pirinçleri ayıkla, yayvan tencerede 1 kaşık tuz ve üzerini örtecek ve parmak dayanacak kadar sıcak suyla, su soğuyuncaya kadar beklet. Temiz su çıkana kadar yıka, süzgece al, süzdür. Tencereye et suyu ve tuzu koy. Kaynayınca pirinçleri sal, kapağını ört. Kaynamaya başlayınca hafif ateşe al. Suyunu çekip göz göz olunca çok hafif ateş üzerine al. Tavada yağını kızdırıp dök. Yağlı kâğıt koy ve kapağını ört. Çok hafif ateşte 20 dakika demlendir.

pirinç pilavı - II

2 su bardağı pirinç
4 çorba kaşığı tereyağ veya sadeyağ
3 su bardağı et suyu
2 tatlı kaşığı tuz
1 çorba kaşığı tuz (ıslatmak için)

Pirinçleri ayıkla, yayvan tencerede 1 kaşık tuz ve üzerini örtecek ve parmak dayanacak kadar sıcak suyla, su soğuyuncaya kadar beklet. Duru su çıkıncaya kadar yıka, süzdür. Tencereye yağı koy, kızdır, et suyu ve tuz ilave et. Kaynayınca pirinçleri sal, kapağını ört. Kaynamaya başlayınca hafif ateşe al. Suyunu çekip göz göz olunca yağlı kâğıt koy ve kapağını ört. Çok hafif ateşte 20 dakika demlendir.

süzme pilav

pirinç pilavı

2 su bardağı pirinç
4 su bardağı su
4 çorba kaşığı tereyağ veya sadeyağ
2 tatlı kaşığı tuz
1 çorba kaşığı tuz (ıslatmak için)

Pirinci parmak dayanacak kadar sıcak tuzlu suda, su soğuyuncaya kadar beklet. Kaynar tuzlu suya at, yarı pişir, kevgire al, süzdür. Tekrar tencereye koy, kapağını ört. Çok hafif ateşte 10 dakika beklet. Tavada yağı kızdır, üzerine gezdir. Yağlı kâğıt koy ve kapağını ört, 15 dakika daha demlendir. Sofraya al.

- Bu yöntem ne ölçü su kaldıracağı belli olmayan pirinçlerde kullanılır.

kavurma pilavlar

bulgur pilavı (kavurma)

2 su bardağı bulgur
4 çorba kaşığı tereyağ veya sadeyağ
3 su bardağı et suyu
2 tatlı kaşığı tuz

Yağı tencereye koy, kızdır. Bulguru at, 4 dakika kavur. Tuz at. Kaynar hâlde et suyunu ilave et. Suyunu çekip göz göz olunca yağlı kâğıt koy, kapağını ört, 20 dakika demlendir.

• İstenirse ince çentilmiş 1 iri soğan yağda kavrulur, sonra bulgur konarak kavrulabilir.

pirinç pilavı (kavurma)

2 su bardağı pirinç
6 çorba kaşığı tereyağ veya sadeyağ
3 su bardağı et suyu
2 tatlı kaşığı tuz
1 çorba kaşığı tuz (ıslatmak için)

Pirinçleri ayıkla, parmak dayanacak kadar sıcak tuzlu suda, su soğuyuncaya kadar beklet. Duru su çıkıncaya kadar yıka, kevgire al, süzdür. Tencerede yağı kızdır, pirinçleri at, 5 dakika kavur. Tuz ve kaynar hâlde et suyunu ilave et, kapağını ört. Beş dakika hızlı, sonra hafif ateşte suyunu çekip göz göz oluncaya kadar pişir. Tencereye yağlı kâğıt koy ve kapağını örterek çok hafif ateşte 20 dakika demlendir.

diğer pilavlar

ali paşa pilavı

1 ölçü kavurma pirinç pilavı malzemesi (bkz. s. 195)

köfte için

200 gr kıyma
1 orta soğan
1 dilim bayat ekmek
1 çorba kaşığı un
2 çorba kaşığı sadeyağ
1 kahve kaşığı karabiber

üstüne

1 çorba kaşığı çam fıstığı

Kavurma yöntemiyle pirinç pilavı pişir. Köfte malzemeleriyle ceviz büyüklüğünde köfteler hazırla. Köfteleri una bula, bir kaşık kızgın sadeyağda kızart. Ayrı tavada yağın artan yarısıyla fıstıkları kızart. Köfte ve fıstıkları pilava karıştır, sofraya al.

- Kalıpta istenilen biçimlerde düzenlenerek de sofraya alınabilir.

acem pilavı (çilav)

2 su bardağı pirinç
1 haşlanmış, kızartılmış tavuk
8 su bardağı su
8 çorba kaşığı tereyağ
3 tatlı kaşığı tuz
2 çorba kaşığı tuz (ıslatmak için)

Pirinci ılık suyla birkaç defa yıka, üzerine tuz ve ılık su ilave et, bir gün beklet, süzgece al, süzdür. Tencerede tuz ve suyu kaynat, süzülen pirinçleri ilave et. Beş dakika kaynat, geniş süzgeçte süzdür. Tencerenin dibini az yağla ve bir kat pilav yay. Haşlanmış ve tereyağda kızartılmış tavuğu koy, kalan pilavı üzerine yay. Çok hafif ateşe koy. Bir saat demlendir. Tavada tereyağı kızdır, pilavın üzerine gezdir. 20 dakika daha demlendir. Sofraya al.

bezelyeli pilav

1 ölçü pirinç pilavı malzemesi (bkz. s. 194)
1 su bardağı iç bezelye

Bezelyeleri kaynar suya atarak yumuşayıncaya kadar haşla, süzdür. Bir ölçü pilav pişir, sofraya alırken bezelyeleri karıştır.

- Konserve bezelyeleri kaynar suya atıp hemen çıkarıp süzerek kullanmalıdır.

domatesli pilav

1 ölçü pilav malzemesi (bkz. s. 194)
2 iri domates veya 2 kaşık salça
1 iri soğan
1 kaşık sadeyağ

Soğanı ince doğra, tencerede yağda kavur. Domateslerin kabuklarını al, doğra, yağa ilave et, çevir. Pilavın et suyu veya suyunu ilave et, kaynat, süzdür. Tekrar kaynat, pirinçleri sal. Kaynamaya başlayınca hafif ateşe al, göz göz olunca çok hafif ateşte 20 dakika demlendir.

döğme pilavı

2 su bardağı döğme
¼ su bardağı nohut
250 gr kuşbaşı et
4 su bardağı su
4 çorba kaşığı tereyağ
Karabiber

Nohut ve döğmeyi 8 saat öncesinden ayrı ayrı yıka, ıslat. Etle nohutu haşla. Pişince ıslanmış döğmeyi ilave et. (Et suyu döğmenin iki misli olmalıdır.) Döğme kabarınca, yağı kızdır, üzerine gezdir, pilav gibi demlendir. Sofraya alırken karabiber serp.

düğün pilavı

1 ölçü pirinç pilavı malzemesi (bkz. s. 194)
1 su bardağı haşlanmış nohut
2-3 karanfil

Nohudu 8 saat öncesinden içme suyunda ıslat. Ertesi günü haşla, süz, kabuklarını al. Pilav pişir, suyunu ilave ederken haşlanmış, soyulmuş nohudu ve karanfilleri de ilave et.

enginarlı pilav

1 ölçü pilav malzemesi (bkz. s. 194)
5 enginar
2 kaşık tereyağ veya sadeyağ
1 soğan

Enginarların yalnız içlerini fındık büyüklüğünde doğra, tuzlu limonla ov. Sadeyağ veya tereyağda ince doğranmış soğanı kavur. Enginarları da içine at, çevir. Tuz ve su ilave et, enginarlar yumuşayıncaya kadar pişir. Pilav hazırlarken pirinci salarken enginarları da ilave et, pişir.

etli bulgur pilavı

1 ölçü bulgur pilavı malzemesi (bkz. s. 193)
½ kilo koyun kuşbaşı eti
2 çorba kaşığı sadeyağ
2 iri soğan
1 tatlı kaşığı kırmızıbiber
2 su bardağı su
2 iri domates
1 tatlı kaşığı tuz

Tencerede ince doğranmış soğanı ve eti sadeyağda kavur. Kabuğu alınmış, doğranmış domatesleri ilave et, çevir. Tuz ve biber at, 2 su bardağı sıcak su ilave et, etler yumuşayıncaya kadar pişir. Suyunu çektiyse bulgurun 1,5 misli olacak kadar sıcak su ilave et, kaynayınca ölçülü bulguru sal, pişir.

- Bulgur, pilav ölçüsündeki yağla kavrulduktan sonra da ilave edilebilir.

etli pirinç pilavı

1 ölçü pirinç pilavı malzemesi (bkz. s. 194)
½ kilo kuşbaşı koyun eti
2 çorba kaşığı sadeyağ
2 iri soğan
2 iri domates
2 su bardağı su
1 tatlı kaşığı karabiber
1 tatlı kaşığı tuz

Yukarıda tarifi verilen etli bulgur pilavı gibi yapılır. Pirinç önceden ıslatılmış olmalıdır.

iç pilav

2 su bardağı pirinç
5 çorba kaşığı sadeyağ
1 çorba kaşığı çam fıstığı
1 iri soğan
200 gr kuzu ciğeri
1 iri domates veya 1 kaşık salça
3 su bardağı et suyu
1 demet dereotu (isteğe bağlı)
1 tatlı kaşığı tarçın
1 tatlı kaşığı yenibahar
1 tatlı kaşığı kırmızıbiber
1 çorba kaşığı kuş üzümü
1 tatlı kaşığı karabiber
1 tatlı kaşığı tuz

Tencereye 1 kaşık yağ koy, kızdır. Fıstığı koy, çevir, soğanı ilave et, sarart. İnce kıyılmış ciğeri ilave et, kavur. Kabuğu alınmış, ince doğranmış domatesi at, karıştır. Et suyu, kıyılmış dereotu, baharat ve tuzunu at, iki taşım kaynat.

Ayrı tencerede 4 kaşık yağı kızdır, önceden tuzlu ılık suda ıslatılmış, yıkanmış ve süzülmüş pirinci ilave et, karıştırarak kavur. Diğer tenceredeki malzemeyi ilave et, kapağını ört. Hafif ateşe al, göz göz oluncaya kadar pişir. Yağlı kâğıt koy ve kapağını kapatarak 20 dakika çok hafif ateşte demlendir.

kaburga pilavı

1 kuzu kaburgası
3 ölçü iç pilav
2 soğan
3 çorba kaşığı sadeyağ
1 tatlı kaşığı karabiber
2 tatlı kaşığı tuz

Kaburgayı yıka, suyla ateşe koy, kaynamaya başlayınca üzerinde biriken köpüğünü kevgirle al. Yarı haşlanıncaya kadar pişir, indirmeden on dakika önce tuz atarak kaynat. Eti süzgece al, süzdür.

İç pilavı pişir.

Süzülen ete rendelenmiş soğan ve tuz sür, kızgın yağda kızart. Tekrar tencereye al, kaburganın suyuyla iyice yumuşayıncaya kadar pişir. İç pilavın üzerine yerleştir. Karabiber serp.

- İç pilavda çam fıstık yerine badem de kullanılabilir.

kaşgar pilavı

½ kilo kuşbaşı koyun eti
2 soğan
4 çorba kaşığı tereyağ
2 iri havuç
1 çorba kaşığı helva fıstığı
1 çorba kaşığı kişniş
1 tatlı kaşığı tarçın
4 karanfil
1 tatlı kaşığı kakûle
1 tatlı kaşığı karabiber
2 su bardağı pirinç
3 su bardağı et suyu
2 tatlı kaşığı tuz
1 çorba kaşığı tuz (pirinci ıslatmak için)

Eti yıka, tuz at, tencerede kavur.

Ayrı tencerede soğanı halka doğra, yağla kavur. Havucu ince kibrit çöpü doğra, ilave et, çevir. Fıstık, kişniş, tarçın, karanfil, kakûle, tuz ve biberi ilave et. Etle karıştır.

Tenceredeki etin üzerine, tuzlu sıcakca suda soğuyuncaya kadar bekletilmiş, yıkanmış, süzülmüş pirinçten bir sıra yay. Üzerine yayvan bir sahan veya kapak (pilavın karışmaması için) ört. Kaynar et suyunu kenarından ilave et. Kapağını kapa. Hafif ateşte suyunu çekinceye kadar pişir. İçindeki kapağı al. Yağlı kâğıt koy, üzerine tekrar kapağını ört. 15 dakika demlendir. Tabağa alt üst et, sofraya al.

lapa

2 su bardağı pirinç
5 su bardağı et suyu
2 çorba kaşığı sadeyağ veya tereyağ
1 iri soğan
2 tatlı kaşığı tuz
1 limon suyu

Pirinçleri ayıkla, tuzlu sıcakca suda soğuyuncaya kadar beklet, yıka, süzdür. Et suyunu kaynat, pirinçleri içine sal, kapağını ört, suyun üçte ikisini çekinceye kadar hafif ateşte kaynat. Ateşten al, 15 dakika demlendir. Yağda ince doğranmış soğanı kavur, lapanın üzerine dök, karıştır, hemen limon suyuyla birlikte sofraya al.

• Lapa domatesli de yapılır. Et suyu lapaya dökülmeden içine, yağda ezilircesine iki-üç defa çevrilmiş, kabuğu alınmış, küçük doğranmış domates ilave edilir, kaynatılır.

mercimekli bulgur pilavı

1 ölçü bulgur pilavı malzemesi (bkz. s. 195) *ve 2 kaşık sadeyağ*
1 su bardağı haşlanmış mercimek

Kavurma yöntemiyle bulgur pilavını 2 kaşık fazla yağla hazırla. Et suyunu vermeden önce mercimekleri de ilave et, pişir.

mercimekli pirinç pilavı

1 ölçü pirinç pilavı malzemesi (bkz. s. 193-195) *ve 2 kaşık sadeyağ*
1 su bardağı haşlanmış mercimek

İstenilen pirinç pilavını 2 kaşık fazla yağla hazırla. Et suyunu vermeden önce mercimekleri de ilave et pişir.

nohutlu pirinç pilavı

1 ölçü pirinç pilavı malzemesi (bkz. s. 193-195)
½ su bardağı haşlanmış nohut

Nohudu 8 saat öncesinden içme suyunda ıslat. Ertesi günü suyunu tazele, haşla, kabuklarını soy. Pilava suyunu ilave ederken nohutları da ilave et.

örgülü pilav

1 ölçü pirinç pilavı malzemesi (bkz. s. *195)*
1 tavuk göğsü eti, ciğeri
2 çorba kaşığı sadeyağ
½ su bardağı bezelye
1,5 su bardağı un
1 yumurta
1 çorba kaşığı su
½ su bardağı Antep fıstığı
1 tatlı kaşığı karabiber
1 tatlı kaşığı tuz

Kavurma yöntemiyle pilav hazırla. Suyunu ilave ederken, önceden fındık büyüklüğünde doğranmış, sadeyağda kızartılmış ciğeri, karabiberi, haşlanmış, didilmiş tavuk etini, tazeyse haşlanmış, konserveyse yıkanmış, süzülmüş bezelyeyi ilave et, demlendir.

Pilavı alacak ölçüde kalıbı yağla. Unu ele, ortasına yumurtayı kır. Su ve tuz koy, yoğur, sert hamur yap, beze tut, bıçak sırtı kalınlığında çok inceltmeden aç. Parmak inceliğinde şeritlere kes, yağlanmış kalıba kafes kafes yerleştir. Kafeslere yeşil fıstıkları yerleştir. Pilavı üzerine dök. Hamurların kenarlara gelen uçlarını pilavın üzerine çevir. Fırında hamurlar pembeleşinceye kadar kızart. Ters çevirerek sofraya al.

- Hazır yufkayla tümden sarılıp yüzüne yoğurt-yumurta karışımı sürülerek de fırınlanabilir.

özbek pilavı

1 ölçü pirinç pilavı malzemesi (bkz. s. *194)*
250 gr kuşbaşı koyun döş eti
2 çorba kaşığı sadeyağ
1 çay kaşığı tarçın
1 çay kaşığı dövülmüş karanfil
1 tutam kaküle
1 tatlı kaşığı karabiber
1 tatlı kaşığı tuz

Pirinci tuzlu sıcakca suda ıslat, soğuyuncaya kadar beklet, yıka, süzdür.

Eti pirincin iki misli suyla ateşe koy, kaynamaya başlayınca köpüğünü al, yumuşayıncaya kadar haşla. Süzdür, sadeyağda kavur, yağıyla tencereye döşe. Et suyunu süz, tuz ve baharatı ilave et, bir taşım kaynat, etin üzerine yavaşça dök. Kaynayınca pirinçleri sal, pilavda olduğu gibi pişir, demlendir, tabağa alt üst et, sofraya al.

patlıcanlı pilav

1 ölçü pirinç pilavı malzemesi (bkz. s. 195)
2 patlıcan
2 kaşık sadeyağ

Patlıcanları nohuttan iri doğra, tuzla, yarım saat beklet, yıka, süzdür, sadeyağda kızart. Kavurma yöntemiyle pilav hazırla, suyunu ilave ederken patlıcanları da yağıyla ilave et, pişir.

sultan reşat pilavı

1 ölçü pirinç pilavı malzemesi (bkz. s. 195)
250 gr koyun kıyması
1 dilim bayat ekmek içi
1 soğan
2 kaşık sadeyağ
2 iri domates veya 1 kaşık salça
¼ su bardağı su
1 çay kaşığı karabiber
1 çay kaşığı tuz

Kavurma yöntemiyle pirinç pilavı hazırla.

Ekmeği ufala, soğanı rendele, kıyma, tuz ve biberle birlikte yoğur. Cevizden küçük köfteler hazırla, sadeyağda kızart. Domateslerin kabuklarını al, küçük doğra, köftelere ilave et, çevir. Suyu ilave et, yağına ininceye kadar pişir.

Sıcak pilavı ortası açık kek kalıbına hafif bastırarak doldur, tabağa ters çevir. Ortadaki boşluğa köfteleri salçasıyla koy, sofraya soğutmadan al.

şehriyeli pilav

1 ölçü pirinç pilavı malzemesi (bkz. s. 195) *ve 1 kaşık sadeyağ*
½ su bardağı istenilen şehriye

Kavurma yöntemiyle pirinç pilavı yaparken, pirinçten önce şehriyeyi kavurarak aynen pişir.

tas kebaplı pilav

1 ölçü pirinç pilavı malzemesi (bkz. s. *194)*
½ kilo orta yağlı kuşbaşı koyun eti
2 kaşık sadeyağ
1 soğan
1 çay kaşığı tarçın
1 çay kaşığı yenibahar
2 karanfil
1 çay kaşığı karabiber
1 tatlı kaşığı tuz

Kuşbaşı eti, sadeyağı ve ince çentilmiş soğanı tencereye koy. Tuz ve biber at, et bıraktığı suyu çekinceye kadar kavur. Ateşten almadan önce tarçın, yenibahar ve dövülmüş karanfil at. Eti bir tasın içine doldur, kenarlı tepsiye ters çevir, üzerine ağırlık koy. Bir su bardağı su ilavesiyle etler pişinceye kadar pişir.

Ölçülü kaynar pilav suyunu tepsiye ilave et, kaynar kaynamaz suda bekletilmiş, yıkanmış pirinci sal. Pirinçler pişince tası ortasından kaldır. Sofraya al.

• Dana eti, hindi, tavuk, kaz, ördek ve diğer av etleriyle de kuşbaşı doğranarak aynen yapılabilir.

türkistan pilavı

1 ölçü pirinç pilavı malzemesi (bkz. s. *193-194)*
250 gr tereyağ

Salma yöntemiyle pirinç pilavı pişir. Bir kalıba bir sıra fındık tereyağ, bir sıra pilav döşe. Pilavın sıcağıyla yağ eriyeceğinden kalıptan tabağa alt üst et. Üzerine tekrar fındık yağ koy ve hemen sofraya al.

yumurtalı pilav

1 ölçü pirinç pilavı malzemesi (bkz. s. *193-195)*
4 yumurta
1 tatlı kaşığı tuz

İstenilen yöntemle pirinç pilavı hazırla. Pilav göz göz olunca hafif ateşe, dinlendirmeye al. Beş dakika sonra yumurtaları tuzla iyice çırp ve pilavı kaplayacak biçimde üzerine gezdir. Karıştır. Hafif ateşte yirmi beş dakika dinlendir, sofraya al.

13

hamur işleri

Buğday, pirinç, mısır, çavdar, yulaf, arpa vb tahılların öğütülmesi sonucu elde edilen unlardan yapılan çeşitli yiyecekler hamur işleri adı altında toplanır.

hamur işlerinde kullanılan tahıl türleri ve özellikleri

• **un** Buğdayın bileşimi % 70 karbonhidrat, % 12 protein, % 3 yağ, % 2 mineral, B grubu vitaminleri ve sudur.

Tahıl tüketimi çoğunlukla un şeklinde olur. Buğday ayıklanır, yıkanır, son nemi % 15-16 olacak biçimde bir süre bekletilir, yumuşatılır. Sonra kırma, eleme, ayıklama, inceltme, öğütme işlemlerinden geçirilerek un hâline getirilir. Öğütülürken eleme derecesine göre yüz kilo buğdaydan elde edilen un miktarına randıman denir. Besin tüzüğüne göre buğday unları randımanları dörttür.

Ekstra-ekstra: 60-70 randımanlı (en iyi öğütülmüş)
Ekstra: 70-80 randımanlı
Birinci nevi: 80-90 randımanlı
İkinci nevi: 90'dan fazla randımanlı unlardır.

Hamur işlerinde başarı büyük ölçüde kullanılan unu iyi tanımaya bağlıdır. Her un aynı oranda su kaldırmadığı için hamur yaparken güçlük çekilir. Çok beyaz ya da sarıya yakın, ele yumuşak gelen unlar has unlardır. Esmer, ele ağırca gelen unlar kepekli unlardır. Kesik bir hâl almış, kokulu unlar ise bozuk unlardır.

Avuç içine alındığında sıkılınca avucun içinden fışkıran unlar özlü; avuç içinde kalıp gibi kalan unlar özsüz, nemli ve çok taze unlardır. Özsüz unlar zor kabarır ve az su kaldırır.

Unlar kullanılan hamur işlerinin özelliğine göre seçilmelidir. Börek, baklava vb ince çalışmalarda has özlü unlar; helva vb yapımında yüksek randımanlı unlar kullanılmalıdır.

• **bulgur** Buğdaydan yapılır. Buğday yıkanır, kaynatılır, iyice piştikten sonra kurutulur, öğütülür. Bulgur kaynatılırken suya geçen B vitaminleri tekrar tanelerin içine geçtiği için vitamin kaybı olmaz.

• **irmik** Buğdaydan yapılır. Bulgurdan ince, undan iri öğütülmüş bir tahıl türüdür. Tatlı, yiyecek, makarna yapımında kullanılır.

• **döğme** Buğdayların ıslatılıp dövülmesiyle elde edilir. Tatlı, tuzlu yiyeceklerin yapımında kullanılır.

• **makarna ve şehriye** Makarna ilk kez Orta Asya'da erişte adıyla çeşitli çorbalara katılarak kullanılmıştır. Evlerde un, yumurta, tuz -bazan çok az su ilavesiyle- hazırlanan ve kesilerek kurutulan hamur çeşididir. Fabrikalarda buğday unlarının sertleri hamur hâline getirilir. Bıçakları olan silindirlerden geçirilerek kurutulur, paketlenir. İrmikli makarnalar da vardır.

• **nişasta** Nişasta buğday, patates, mısırdan elde edilir. Buğday taneleri bol suyun içinde on beş, yirmi gün ıslatılır. Yumuşayınca kabuğu ayrılır, yıkanarak elde edilir.

• **pirinç** Sulu yerde yetişen bitkiden elde edilir. Pilavlık, dolmalık, çorbalık türleri vardır. Pilav yapımında iyi kalite ve altı ayı geçmiş pirinç kullanılmalıdır.

hamur işleri yapımında dikkat edilecek noktalar Hamur hangi unla yapılırsa yapılsın iyi açılabilmesi için yarım saatle iki saat arasında dinlendirilmesi gerekmektedir. Hamuru dinlendirirken mutlaka bir tahtaya almalı, yapışmaması için tahtaya un serpmeli, kabuk tutmaması için üzeri temiz bir yaş bezle örtülmelidir. Özsüz unlardan hamur hazırlanırken sirke ya da limon damlatmak gerekir.

hamur işlerinde kullanılan yöntemler

çırpılarak hazırlanan hamurlar Yumurtanın şekerle çırpılarak un vb maddeler ilavesiyle hazırlanan hamurlardır. Revani, pandispanya, yoğurt tatlısı vb. Çırpılarak yapılan hamurlar iki biçimde uygulanır:

• Yumurtanın sarısı ve beyazı beraber çırpılarak yoğurt koyuluğuna getirilir ve diğer malzemeleri ilave edilir.

• Sarısı karıştırılıp beyazı sonradan kar hâline getirilerek diğer malzemelerle birlikte ilave edilir.

çırpılarak yapılan hamurları hazırlamada dikkat edilecek noktalar

• Yumurta kabı ve teli çırpılmadan önce yıkanıp kurulanmış olmalıdır.
• Yumurta taze ve oda sıcaklığında olmalıdır.
• Çırpma ara vermeden aynı yönde olmalıdır.
• Çırparken yumurta ve şekere un karışmamalıdır.
• Çırpma ılık yerde yapılmalıdır. İyi kabarması için sıcak su dolu bir küvet içinde çırpılmalıdır.

- Pişen hamur kalıpta soğutulmalı, sonra çıkarılmalıdır.
- Pişen hamuru fırından alınca soğuk yere koymamalı, soğuduktan sonra kesmelidir.
- Eğer hamur tatlı yapılacaksa şerbeti önceden hazırlanmalıdır.
- Pişen hamurun arası şurup ya da sütle ıslatılacaksa bu işlem sıcakken yapılıp soğuyuncaya kadar bekletilmelidir.
- Meyveli hazırlanacak pasta, şurup veya meyveli suyla pasta sıcakken ıslatılmalı, diğer pastalar kaynamış ve soğutulmuş sütle pasta sıcakken ıslatılıp soğuyuncaya kadar bekletilmelidir.
- Pastalar krema, glazür vb şeylerle kaplanacaksa bu işlem iyice soğuduktan sonra yapılmalıdır.

mayalandırılarak hazırlanan hamurlar Maya ile un, su, süt, vb maddelerin yoğrulup bekletilmesi ile hazırlanan hamurlardır. Lokma, baba tatlısı, yağlı simit, peynirli pide vb.

mayalı hamurları hazırlamada dikkat edilecek noktalar

- Maya taze olmalıdır.
- Mayanın üretileceği kap porselen, cam ya da emaye olmalıdır.
- Mayalanmanın çabuklaşması için ılık yerde yapılmalıdır.
- Maya üretilirken biraz şeker konulması mayalanmayı çabuklaştırır.
- Hamur yoğrulup mayalandırılacağı zaman ılık su dolu ayrı bir küvet içinde bekletilmelidir.
- Küvet içine oturtulacak hamurun tenceresine un serpmeli ve kapağı örtülmelidir.
- Kalıpta pişirilecek hamurlar kalıpta, diğerleri pişeceği tepside mayalandırılmalıdır.
- Mayalı hamurları orta hararetten biraz fazla ısıda pişirmelidir.

mayalı hamur hazırlamada iki yöntem vardır

- Un hamur tahtasına elenir, arası açılır. Ölçülü maya, biraz şeker, bir fincan ılık süt veya suyla ezilir. Unun birazı alınarak yumuşak bir hamur yapılır. Artan un bu hamurun üzerine yığın hâlinde toplanır, ılık bir yerde mayalanmaya bırakılır. Bu sırada karbonik asit meydana gelir ve hamurdan çıkmak ister. Yukarı doğru tazyik yaptığından hamurun kabarmasına neden olur, unda ayrışmalar meydana gelir. Sonra diğer malzemeler konularak hamur yoğrulur. Tekrar ılık su içinde mayalandırılır.
- Maya cam, porselen ya da emaye bir kabın içine konarak süt ya da su ve az şekerle bekletilir. Un ilavesiyle birlikte boza kıvamında bir hamur yapılır. Üstü kapatılarak kabartılır. Sonra malzemeleri konarak istenilen hamur yapılır. Tekrar mayalandırılarak kullanılır.

pişirilerek hazırlanan hamurlar Yağ, tuz ve şekerli suyun kaynamaya başladığı sırada unu-nu ilave edip hafif ateşte bir süre pişirip ılınınca yumurtayla yoğrularak hazırlanan hamurlardır. Tulumba tatlısı, dilber dudağı, hanım göbeği vb tatlı ve pasta yapımında kullanılır.

pişirilerek hazırlanan hamurları yaparken dikkat edilecek noktalar

- Yağ, su, tuz, şeker kaynama noktasına geldiğinde ölçülü unun hepsi birden ilave edilmelidir.
- Tahta kaşıkla karıştırılarak, çok hafif ateşte on dakika pişirilmelidir.
- Ilınınca yumurtaları teker teker yedirerek yoğurmalıdır.
- Hamurun kıvama geldiği, ele yapışmasıyla anlaşılır.
- Yapılan hamur türü yağda kızartma gerektiriyorsa hamur, yağ soğukken verilmelidir.
- Tavaya hamurları sıkarken iki misli kabaracağı göz önüne alınarak, fazla hamur sıkmamalıdır. Hamurlar çatlar ya da çiğ kalır.
- İkinci parti hamurları kızartırken yağın soğumasını beklemelidir.

özleştirilerek hazırlanan hamurlar Su, un, tuz, yumurta ilavesiyle hazırlanan hamurlardır. Erişte, su böreği vb.

özleştirilerek hazırlanan hamurların yapılmasında dikkat edilecek noktalar

- Hamuru yoğururken kulak memesinden sert yoğurmalıdır.
- İyice özleştirmeli, sonra dinlenmeye bırakmalıdır.
- Özleştiğini anlamak için bıçakla kesildiğinde gözenekler varsa özleşmemiş demektir; hamuru gözenekleri giderilene kadar yoğurmalıdır.
- En az yarım saat dinlendirildikten sonra kullanmalıdır.

kıyılarak hazırlanan hamurlar Yağ ve unu bıçakla kıyarak, diğer malzemelerini ilave etmek suretiyle hazırlanan hamur türüdür. Bisküvi yapımında kullanılır.

kıyılarak yapılan hamurları hazırlamada dikkat edilecek noktalar

- Bu hamuru sıcak yerde çalışmamalıdır.
- Elle fazla yoğurmamalıdır. El sıcaklığı yağı eritir, hamur cıvıklaşır. Bisküvilerin biçimleri bozuk olur.
- Hamuru yoğurduktan sonra en az yirmi dakika yaş bez altında dinlendirmelidir.
- Bisküvilerin iyi şekil alması için kalıbı unlayarak hamurları kesmelidir.
- Pudra şekere bulanacak bisküviler sıcakken bulanmalıdır.
- Merdaneyle açarken 1 santimden fazla inceltmemelidir. Özelliğini kaybeder, kuru olur.

katmerli hamurlar Genellikle özleştirilerek yapılan hamurların açılıp yağ ilavesiyle katlanıp bekletilmesiyle hazırlanan hamurlardır. Puf böreği, serpme böreği, sarıyer böreği vb.

katmerli hamurları hazırlamada dikkat edilecek noktalar

- Bu hamurları yoğururken ılık su kullanmalı ve çok iyi özleştirmelidir.
- En az yarım saat dinlendirildikten sonra kullanılmalıdır.

- Hamura verilen yağ ile hamur ısısı aynı olmalıdır. Yağlarını verdikten sonra özelliklerine göre bekleme saatlerine uymalı, acele etmemelidir.
- Bu hamurları serin yerde çalışmalıdır. Sıcak havalarda yağ tutmaz ve iyi sonuç vermez.
- Katlanmak üzere açılırken bir santimden fazla inceltilmemelidir.

karbonatlı hamurlar Yağ, süt, yumurta, un ve kabartma tozu ilavesiyle hazırlanan hamurlardır. Kurabiye, bisküvi vb.

karbonatlı hamurları hazırlamada dikkat edilecek noktalar
- Ölçülerine dikkat etmelidir.
- Kabartma tozu taze olmalıdır, yoksa kabarmaz.
- Kabartma tozunu bisküvi, kek vb yaparken unla eleyerek, her tarafa dağılmasını sağlamalıdır.
- Yağda kızartma türünde hazırlanacak bu tür hamurların kabartma tozlarını hamur tavaya atılacağı zaman ilave edip iyice karıştırdıktan sonra kullanmalıdır, beklerse etkisini kaybeder.
- Pasta ve bisküvilere ilave edilecek kabartma tozlarına birkaç damla limon da sıkılabilir.

hamur yoğurma ve açma Hamur yoğurma ve açma, hamur işlerinin en önemli iki bölümüdür. Bu işlemleri son derece dikkatli uygulamak gerekir.
hamur yoğurma Ölçülü un, hamur tahtasına elenir, ortası genişçe açılır. Türüne göre malzemesi ve ölçülü suyunun yarısı konarak karıştırılır. Sonra elle kenarlarından un alarak bulamaç hâline getirilir. Kalan un, üzerine alınarak iki elin parmaklarıyla tellendirilir. Kalan sudan ilave edilerek yumuşaklığı ayarlandıktan sonra yoğurulur. Başlangıçta yumuşaklığı iyi ayarlanmazsa hamur sonradan ne kadar düzeltilmeye çalışılsa da iyi sonuç vermez.
hamur açma Hamur tahtasına bir avuç un konarak ortasına, alınan pazı yerleştirilir. Üstüne undan konularak, oklavayla döndüre döndüre büyütülür. (Bilmeyenler merdaneyle tabak büyüklüğüne getirebilirler). Sonra oklavayla sarılarak açılır. Her oklavaya sarıştа sarılmayan kenardan başlamak suretiyle hamur istenilen büyüklüğe getirilir. Eğer önceden konulan bir avuç un yeterli olmazsa hamura yapışmaması için un vermek gerekir. Unu hamurun üstüne değil, tahtaya serperek vermek gerekir. Çünkü hamurun üstüne verilen un top top kalır, elle düzeltmekse hamuru zedeleyebilir.

hamur işlerini pişirme yöntemleri
- **saçta** Katmer, gözleme vb.
- **yağda kızartma** Puf böreği, hanım göbeği vb.
- **fırında** Tepsi böreği, baklava vb.
- **haşlama** Tutmaç, tatar böreği, mantı vb gibi suda haşlanarak kullanılanlar ya da su böreği vb gibi suda haşlandıktan sonra fırında kızartılanlar.

ekmekler

ekmek

10 su bardağı (1 kg) un
50 gr maya
1 çorba kaşığı (25 gr) tuz
2,5 su bardağı (½ litre) su

Hamur tahtasına unu ele, ılık suyla yirmi dakika yoğur. Ayrı yerde mayayı ılık suyla bulamaç hâline getir, hamura yavaş yavaş yedir. Hamur sakız gibi oluncaya kadar yoğur, üstüne un serp, temiz bir bez ört, ılık yerde yarım saat dinlendir.

Tuzu ılık suda erit, hamura yoğurarak yedir, unlanmış kalıplara doldur. Üzerine un serp, yine bez ört, ılık yerde iyice kabarıncaya kadar dinlendir. Fırın tepsisine alt üst ederek kızgın fırına koy.

- Ekmek yağlanmış kalıpta da pişirilebilir.

sütlü baharlı ekmek

1 ölçü su yerine süt kullanılmış ekmek malzemesi
½ su bardağı ince dövülmüş ceviz içi
1 tatlı kaşığı çörek otu
3 dövülmüş karanfil
4 diş damla sakızı
2 çorba kaşığı şeker
2 damla anason suyu

Ekmek gibi hazırla. İkinci defa yoğurup tuzunu ilave ederken diğer malzemeleri de ilave et.

makarnalar

adi makarna

½ kilo makarna
9 su bardağı su
1 çorba kaşığı zeytinyağı
5 çorba kaşığı sadeyağ
1 çorba kaşığı tuz

Büyük bir tencerede su, zeytinyağı ve tuzu kaynat. Makarnayı ilave et, yumuşayıncaya kadar kaynat, süzgeçten geçir, soğuk suya tut. Tekrar tencereye koy, çok hafif ateşte 3 dakika beklet. Sadeyağı kızdır, üzerine dök, 2 dakika beklet, tabağa al.

domatesli makarna

½ kilo makarna
9 su bardağı su
1 çorba kaşığı zeytinyağı
1 çorba kaşığı tuz
4 domates
6 çorba kaşığı sadeyağ
1 tatlı kaşığı tuz

Makarnaları, yukarıda tarifi verilen adi makarna gibi haşla, soğuk sudan geçir, demlendir. Domateslerin kabuklarını al, doğra, tuz serp, sadeyağda karıştırarak pişir. Domatesler suyunu çekip salça hâline gelince makarnanın üstüne dök, tencereyi silkeleyerek karıştır. Üç dakika beklet, sofraya al.

- İstenirse rendelenmiş peynir de konabilir.

erişte

3 su bardağı un
2 yumurta
1 yumurta kabı kadar su (50 ml)
1 su bardağı un (açma payı)
1 tatlı kaşığı tuz

Unu ele, ortasına yumurtaları kır, tuz ve su ilave et, katı bir hamur yap. Yaş bez altında dinlendir, bıçak sırtı inceliğinde aç, hafif kurut. İki parmak kalınlığında şeritler kes, üst üste koy, ince ince kes, kurut.

Yarım kilo erişteyi 9 bardak tuzlu suyla haşla, süzdür, soğuk sudan geçir, demlendir. Beş kaşık sadeyağı kızdır, üzerine dök, 3 dakika demlendir, sofraya al.

fırın makarnası

½ kilo ince makarna
9 su bardağı su
1 çorba kaşığı zeytinyağı
2 çorba kaşığı tuz

üstüne

1 su bardağı kaşar peyniri veya beyaz peynir
5 yumurta
4 çorba kaşığı sadeyağ
1 su bardağı et suyu
2 çorba kaşığı tereyağ
1 tatlı kaşığı tuz

Adi makarna (*bkz.* s. 211) hazırla, süzdür, yağını vermeden tepsiye döşe. Bir kapta peyniri rendele, yumurtaları kır, tuz ilave et, hepsini iyice çırp. Tepsideki makarnalara önce zeytinyağı, sonra et suyunu dök. Üzerine, makarnaları tamamen kaplayacak biçimde, çırpılmış harcı yay. Tereyağı erit, üstünde gezdir, kızgın fırına ver. Kızarınca çıkar, baklava dilimi kes, sofraya al.

- Et suyu yerine süt de konulabilir.

kıymalı hazır makarna

½ kilo makarna	*5 kaşık tereyağ*
9 su bardağı su	*2 çorba kaşığı tuz*
1 çorba kaşığı zeytinyağı	

üstüne

250 gr kıyma	*1 çay kaşığı tarçın*
1 tatlı kaşığı karabiber	*1 tatlı kaşığı tuz*

Makarnayı, adi makarna (*bkz.* s. 211) gibi hazırla, yağını ver, dinlendir. Kıymayı kavur, tuz ve baharatı karıştır. Tenceredeki makarnalara dök. Kapağını ört, silkeleyerek karıştır. Çok hafif ateşte 30 dakika dinlendir, sofraya al.

kıymalı hazır makarna (domatesli soğanlı)

1 ölçü adi makarna malzemesi (bkz. s. *211)*

125 gr kıyma	*2 iri domates*
2 iri soğan	*1 tatlı kaşığı karabiber*
1 tatlı kaşığı sadeyağ	*1 tatlı kaşığı tuz*

Makarnayı hazırla, yağını ver, demlendir. İnce çentilmiş soğanı, tencerede sadeyağda kavur. Kıymayı ilave et, kavur. Tuz ve karabiber at. Domateslerin kabuklarını al, ufak doğra, ilave et. Karıştırarak yağına ininceye kadar pişir. Makarnanın üzerine dök, kapağını ört, silkeleyerek karıştır. Dört dakika demlendir, sofraya al.

kuskus

½ kilo kuskus	*1 çorba kaşığı zeytinyağı*
10 su bardağı su	*5 çorba kaşığı tereyağ*
1 çorba kaşığı tuz	*1 su bardağı et veya tavuk suyu*

Kuskusu kaynayan tuzlu, zeytinyağlı suda fazla yumuşatmadan haşla. Suyunu süz, soğuk sudan geçir, tencereye koy. Tereyağla et suyunu kaynat, kuskusları ilave et, çok hafif ateşte 30 dakika demlendir, sofraya al.

- Haşlanmış nohutlu, soğanlı veya etli de yapılabilir.
- Kuskus iki misli et suyuna pilav gibi salınarak da pişirilebilir.

mantı

1 ölçü börek hamuru (bkz. s. *220*)
2 ölçü kıymalı börek içi (maydanozlu) (bkz. s. *217*)
3 kaşık tereyağ veya sadeyağ
Mantıları kaplayacak kadar et veya tavuk suyu veya su
½ kilo süzme yoğurt
5-6 diş sarımsak
1 tatlı kaşığı kırmızıbiber

Böreklik hamur hazırla. On iki beze tut, ince aç. Arasına kıymalı börek içi serp, oklavaya dola, sıkıştır, çek. Kenarlı tepsiyi yağla, oklavadan çekilen yufkaları döşe, fırında kızart. Üzerine et veya tavuk suyu doldur, kapağını ört, suyunu çekinceye kadar kaynat. Tabağa al, üzerine sarımsaklı yoğurt ve kızdırılmış biberli yağ gezdir.

- Kare parçalar kesilip iç konup fırınlanabilir.
- Haşlanırken suyunu çeker, mantı sert kalırsa kaynar hâlde et suyu ilave edilir. Mantı yumuşar, et suyu fazla gelirse yoğurt bu suyla sulandırılır.
- Et suyu verildikten sonra fırında da pişirilebilir.

peynirli hazır makarna

½ kilo makarna
150 gr istenilen çeşit peynir
5 çorba kaşığı sadeyağ

Adi makarna (*bkz.* s. 211) gibi hazırla. Peyniri rendele, üzerine yay. Üzerine kızdırılmış yağ gezdir. Üç dakika dinlendir, sofraya al.

- İstenirse, servis yapılacağı zaman üzerine domatesli salça gezdirilir.
- Kaşar, kaşkaval, tulum veya beyaz peynirden istenileni kullanılabilir.

piruhi

1 ölçü tatar böreği hamuru (bkz. s. *215*)
200 gr beyaz peynir
20 dal maydanoz
250 gr yağ

Peyniri ez, maydanozu kıy, karıştır. Tatar böreğini peynirli içle hazırla, haşla, süzdür. Tabağa al. Üzerine kızdırılmış yağ gezdir.

- Piruhiye yoğurt kullanılmaz.

tatar böreği

4 su bardağı un
2 su bardağı su
5-6 diş sarımsak
½ kilo süzme yoğurt
3 çorba kaşığı tereyağ
1 tatlı kaşığı kuru nane
1 çorba kaşığı tuz

haşlamak için

1 çorba kaşığı zeytinyağı
1 çorba kaşığı tuz
10 su bardağı su

içi

1 ölçü kıymalı maydanozlu börek içi (bkz. s. *217)*

Unu ele, ortasını aç, su ve tuz ilave et, yoğur. Dört beze tut. 20 dakika dinlendir, kalınca aç, karelere kes. Ortasına iç koy, muska kapat, kenarlarını bastır. Kaynamakta olan tuzlu suya atarak haşla. Kevgire çıkar. Sarımsakları döv, yoğurtla ez, üzerine dök. Üstüne kızdırılmış yağ ve nane gezdir.

börekler

börek içleri

balıklı börek içi

300 gr beyaz etli balık
3 iri soğan
2 çorba kaşığı sadeyağ
¼ su bardağı et suyu
1 tatlı kaşığı kekik
1 tatlı kaşığı karabiber
1 tatlı kaşığı tuz

Beyaz etli balığı haşla (*bkz.* s. 46) süzgece al. Derisini soy, kılçıklarını ayıkla, soğuk suda 2 saat beklet, süzdür. Kıymalı soğanlı iç (*bkz.* s. 217) gibi hazırla. Soğanı balığa karıştırırken baharatı ilave et.

ciğerli börek içi

250 gr kuzu karaciğeri
¼ su bardağı et suyu
2 çorba kaşığı sadeyağ
3 iri soğan
1 çorba kaşığı çam fıstığı
1 çorba kaşığı kişniş
20 dal maydanoz
1 çay kaşığı tarçın
1 tatlı kaşığı karabiber
1 tatlı kaşığı tuz

Ciğeri nohut büyüklüğünde doğra. Et suyuyla tavada kaynat, süz, sadeyağda kavur. Kıymalı içlerden (*bkz.* s. 217) biri gibi hazırla.

enginarlı börek içi

3 enginar
2 limon
1 kaz veya hindi ciğeri
½ su bardağı et veya tavuk suyu (bkz. s. 46, 47)
1 tatlı kaşığı karabiber
1 tatlı kaşığı tuz

Enginarların göbek kısmını tuz ve limonla ov, limonlu ve tuzlu suyla yıka. Kaynar suya at, yumuşayıncaya kadar haşla, ez. Ciğeri havanda döv veya kıyma inceliğinde kıy. Enginarla karıştırarak tekrar döv. Yağlı koyun eti suyu veya tavuk suyuyla tavada çevir, tuz ve biber ek, istenilen börekte kullan.

ıspanaklı börek içi

½ kilo ıspanak yaprağı
2 çorba kaşığı sadeyağ
2 iri soğan
1 tatlı kaşığı karabiber
1 tatlı kaşığı tuz

Ispanak yapraklarını yıka, ince doğra, tuz serp, ov, suyunu olabildiği kadar sıkarak çıkar. Tavaya sadeyağı koy, ıspanakları yumuşayıncaya kadar kavur. Soğanları ayrı tavada sarart. Ispanağa ilave et. Karabiber ekle.

- İstenirse soğan yerine herhangi bir peynir rendelenerek konulabilir.
- İstenirse iki yumurta da kırılabilir.

kaşar peynirli börek içi

200 gr kaşar peyniri
20 dal maydanoz
1 yumurta

Peyniri ince rendeyle rendele. Maydanozu ince kıy. Yumurta kır, hepsini karıştır.

- Maydanoz yerine dereotu da konulabilir.

koyun kıymalı börek içi (fıstıklı)

250 gr kıyma
3 iri soğan
2 kaşık sadeyağ
1 çay kaşığı karabiber
1 çay kaşığı tarçın
1 çorba kaşığı çam fıstığı
1 çorba kaşığı kişniş
20 dal maydanoz
1 tatlı kaşığı tuz

Koyunun yumuşak, sinirsiz etlerini ince kıy veya makinede çektir. Tavada kavur. Soğanı ince kıy, suda az haşla, suyunu süz. Sadeyağla kavur, kıymaya karıştır. Tuz, karabiber ve tarçın ekle. Fıstık, kuş üzümü de koy, birkaç defa daha çevir, ateşten al. Kıyılmış maydanozu karıştır.

koyun kıymalı börek içi (maydanozlu)

250 gr kıyma
3 iri soğan
2 kaşık sadeyağ
30 dal maydanoz
1 çay kaşığı karabiber
1 tatlı kaşığı tuz

İnce çentilmiş soğanı yağ ve kıymayla kavur. İnce kıyılmış maydanoz veya dereotu ilave et. Tuz ve karabiber ek, çevir. Ateşten al.

- Börek içine konulacağı sırada iki yumurta da çırpılarak ilave edilebilir.

paçalı börek içi

½ kilo paça
2 iri soğan
2 kaşık paçanın yağı
1 çorba kaşığı çam fıstığı
10 dal maydanoz
1 çay kaşığı tarçın
1 çorba kaşığı kişniş
1 çay kaşığı karabiber
¼ su bardağı paça suyu
1 tatlı kaşığı tuz

Paçayı temizle, yıka, haşla. Kemiklerini al. Havanda macun hâline gelinceye kadar döv veya ince kıy. Fıstıklı veya maydanozlu, kıymalı iç gibi hazırla. Yalnız soğanı paçanın üstüne toplanan yağda kızart. Paçayı kavururken paça suyu ilave et.

peynirli börek içi

200 gr beyaz peynir
1 yumurta
20 dal maydanoz

Kaşar peynirli börek içi (*bkz.* s. 217) gibi hazırlanır. Peynir tuzsuzsa biraz tuz serpilir.

salamura peynirli börek içi

200 gr peynir
1 yumurta
20 dal maydanoz

Salamura peyniri, soğuk suda tuzu iyice gidene kadar -mümkünse akşamdan- beklet. Kaşar peynirli iç (*bkz.* s. 217) gibi hazırla.

tavuk ciğerli iç

250 gr tavuk ciğeri
¼ su bardağı et suyu
2 kaşık sadeyağ
3 iri soğan
1 çay kaşığı tarçın
1 çorba kaşığı çam fıstığı
1 çorba kaşığı kişniş
1 çay kaşığı karabiber
1 tatlı kaşığı tuz

Ciğerleri ince kıy. Tavada et suyuyla kaynat. Sadeyağ ilave et, kavur. Fıstıklı veya maydanozlu kıymalı iç (*bkz.* s. 217) gibi hazırla.

tavuk kıymalı iç

250 gr tavuk eti
2 iri soğan
2 kaşık sadeyağ
20 dal maydanoz
1 çorba kaşığı çam fıstığı
1 çorba kaşığı kişniş
1 çay kaşığı tarçın
1 çay kaşığı karabiber
1 tatlı kaşığı tuz

Tavuğun derisini yüz. Etlerini ince kıy veya makineden çek. Koyun kıyması içlerinden (*bkz.* s. 217) biri gibi hazırla.

tulum peynirli iç

200 gr tulum peyniri
1 yumurta
20 dal maydanoz

Peyniri elle ovala, kıyılmış maydanoz ve yumurtayla karıştır.

yumurtalı et suyu

½ su bardağı et suyu veya tavuk suyu
3 yumurta

Bir kâseye yumurtaları kır, et suyuyla çırp, böreklerde kullan.

börek-bisküvi yüzü yumurta sarısı

1 yumurta sarısı
1 tatlı kaşığı su

Küçük bir kâsede yumurta sarısıyla suyu çatalla çırp. Börek, bisküvi vb yüzüne, fırına tam gireceği sırada fırçayla sür.

börekler

börek hamuru

5 su bardağı un (½ kilo)
3 yumurta
5 yumurta dolusu ılık küllü su veya adi su
1 tatlı kaşığı tuz

Unu ele, ortasını aç. Yumurtaları kır, suyu ve tuzu koy. Bir tarafından tutulduğunda sakız gibi uzayıncaya kadar yoğur. Yaş bez altında yarım saat dinlendir, istenilen böreklerde kullan.

- Yumurtanın büyüklüğüne göre su, bir yumurta dolusu az veya çok konulabilir. Hamuru kulak memesi yumuşaklığında olmalıdır.

alt üst böreği

1 ölçü börek hamuru
350 gr tereyağ
1 ölçü istenilen börek içi (bkz. s. *215)*
35-40 cm çapında tepsi

Yukarıda tarifi verilen börek hamuru hazırla. İkiye ayır, dinlendir. Yağı erit. Bezeleri, konulacak tepsi büyüklüğünde aç, erimiş yağ sür, oklavaya sar. Oklavayı çek, beze yap, (veya kenarlarından toplayarak beze yap). Yoğur, on dakika dinlendir. Bu biçimde yedi defa aç, topla, beze yap, dinlendir.

Tepsiyi yağla. Bezeyi elle açarak tepsiyi kaplayacak biçimde yerleştir. İç koy. Üstünün bezesini de oklavayla kalınca açarak börek içinin üzerine yay. Alt ve üst hamurları tepsinin kenarından parmakla tutup bastırarak tırtıl hâline getir. Birkaç yerine bıçak batır. Artan yağı yüzüne gezdir, fırına ver.

- Bu börek genellikle ıspanaklı içle yapılır. Piştikten sonra üst kapağı dikkatlice kaldırılarak arasına yoğurt yerleştirilir veya sofraya yoğurtla alınır.
- Yufkalar çok ince açılabilirse daha büyük ölçüde tepsiye de döşenebilir.

çakmakçılar böreği

½ kilo un
10 gr maya
1 su bardağı ılık su
8 diş dövülmüş karanfil
1 tatlı kaşığı tuz
100 gr sadeyağ
¼ su bardağı badem
1 yumurta sarısı
35-40 cm çapında tepsi

Unu ele, ortasını aç, maya, su, dövülmüş karanfilin yarısı ve tuzla, sünger gibi oluncaya kadar uzun süre yoğur. Sadeyağı elle ova ova beyazlat ve yavaş yavaş hamura yedir. Hamur tahtasında üstüne bir bez ört, 1 saat ılık yerde dinlendir. İstenilen çörek şekli ver, üzerine kabuğu çıkarılmış badem yapıştır, yumurta sarısı sür, kızgın fırında kızart.

çiğ börek

½ kilo un
2 yumurta
1 su bardağı su
2 tatlı kaşığı tuz
2 su bardağı zeytinyağı

içi için

2 çorba kaşığı su
20 dal maydanoz
1 tatlı kaşığı karabiber
1 tatlı kaşığı tuz
½ kilo koyun kıyması
2 iri soğan
2 iri domates

Unu ele, ortasını aç. Yumurta, su ve tuzla kulak memesi yumuşaklığında yoğur. 40 tane yumurta büyüklüğünde beze yap. Yaş bez altında 20 dakika dinlendir, küçük tabak büyüklüğünde aç. İç koy, yarım ay kapat, kızgın zeytinyağında kızart.

İçini hazırlamak için soğanı ince doğra, domatesleri soy, doğra. Kıyma, iki kaşık su, tuz ve karabiberle hepsini beraber karıştır. Ateşe koy. İki taşım karıştırarak kaynat, maydanozu ilave et, soğut.

fincan böreği

1 ölçü börek hamuru (bkz. s. 220)
4 yumurta
1 ölçü istenilen börek içi (bkz. s. 215)
1 su bardağı sadeyağ

Börek hamurunu hazırla, altı beze tut, dinlendir. İnce yufkalar aç. Aralarına çırpılmış yumurta sür, üst üste dört beze yay. Kaşıkla ara ara ceviz büyüklüğünde iç koy, tekrar dört beze aç, aralarına yumurta sürerek iç konulan yufkaların üzerine döşe. Fincan veya su bardağıyla içler tam ortaya gelecek biçimde kes, elle hafif bastır, kızgın sadeyağda kızart.

- Zeytinyağında da kızartılabilir.

ince börek

1 ölçü börek hamuru (bkz. s. 220)
300 gr sadeyağ
1 ölçü istenilen börek içi (bkz. s. 215)
35-40 cm çapında tepsi

Böreklik hamur hazırla. 20 küçük beze tut, çok ince aç. Yağlanmış tepsiye, aralarına kaşıkla eritilmiş yağ gezdirerek on yufka döşe, en üste iç koy. Tekrar on yufkayı aralarını yağlayarak döşe. Tepsinin merkezinden sekiz parçaya kes. Kalan yağı iyice kızdır, üzerine gezdir. Kızgın fırında pişir.

gözleme (sac böreği)

1 ölçü poğaca hamuru (bkz. s. 223)
300 gr sadeyağ
1 ölçü peynirli veya kıymalı börek içi (bkz. s. 217)

Hamuru göz göz oluncaya kadar yoğur. Yumurta büyüklüğünde bezeler tut, yaş bez altında on dakika dinlendir. Merdaneyle aç, yağ sür, 5 dakika dinlendir. Tekrar merdaneyle aç. Hamuru kenarlarından tutarak yağlanmış tahta veya mermere vura vura ince aç. İçini yarı tarafına koy, yarım ay kapat, sacın üzerinde iki tarafını az yağ sürerek pişir.

lokma

3 su bardağı un
1 su bardağı süt
3 yumurta
1 çay kaşığı karbonat
2 su bardağı sadeyağ

Unu ele, ortasını aç, süt, yumurta ve karbonatla yoğur. Yuvarlaklar yap veya parmak uzunluğunda hazırla. Kızgın sadeyağda kızart.

- Şekerli istenirse sütte şeker eritilerek yoğrulur.

paça böreği

5 su bardağı un
5 yumurta
2 tatlı kaşığı tuz
2 su bardağı sadeyağ
2 su bardağı paça suyu (bkz. s. 106)
1 ölçü paçalı iç (bkz. s. 218) veya ½ kilo haşlanmış paça
2 limon suyu
35-40 cm çapında tepsi

Unu ele, ortasını aç, yumurtaları kır, tuz koy, yoğur. On iki beze yap, yarım saat dinlendir, kalınca aç, dörde böl. Geniş tavada yağı kızdır, hamurları kızart, kevgire al, yağını süzdür, tepsiye döşe. Her sıraya paça suyu gezdir. Ortaya gelince kemikleri alınmış paçayı döşe. Üstünü aynı biçimde kapla, fırına ver. Çıkınca kes, tabağa koy. Limon suyuyla sofraya al.

poğaca

½ kilo un
1 tatlı kaşığı tuz
1,5 su bardağı su
300 gr sadeyağ veya tereyağ
35-40 cm çapında tepsi

Unu ele, ortasını aç, tuz ve su ilave et, göz göz oluncaya kadar yoğur, ikiye böl, dinlendir. Merdaneyle 1 parmak kalınlığında aç. 50 gr sadeyağ veya tereyağ sür, diğer parçayı da aynı biçimde aç, üstüne koy. Kalınlıkları bir parmak oluncaya kadar aç. Bohça katla, tekrar aç ve bohça katla, on dakika dinlendir. Bu şekilde dört defa aç, katla, yağ sür ve onar dakika dinlendir.

İçsiz yapılacaksa, yağlanmış tepsiye yay, fırına ver. İçli yapılacaksa hamurun yarısını aç, tepsiye yay, iç koy, kalan hamuru da aç, üzerine kapat. Pembeleşinceye kadar fırında pişir.

- Poğacaya konacak peynirli içlere maydanoz ve yumurta konmaz.

poğaca böreği

1 ölçü börek hamuru (bkz. s. *220)*
250 gr erimiş sadeyağ
1 ölçü yumurtalı et suyu
1 ölçü istenilen börek içi (bkz. s. *215)*
35-40 cm çapında tepsi

Börek hamuru hazırla, on iki beze tut, dinlendir. Tepsiyi yağla. Bezeleri tepsinin kenarını aşacak biçimde aç, tepsiye yay. Üzerine erimiş yağ veya yumurtalı et suyu sür. Altısı bitince iç koy, kalan bezeleri de aynı biçimde için üzerine döşe, yufkaların kenarlarını üstüne çevirerek kıvır. Üstüne sadeyağ gezdirerek kızgın fırında pembeleşinceye kadar pişir. Arasına yumurtalı et suyu kullanılırsa üzerine 100 gr yağ sürmek yeterlidir.

puf böreği

4 su bardağı un
½ su bardağı un (açma payı)
2 yumurta
1 çorba kaşığı sadeyağ
½ su bardağı su
1 çorba kaşığı sirke
1 çay kaşığı tuz
150 gr tereyağ veya sadeyağ (içini yağlamak için)
1 ölçü börek içi (bkz. s. *215)*
1 su bardağı sadeyağ (kızartmak için)

Unu ele, ortasını aç. Yumurta, erimiş sadeyağ, su, sirke ve tuz koy, iyice yoğur. İki beze tut, yaş bez altında 20 dakika dinlendir, kalınca aç. Üzerine erimiş yağın yarısını sür, alt üst böreğinde olduğu gibi kenarlarından topla, tekrar aç, 10 dakika yaş bez altında dinlendir. Bu işlemi altı defa tekrarla, ikinci bezeyi de aynı biçimde hazırla.

Son açılışta kenardan aralıklı iç döşeyerek yufkayı içlerin üzerine bir sıra kapat. Kapak, bardak veya kalıpla keserek yarım ay ya da kare şekli ver, kızgın zeytinyağda kızart.

• Sadeyağ yerine zeytinyağda da kızartılabilir.

• Hamur yağlandıktan sonra kenarlarından toplamak yerine oklavaya sarılıp çekilerek de beze yapılır ve tekrar açılabilir.

saray böreği

4 su bardağı (400 gr) un
1 çorba kaşığı tereyağ
1 su bardağı (200 gr) su
1 yumurta
2 tatlı kaşığı tuz

açmak için

1 ölçü peynirli iç (bkz. s. 218)
1 yumurta sarısı (üstüne)
35-40 cm çapında tepsi
½ su bardağı zeytinyağı
200 gr tereyağ

Unu ele, ortasını aç. Bir çorba kaşığı erimiş tereyağ, yumurta, ılık su ve tuz koy, orta katılıkta hamur yoğur.

Uzun bir tepsi veya tahtayı zeytinyağla yağla. Hamuru on parçaya böl, beze tut, tepsiye diz. Üzerine fırçayla zeytinyağı sür. Yaş bez ört, 20 dakika dinlendir. Merdaneyi zeytinyağla yağla, bezeleri tabak büyüklüğünde aç. Tereyağı güneşte yumuşat, kaşıkla karıştırarak ağart ve açılan hamurlara artırmadan fırçayla sürerek yedir. (Bütün bezeler aynı zamanda açılıp yağ paylaştırılsa iyi olur).

Yağlı bezeleri önce üçe katla. Dikdörtgen hâle gelen hamuru yağ sürmeden tekrar üçe katla, yağlı tepsiye diz, yarım saat buzdolabında, dolabın orta kısmında dinlendir. Hamurları bu defa yağ sürmeden aynı biçimde zeytinyağla aç, kapat. Buzdolabında 1 saat dinlendir, çıkar.

Yemek tabağı büyüklüğünde aç, iç koy. Bohça katla, katlanan yeri alta getirerek yağlanmış tepsiye diz. Yüzüne sulandırılmış yumurta sarısı sür, fırına ver.

sarıyer böreği

5 su bardağı (½ kilo) un
3 yumurta
5 yumurta dolusu su
1 tatlı kaşığı tuz
150 gr tereyağ
1 ölçü peynirli börek içi (bkz. *s. 218)*
35-40 cm çapında tepsi

Unu ele, ortasını aç. 2 yumurta, 3 yumurta kadar su ve tuzla kulak memesi yumuşaklığında hamur hazırla. 14 beze tut, yaş bez altında yarım saat dinlendir.

Yağı bir tasta hafif ateşe koy, yakmadan, erir erimez ateşten al, soğut. Donunca tahta kaşıkla ağarıncaya kadar karıştır. Hamurları unla, aç, fırçayla yağ sür, üçe katla. Katlanan hamura tekrar yağ sürerek üçe katla, kare hâline getir. Üstünü yağlama. Bütün hamurları aynı biçimde hazırla. Yaş bez altında, buzdolabının orta kısmında yarım saat beklet. Aynı işlemi iki defa daha 30'ar dakika dinlendirerek tekrarla.

İç konulacağı zaman merdaneye bu defa zeytinyağı sürerek hamurları kâğıt inceliğinde, elle de çekerek aç, iç koy, dikdörtgen sar. Yağlanmış tepsiye diz. Üzerine yumurta sarısı sür, fırında pişir.

serpme hamur böreği

5 su bardağı (½ kilo) un
1 yumurta
1 su bardağı su
Zeytinyağı
1 tatlı kaşığı sirke
1 tatlı kaşığı tuz
100 gr ılıtılmış tereyağ
1 ölçü istenilen börek içi (bkz. *s. 215)*
1,5 su bardağı sadeyağ

Unu ele, ortasını aç. Yumurtayı kır, tuz ve su koy, yoğur, 6 beze yap.

Yağ sürülmüş tahtaya diz, fırçayla üzerlerine zeytinyağı sür, yarım saat dinlendir. Zeytinyağı sürülmüş tahta üzerinde tabak büyüklüğünde aç. Ilıtılmış tereyağ sür, bohça katla. Üzerine yaş bez örterek yağlı tepside yarım saat dinlendir.

Zeytinyağlanmış tahta ya da mermer üzerinde olabildiği kadar ince aç, dörde böl, iç koy, sigara gibi sar, kızgın sadeyağda kızart.

sigara böreği

1 ölçü börek hamuru (bkz. s. 220)
150 gr ılıtılmış tereyağ
1 ölçü istenilen börek içi (bkz. s. 215)
1 su bardağı sadeyağ

Börek hamuru hazırla. 6 beze tut, yaş bez altında dinlendir, ince aç. Ilıtılmış yağ sür, iki ucu ortada birbirine değecek biçimde katla. Diğer uçları da ortada birbirine değecek şekilde katla, oklavayla düzelt, ikiye kes.

Ucundan iç koy, sigara şeklinde sar, kes. Diğerlerini de aynı biçimde hazırla, kızgın sadeyağda kızart.

- Zeytinyağda da kızartılır.

su böreği

5 su bardağı un
5 yumurta
3 yumurta dolusu su
2 tatlı kaşığı tuz
1 su bardağı un (açmak için)
1 su bardağı nişasta (açmak için)
250 gr tereyağ
1 ölçü kıymalı veya peynirli börek içi (bkz. s. 217, 218)
40-45 cm çapında tepsi

haşlama suyu
1,5 çorba kaşığı tuz
1 çorba kaşığı zeytinyağı
15 su bardağı su

Unu ele, ortasını aç, yumurtaları kır, su ve tuz koy, on iki beze tut. Yarım saat dinlendir, aç. İkisini bütün olarak ayır, kalanı dörde böl.

Büyük tencerede su, tuz ve zeytinyağını kaynat. Tepsiyi yağla, ayrılan bütün yufkanın birini döşe. Dörde bölünen yufkaları kaynar suya teker teker at, haşla, üstüne bez serilmiş süzgece çıkar. Başka bezle kurula, tepsiye döşe. Her katta aralarına erimiş tereyağ gezdir. Yarıya gelince içi koy. Üst yufkaları aynı biçimde döşe. Ayrılan ikinci kuru yufkayı üzerine kapatıp fırçayla yağla. Kızgın fırında pişir.

- Su böreği un ve nişasta karıştırılarak açıldığı gibi yalnız nişastayla da açılabilir.

süt böreği

1 ölçü su böreği malzemesi (bkz. s. *227)*
1 ölçü peynirli iç (bkz. s. *218)*
250 gr tereyağ
2 su bardağı süt
3 yumurta
40-50 cm çapında tepsi

Su böreği hazırla. Yağı erit, süt ve yumurtayla iyice çırp. Yufkaları döşerken her katına yağ yerine sütlü harcı gezdir.

talaş böreği

1 ölçü börek hamuru malzemesi (bkz. s. *220)*
350 gr sadeyağ veya tereyağ
1 ölçü tas kebabı malzemesi (bkz. s. *80)*
1 yumurta sarısı

Börek hamuru hazırla. İkiye ayır, dinlendir. Yağı erit. Bezeleri kalınca aç, fırçayla yağ sür, kenarından topla, yoğur, on dakika dinlendir. Bu biçimde yedi-sekiz defa aç, dinlendir. Son açışta arasına suyu süzülmüş tas kebabı malzemesini koy, rulo sar, yağlanmış fırına yerleştir. Üzerine yumurta sarısı sür, fırına ver. Süzülen etin suyunu ısıtıp börekle birlikte servis yap.

- Talaş böreği hamuru birer kişilik parçalara bölünerek de hazırlanabilir.
- Hamur yağlandıktan sonra oklavaya sarılıp çekilerek de toplanabilir, açılabilir.

tepsi böreği

1 ölçü börek hamuru (bkz. s. *220)*
1 ölçü böreklik yumurtalı et suyu (bkz. s. *219)*
1 ölçü istenilen börek içi (bkz. s. *215)*
250 gr sadeyağ
35-40 cm çapında tepsi

Börek hamurunu, içini, yumurtalı et suyunu hazırla. Hamuru on iki beze tut. Tepsiyi yağla. Hamurları aç, tepsiye döşe. Her kata yumurtalı et suyu sür. Yarısı bitince iç koy. Üst yufkaları da aynı biçimde döşe. Sivri uçlu bıçakla sekiz-on yerinden del, kızdırılmış yağ gezdir, fırına ver.

- Mangalda pişecekse yağı ara ara kenarından altına ver.

hazır yufka börekleri

sigara böreği (hazır yufka)

3 yufka
½ ölçü istenilen börek içi (bkz. s. 215)
1 su bardağı zeytinyağı

Yufkaları sekize böl. Geniş tarafına iç koy, kenardan birer parmak börek içinin üzerine çevir, sigara gibi sar. Uç kısmını suya batır, hamura yapıştır. Kızgın zeytinyağda kızart, süzgece çıkar, yağları süzülünce sıcak sıcak sofraya al.

- Yufkalara yoğurt sürülerek sarılırsa daha lezzetli olur.

su böreği (hazır yufka)

2 yufka
½ su bardağı erimiş yağ
½ su bardağı yoğurt
1 ölçü peynirli iç (bkz. s. 218)
30-35 cm çapında kenarlı tepsi
1 yumurta sarısı
35-40 cm çapında yağlanmış tepsi

Yufkaları dörde böl. Yağla yoğurdu çırp, yufkaya kuru yer bırakmadan sür. İç koy, çubuk sar, tekerlek kıvır. Kenarlı tepsiye sıkı şekilde diz. Üzerlerini örtecek kadar su doldur. 5 dakika beklet, süzgeçte süzdür. Yağlanmış tepsiye diz. Yüzüne sulandırılmış yumurta sarısı sür. Fırında pişir.

tava böreği (hazır yufka)

1 yufka
2 çorba kaşığı tereyağ
½ su bardağı süt
3 yumurta
½ su bardağı rendelenmiş peynir
10 dal dereotu
10 dal maydanoz

Teflon tavayı yağla. Yufkayı buruşturarak tavaya yerleştir. Erimiş yağ, süt ve yumurtaları çırp, yufkanın üzerine yarıdan fazlasını dök. Peynir, dereotu ve meydanoz karışımını yay. Tavadan taşan yufkayı üzerine bohça gibi kapat. Artan harcı üzerine dök. Kapağını ört, orta ateşte pişir. Bir tarafı pişince ters çevir, diğer tarafını da pişir, sıcak sıcak sofraya al.

tepsi böreği (hazır yufka)

3 yufka (½ kilo)
120 gr sadeyağ
1 su bardağı süt
3 yumurta
1 ölçü istenilen börek içi (bkz. s. 215)
35-40 cm çapında tepsi

Yağı erit, süt ve yumurtayla iyice çırp. Tepsiyi yağla. Yufkayı bir kat hafif buruşuk döşe. Üstüne sütlü harç gezdir. Tepsiden taşan yufkaları kes, döşe. Her kata sütlü harç gezdir. Yarıya gelince iç koy. Kalan yufkaları aynı biçimde üzerine döşe, karelere kes. Artan sütlü harcı üzerine gezdir, kızgın fırında pişir.

- Peynirli iç kullanılacaksa, iç yumurtasız hazırlanmalıdır.

14

tatlılar

Tatlılar şeker, bal ve pekmezin diğer besinlerle karıştırılmasıyla hazırlanan yiyeceklerdir.

- **hamur tatlıları** Çeşitli unların diğer yiyecek maddeleri, şeker, bal ya da pekmezle karıştırılmasıyla hazırlanan tatlı türleridir. Hamur tatlıları aşağıdaki bölümlerde incelenir:

açma hamur tatlıları buğday ununun çeşitli yiyecek maddeleriyle yoğrulup dinlendirilip açılması, biçimlendirilmesi, yağlanması, pişirilmesi, üzerine tatlısının dökülmesiyle hazırlanır. Baklava, bülbül yuvası vb.

meyaneli hamur tatlıları yağla unun kavrulup pekmez, bal ya da şekerli şurubun ilavesiyle hazırlanır. Helva, aside vb.

mayalı hamur tatlıları mayalı hamurun fırında pişmesi ya da yağda kızartılması ve şuruba atılmasıyla hazırlanır. Lokma, şambaba vb.

tatlı kurabiyeler un, yumurta, şeker, yağ vb ile hazırlanan, çay, limonata vb ile yenebilen tatlılardır.

haşlama hamurla yapılan tatlılar yağ, şeker, su ve tuzun birlikte kaynarken unun ilave edilip bir süre pişirilmesi ve ılıdıktan sonra yumurtayla yoğrulup biçimlendirilmesi ve kızartılıp şuruba atılmasıyla hazırlanır. Tulumba tatlısı, vezir parmağı, hanım göbeği, dilber dudağı vb.

karbonatlı hamur tatlıları un, yumurta, karbonat ve diğer yiyecek maddeleriyle hazırlanıp yağda kızartılıp fırında pişirilir. Kurabiyeler, şekerpare, yoğurt tatlısı vb.

kayganalar un, yumurta, süt veya yoğurt ilavesiyle hazırlanıp tavada kızartılır ve tatlı ilavesiyle kullanılır.

çırpılarak hazırlanan hamur tatlıları şekerle yumurtanın çarpılıp un ilavesinden sonra kalıba dökülüp pişirilip, şurup ilave edilmesiyle hazırlanan tatlılardır. Revani, pandispanya vb.

hazır hamur tatlıları çarşıdan hazır alınarak çeşitli işlemlerle hazırlanan hamur tatlılarıdır. Tel kadayıfı, ekmek kadayıfı vb.

ekmek tatlıları bayatlamış ekmeklerin çeşitli biçimlerde hazırlanmasıyla oluşan tatlılardır. Vişneli ekmek tatlısı vb.

- **sütlü tatlılar** süte pirinç, çeşitli unlar, nişasta, şeker katılarak yapılan tatlılardır. Sütlaç, muhallebi, dondurma, tavuk göğsü, güllaç, kazandibi vb.
- **hafif tatlılar** çeşitli yiyeceklerin su ve şekerle kaynaması sonucu elde edilir. Zerde, aşure vb.
- **sebze tatlıları** sebzelerin şeker ya da pekmezle tatlandırılması sonucu elde edilir. Kabak tatlısı vb.
- **meyve tatlıları** meyvelerin şeker, pekmez ya da balla tatlandırılması sonucu elde edilir. Komposto, hoşaf, elmasiyeler vb.

hamur tatlıları

hamur tatlıları için iç çeşitleri

bademli iç

250 gr badem içi
2 çorba kaşığı şeker
1 çay kaşığı tarçın

Bademleri suyla ateşe koy. Bir taşım kaynat, ateşten al, kabuklarını soy, kurut. Havanda şekerle döv veya fındık makinesinden çek, şeker ve tarçınla karıştır.

cevizli iç

250 gr ceviz içi
2 çorba kaşığı şeker

Cevizleri şekerle havanda döv veya makineden çek, şekerini karıştır.

çam fıstıklı iç

250 gr çam fıstığı
2 çorba kaşığı şeker
1 çay kaşığı tarçın

Çam fıstığını şeker ve tarçınla havanda döv ve makineden çek.

çayır peynirli iç

250 gr taze çayır peyniri
2 çorba kaşığı şeker
1 yumurta

Peyniri ez, şeker ve yumurta ilave et, karıştır.

- Süt kesiği ile de yapılabilir.

fındıklı iç

250 gr fındık
2 çorba kaşığı şeker

Fındıkları tavada iç kabuklarını alacak kadar ısıt. Şekerle havanda döv veya makineden çek, şekerini karıştır.

fıstıklı iç

250 gr yeşil fıstık
2 çorba kaşığı şeker
1 çay kaşığı tarçın

Bademli iç (*bkz.* s. 232) gibi hazırla.

kaymaklı iç (irmikli)*

½ kilo süt
¼ su bardağı irmik

Sütü kaynat. İrmiği sütle karıştır, kaynayan süte ilave et. Beş dakika kaynat, ateşten al. Soğuyunca kullan.

- Bu iç, kaymağa en yakın tadı veren içtir.
- Hakiki kaymak fırında hamur pişerken erir. Bu nedenle irmik veya pirinç unlu yalancı kaymaklı iç kullanılır. Bu içler hamurla beraber araya konup pişirilebilir. Hakiki kaymak ise, tatlı pişip şurubunu çektikten sonra arası açılarak veya tatlı şurubuna bulanarak üstüne yerleştirilir.

* Hadiye Fahriye'de bu iç bulunmamaktadır.

kaymaklı iç (pirinç unlu)

½ kilo süt
¼ su bardağı pirinç unu
¼ su bardağı şeker

Sütü bir taşım kaynat. Pirinç ununu sütle ez, karıştırarak kaynayan süte yedir. Şeker ilave et, bir taşım kaynat, ateşten al, soğuyunca kullan.

lor peynirli iç

250 gr lor peyniri
2 kaşık şeker
1 yumurta

Çayır peynirli iç (*bkz.* s. 232) gibi hazırlanır.

açma hamur tatlıları

baklava hamuru - ı

½ kilo un
4 yumurta
½ bu bardağı (100 gr su) küllü su veya süt
1 tatlı kaşığı tuz
200 gr nişasta

Unu ele, ortasını aç, yumurtaları kır, su ve tuz ilave et, ortadan karıştır. Kenarlarından parmakla un alarak iyice yoğur (kulak memesi yumuşaklığında bir hamur olmalıdır). Kenarından tutup kaldırıldığında kopmadan sakız gibi uzuyorsa olmuştur. Veya bıçakla kesildiğinde göz göz olmuşsa kıvama gelmiştir.

Yumurta büyüklüğünde bezeler tut. Unlanmış tahtada yaş bez altında yarım saat dinlendir, nişastayla aç.

- Baklava hamuru ne kadar fazla yoğrulur ve dinlendirilirse o kadar güzel olur.
- Küllü su yerine süt veya adi su da konur. Su oranı una göre biraz az veya çok konabilir.
- Bu hamur açılırken kurutulmadan, sıcak ve kapalı yerde çalışılmalıdır.

baklava hamuru - II*

7 su bardağı un
1 su bardağı süt
1 su bardağı zeytinyağı
1 su bardağı yoğurt
2 yumurta sarısı
200 gr nişasta
½ çay kaşığı karbonat
1 tatlı kaşığı tuz

Unu ele, ortasını aç. Diğer malzemeleri koy, kulak memesi yumuşaklığında yoğur. Yumurta büyüklüğünde bezeler tut. Yarım saat dinlendir.

• Bu hamur her ortamda kolay açılabildiği için rahat çalışılır. Her türlü baklavada çok iyi sonuç verir.

• Baklava hamurları nişastayla açılır.

* Bu baklava hamuru tarafımızdan geliştirilmiştir.

baklava haşlama yağı

½ kilo sadeyağ veya tereyağ

Tencereye yağı koy. İçine fındık büyüklüğünde ekmek at, ateşe oturt. Ekmek sararınca ateşten al. Parmak dayanacak sıcaklığa gelince hazırlanmış baklavanın üzerine, kuru yer bırakmadan gezdir.

• Her tür baklavaya parmak dayanacak sıcaklıkta verilmelidir.

• Sadeyağ tuzlu ise önce eritilip tuzu süzülür, sonra hazırlanır.

tatlı şurubu

5 su bardağı (750 gr) şeker
2,5 su bardağı su
1 çorba kaşığı limon suyu

Tencereye şeker, su ve limon suyunu koy, karıştır. Ateşe koy, kaynamaya başladıktan 2 dakika sonra ateşten al.

ay baklavası

1 ölçü baklava hamuru (bkz. s. *234)*
½ su bardağı eritilmiş tereyağ veya sadeyağ
1 ölçü istenilen iç (bkz. s. *232)*
1 ölçü baklava yağı (bkz. s. *235)*
1 ölçü baklava şurubu (bkz. s. *235)*
35-40 cm çapında tepsi

Hamurları aç. Mermer veya tahta üzerinde, aralarını yağlayarak dört yufkayı üst üste koy. İstediğin içi yay. Üzerine tekrar bir yufka koy. İki oklavayı yan yana hamurun üstüne koy, dikkatlice sar. Oklavaları çek.

Fincan veya bardakla ay biçiminde kes, yağlanmış tepsiye diz. Üzerine yağ haşla, fırına ver, kızarıncaya kadar pişir. Baklava soğuyunca ılık şurubu üstünde gezdir, soğuyunca sofraya al.

baklava

1 ölçü baklava hamuru (bkz. s. *234)*
½ su bardağı eritilmiş tereyağ veya sadeyağ
1 ölçü istenilen iç (bkz. s. *232)*
1 ölçü haşlama yağı (bkz. s. *235)*
1 ölçü baklava şurubu (bkz. s. *235)*
35-40 cm çapında tepsi

Baklava hamuru hazırla. 16 beze tut, un serpilmiş tahtada yarım saat dinlendir. Tepsiyi erimiş yağla sıva. Yufkaları açarak her üç yufkada bir fırçayla erimiş yağ serperek üst üste döşe. Dokuzuncu yufkayı yağladıktan sonra bir yufka daha döşe, içini yay. Üzerine yine üç yufkada bir yağlayarak altı yufka döşe. Keskin bir bıçağın ucunu yağa batırarak bıçağı çekmeden bastırarak kes. El dayanır sıcaklıktaki haşlama yağını, kuru yer bırakmadan üstünde gezdir. Fırında kızarıncaya kadar pişir. Baklava soğuduktan sonra şurubunu el dayanır sıcaklıkta dök, soğuyunca servise al.

bohça baklavası

1 ölçü baklava hamuru (bkz. s. *234)*
½ su bardağı eritilmiş tereyağ veya sadeyağ
1 ölçü istenilen iç (bkz. s. *232)*
1 ölçü haşlama yağı (bkz. s. *235)*
1 ölçü baklava şurubu (bkz. s. *235)*
35-40 cm çapında tepsi

Baklava hamuru hazırla. 18 yufka hazırla, dinlendir, aç. Üç sırada bir yağlayarak dokuz yufka aç, ortasına içini koy, bohça kapat. Erimiş yağla sıvanmış tepsiye yerleştir. Diğer yufkaları da aynı biçimde hazırla, tepsiye yan yana 2 bohça yerleştir. Üzerine haşlama yağını dök, fırına ver. Baklava soğuyunca sıcak şurubu dök, sıcak olarak sofraya al, sofrada keserek servis yap.

• İstenirse yufkalar açıldıktan sonra 10 cm kare kesilir, içi konur. Üstten parmakla birleştirilerek de hazırlanır.

• Haşlama yağında kızartılarak fırınsız da hazırlanır.

• Kaymaklısı, şurubu verildikten sonra iki bohça arasına kaymak yerleştirilerek hazırlanır.

bülbül yuvası

1 ölçü baklava hamuru (bkz. s. *235)*
½ su bardağı eritilmiş tereyağ veya sadeyağ
1 ölçü istenilen iç (bkz. s. *232)*
1 ölçü baklava haşlama yağı (bkz. s. *235)*
1 ölçü baklava şurubu (bkz. s. *235)*
35-40 cm çapında tepsi

Baklava hamuru hazırla, yumurta büyüklüğünde bezeler tut. Yufka aç. Önce dörde, sonra tekrar dörde bölerek sekiz parça elde et. İç kısmını biraz içine kıvır. Kalem inceliğinde çubukla sar. İki sarınca boydan boya iç koy, sonuna kadar sar. İki elle hamuru çubuğun ortasına büzerek topla. Çubuğu yavaşça çek. Büzülmüş yufkayı halka şeklinde yuvarla, erimiş yağla yağlanmış tepsiye yerleştir. Haşlanmış yağını üzerine gezdir, pişir. Tatlı soğuyunca, sıcak şurubu dök. Soğuyunca sofraya çıkar.

• Özellikle Baklava Hamuru -II *(bkz. s. 235)* tarifiyle yapılmalıdır.

hanım dudağı

1 ölçü baklava hamuru (bkz. s. 234)
½ su bardağı eritilmiş tereyağ
1 ölçü iç (isteğe bağlı) (bkz. s. 232)
1 ölçü baklava haşlama yağı (bkz. s. 235)
1 ölçü baklava şurubu (bkz. s. 235)
35-40 cm çapında tepsi

Baklava hamuru hazırla, 18 beze tut, aç. Üçer yufkada bir yağla, dokuz yufka hazırla. Kalın iki oklavayla genişçe sar, oklavaları çek. Bardak veya kalıpla kes, ikiye katla, tepsiye diz. Haşlanmış yağ gezdir. Fırına ver. Çıkınca soğut, sıcak şurubunu gezdir, soğumasını bekle. Sofraya alırken arasını aç, kaymak yerleştir.

- İstenirse bardakla kesildikten sonra iç konularak da pişirilir.

hanım gerdanı (kocakarı gerdanı)

1 ölçü baklava hamuru -II (bkz. s. 235)
½ su bardağı tereyağ
1 ölçü istenilen iç (bkz. s. 232)
1 ölçü baklava haşlama yağı (bkz. s. 235)
1 ölçü baklava şurubu (bkz. s. 235)
35-40 cm çapında tepsi

Baklava hamuru hazırla. Yumurta büyüklüğünde bezeler tut, aç. Ortadan ikiye böl. Bölünen taraftan oklavaya sar. İki dolayınca sıra hâlinde iç koy, sonuna kadar sar. İki elle hamuru büzerek oklavanın ortasına topla, oklavayı çek. Erimiş yağla sıvanmış tepsiye diz. Haşlama yağını gezdir. Fırında pişir. Tatlı soğuyunca sıcak şurubu dök, soğuyunca sofraya al.

kaymaklı baklava

1 ölçü baklava hamuru (bkz. s. 234)
½ su bardağı eritilmiş tereyağ veya sadeyağ
1 ölçü haşlama yağı (bkz. s. 235)
1 ölçü tatlı şurubu (bkz. s. 235)
1 ölçü kaymaklı iç veya kaymak (bkz. s. 233)
35-40 cm çapında tepsi

Baklavayı içsiz hazırla, pişir. Soğuyunca sıcak şurubunu dök, soğumasını bekle. Sofraya alınacağı zaman her baklava diliminin arasını sivri uçlu bir bıçakla aç. Baklavanın şurubuna batırılmış kaymağı koy, baklavayı kapat.

- Yalancı kaymaklı iç konulacaksa 1 ölçü irmikli kaymak içini (*bkz.* s. 233) ceviz yerine döşeyerek aynen baklava gibi hazırla, pişir.

muska baklavası

1 ölçü baklava hamuru - II (bkz. s. 235)
1 ölçü istenilen iç (bkz. s. 232)
1 ölçü haşlama yağı (bkz. s. 235)
1 ölçü tatlı şurubu (bkz. s. 235)
35-40 cm çapında tepsi

Baklava hamuru hazırla, yumurta büyüklüğünde bezeler tut, aç. 10 cm genişliğinde uzunlamasına kes. Boydan ikiye katla. İç koy, muska şeklinde sararak tepsiye döşe. Üzerine yağ haşla, fırında pişir. Soğuduktan sonra sıcak şurup dök. Soğuyunca sofraya al.

- Yağda da kızartılabilir.

sarığı burma

1 ölçü baklava hamuru - II (bkz. s. 235)
½ su bardağı tereyağ veya sadeyağ
1 ölçü istenilen iç (bkz. s. 232)
1 ölçü haşlama yağı (bkz. s. 235)
1 ölçü tatlı şurubu (bkz. s. 235)
35-40 cm çapında tepsi

Baklava hamuru hazırla. Yufka aç, ortadan ikiye böl. Oklavayı kesilen yerden başlayarak sar. Bir-iki sarılınca boydan boydan iç koy, tekrar yufka bitene kadar sar. İki elle sarılan yufkayı ortaya doğru topla, oklavayı çek. Erimiş yağla sıvanmış tepsinin ortasından yuvarlamak suretiyle tüm yufkaları birbirine ekleyerek tepsiyi doldur. Kenardan ortaya istenilen büyüklükte keserek üzerine haşlanmış yağ gezdir, fırına ver. Soğuyunca sıcak şurubunu gezdir, soğumasını bekle, sofraya al.

sigara baklavası

1 ölçü baklava hamuru - 1 (bkz. s. 234)
1 ölçü istenilen iç (bkz. s. 232)
1 ölçü haşlama yağı (bkz. s. 235)
1 ölçü tatlı şurubu (bkz. s. 235)
35-40 cm çapında tepsi

Muska baklavası gibi hazırla. Hamuru ikiye katla, 15 cm kare genişliğinde kes, iç koy, sararak tepsiye yerleştir. Üzerine yağ haşla, fırına ver. Soğuyunca sıcak şurup dök, soğumasını bekle, sofraya al.

çırpılarak hazırlanan hamur tatlıları

adi revani

6 yumurta
½ su bardağı şeker
1 su bardağı ince irmik
1 su bardağı un
25-30 cm çapında tepsi
1 çorba kaşığı tereyağ (tepsi için)
1 çorba kaşığı un (tepsi için)

şurubu için
2,5 su bardağı su
1 çorba kaşığı limon suyu
4 su bardağı şeker

Tepsiyi yağla, unla. Altı yumurtayla şekeri koyulaşıncaya kadar çırp. Unla irmiği birbirine karıştırarak yumurtalara ilave et, hafifçe karıştır, yağlanmış tepsiye dök, fırında pişir. Dört su bardağı şekeri 2,5 su bardağı su ve bir çorba kaşığı limon suyuyla ateşe koy. Kaynadıktan 2 dakika sonra ateşten al. Fırından çıkan revaniye sıcak dök, tekrar fırına ver, 2 dakika sonra çıkar. Ertesi gün sofraya al.

un revanisi

6 yumurta
1,5 su bardağı şeker
1,5 su bardağı un
1 paket vanilya
25-30 cm çapında tepsi

şurubu için
5 su bardağı şeker
1 çorba kaşığı limon suyu
3 su bardağı su

Yumurtayı şekerle çırp, yoğurt koyuluğuna gelince un ve vanilyayı ilave et, karıştır. Hafif hararetli fırında pişir. Fırından alınca 5 su bardağı şekeri, 3 su bardağı su ve bir çorba kaşığı limon suyuyla birlikte 2 dakika kaynat, fırından çıkan tatlıya dök. Fırında 2 dakika beklet, çıkar.

yağlı revani

1 su bardağı (250 gr) tereyağ
2 su bardağı (300 gr) ince irmik
2 çorba kaşığı ılık su veya süt
4 yumurta
25-30 cm çapında tepsi

şurubu için

3,5 su bardağı su
1 çorba kaşığı limon suyu
5 su bardağı şeker

Porselen kapta tereyağı avuçla eze eze ağart. Bir başka kaptaki ılık suyun içine porselen kabıyla koy. 1-2 dakika yumuşat, çıkar. İrmiği ilave et. Yarım saat eze eze yoğur. Sonra ılık su veya sütü yedir. Yumurtaları ayrı yerde koyulaşıncaya kadar çırp, ilave et. Hepsini karıştır. 25 cm çapında tepsiye dök. Fırına ver. Şeker, su ve limon suyunu ateşe koy. Kaynadıktan 2 dakika sonra ateşten al. Revani kızarınca fırından çekip şurubun üçte ikisini üstüne gezdir. Çok hafif hararetli fırında on dakika pişir. Kalan şurubunu koyulaştır. Kaynarı geçince fırından çıkan revaniye dök. Üstüne bir tepsi kapat, soğumaya bırak.

süngariye

5 yumurta akı
2 çorba kaşığı buğday nişastası
1 çorba kaşığı un
1 su bardağı tereyağ

şurubu için

3,5 su bardağı su
1 tatlı kaşığı limon suyu
5 su bardağı şeker

Yumurta aklarını nişastayla kar gibi olana kadar çırp. Katılaşınca unu ilave et. Kızdırılmış yağa kaşıkla lokmalar dök, kızarınca tatlıyı ılık şuruba sıcak hâlde at. Soğuyunca sofraya al.

ekmek tatlıları

adi ekmek tatlısı

8 dilim bayat ekmek
1 su bardağı sadeyağ

şurubu için
2 su bardağı su
1 tatlı kaşığı limon
3 su bardağı şeker

Şeker, su ve limon suyunu ateşe koy, kaynadıktan 2 dakika sonra ateşten al. Ekmekleri ızgarada sararıncaya kadar kızart. Tavada yağı kızdır, sararan ekmekleri pembeleşinceye kadar kızart, süzgece çıkar. Yağını süzdür. Soğuk şuruba at.

vişneli ekmek tatlısı (yağlı)

10 dilim ekmek
2 su bardağı tereyağ
1 kilo vişne
1,5 su bardağı (250 gr) su
5 su bardağı (750 gr) şeker

Ekmekleri ızgarada sarart. Tavada yağı kızdır, sararan ekmekleri pembeleşinceye kadar kızart, süzgece çıkar, yağını süzdür, tepsiye diz. Vişnelerin çekirdeklerini çıkar. Suyla bir taşım kaynat. Şekeri ilave et, karıştır. Çok hafif ateşte 10 dakika üstü açık olarak kaynat. Biraz suyundan ayırdıktan sonra tepsideki ekmeklerin üzerine suyuyla birlikte vişneleri dök. Üzerine bir kat daha ekmek diz. Artan suyunu dök. Kapağı kapalı olarak çok hafif ateşte 5 dakika kaynat. Ateşten indir. Soğuyunca sofraya al.

- Çilek, kayısı ve şeftaliyle de aynı biçimde ekmek tatlısı hazırlanır. Ancak bu meyveler, suyla şeker bir taşım kaynadıktan sonra şuruba ilave edilir ve 5 dakika kaynatılır, ekmeklere dökülür.

vişneli ekmek tatlısı (yağsız)

1 ölçü yağlı vişneli ekmek tatlısı malzemesi (bkz. s. *242)*

Vişneli ekmek tatlısı gibi hazırla. Yalnız ekmekleri, ızgarada sararttıktan sonra yağda kızartmadan aynı biçimde pişir. Diğerinden daha hafif olur.

- Evde vişne reçeli varsa sulandırılarak da hazırlanır.

yumurtalı ekmek tatlısı

10 dilim ekmek
5 yumurta
2 su bardağı sadeyağ

şurubu için

2 su bardağı su
1 tatlı kaşığı limon suyu
3 su bardağı şeker

Ekmekleri ızgarada sarart. Yumurtaları bir kâsede çatalla çırp, yağı tavada kızdır. Sararan ekmekleri çırpılmış yumurtaya bula, kızgın yağa at, iki tarafını da kızart. Süzgece çıkar, yağını süzdür. Önceden hazırlanmış soğuk şuruba at.

Şurubu hazırlamak için şeker, su ve limon suyunu ateşe koy, kaynadıktan 2-3 dakika sonra ateşten al.

haşlama hamur tatlıları

bademli hamur tatlısı

½ su bardağı çekilmiş badem içi
1 ölçü hanım göbeği hamuru (bkz. s. *245)*
5 su bardağı zeytinyağı
1 ölçü hanım göbeği şurubu (bkz. s. *245)*

Bademi suda haşla, iç kabuklarını soy, kurut, makineden çek. Hanım göbeği hamuru hazırla, yumurtaları yedirdikten sonra bademi ilave et. Elini hafif yağla, hamurdan ceviz kadar parçalar al, yuvarla, rendeye sürerek kıvır. Hanım Göbeği gibi kızart, şuruba at.

dilber dudağı

1 ölçü hanım göbeği hamuru (bkz. s. *245)*
1 ölçü hanım göbeği şurubu (bkz. s. *245)*
5 su bardağı zeytinyağı

Hanım göbeği hamuru ve şurubunu hazırla. Hamurdan ceviz büyüklüğünde parçalar al, yuvarla, yarım santim inceliğine getir, yarım ay kapat, ortasına hafifçe bastır. Hanım göbeği gibi kızart, şuruba at.

hanım göbeği

2,5 su bardağı (250 gr) un
4 çorba kaşığı (100 gr) tereyağ
2 su bardağı (400 gr) su
½ çay kaşığı tuz
4 yumurta
5 su bardağı zeytinyağı

şurubu için

2 su bardağı su
1 tatlı kaşığı limon suyu
4 su bardağı şeker

Şurubunu hazırlamak için su, şeker ve limon suyunu ateşe koy. Kaynadıktan 2 dakika sonra ateşten al, soğut.

Tencerede yağ, su ve tuzu ateşe koy. Kaynamaya başlarken elenmiş unu birden at, ateşten al, tahta kaşıkla karıştır, unları tamamen yedir. Tekrar çok hafif ateşe koy, 10 dakika karıştıra karıştıra pişir. Ilınınca yumurtaları birer birer kırarak yedir. Hamuru sert olur, çatlamalar görülürse, 1-2 çorba kaşığı tatlı şurubu koy, yoğur. (Ele yapışan bir hamur olmalıdır.)

Yağı altı düz, yayvan tencereye koy. Hamurdan cevizden biraz büyük parçalar al, yuvarla, bastır, ortasını parmakla del, genişlet, soğuk yağa at. Orta hararetli ateşte hamurlar yağın yüzüne çıkana kadar tencereyi hafif hafif salla. Hamurların alt kısmı sararınca çatalla (batırmadan) çevir. Çevrilen taraf da sararınca ateşi hafiflet (içini çekmesi için) kevgirle alıp çevirerek pembeleşinceye kadar kızart, süzgece çıkar. Bekletmeden şuruba at. Beş dakika şurubu çektir, tabağa al.

- *Tatlıcı Başı* kitabında hanım göbeği hamuru yağla unun helva gibi kavrulup ılındıktan sonra yumurtalarının ilave edilip fırında pişirilip, şuruba atılması şeklinde verilmektedir. Tarifimizde günümüzdeki şekli verilmiştir.
- Kızartırken kabuk bağlayınca orta ateşten hafif ateşe almayı unutmamalıdır. İçi çiğ kalır. Çok yüksek ateşle pişirmek de üstünü birden yakar, içini çiğ bırakır.
- Kızartırken hamurlar iki misli kabaracağından tencereye ya da tavaya fazla hamur doldurulmamalıdır.

tulumba tatlısı

2,5 su bardağı (250 gr) un
4 çorba kaşığı (100 gr) tereyağ
400 gr su
½ çay kaşığı tuz
1 çorba kaşığı (25 gr) irmik
1 dolu çorba kaşığı (25 gr) nişasta
5 yumurta
5 su bardağı zeytinyağı

şurubu için

2 su bardağı su
1 tatlı kaşığı limon suyu
4 su bardağı şeker

Şurubu hazırlamak için su, şeker ve limon suyunu ateşe koy. Kaynadıktan 2 dakika sonra ateşten al, soğut.

Tencerede yağ, su ve tuzu ateşe koy, kaynamaya başlarken un, irmik ve nişastayı birden ilave et, ateşten al. Tahta kaşıkla hızlıca karıştır, suya yedir, çok hafif ateşe koy. 10 dakika karıştıra karıştıra pişir. Ilınınca yoğurarak yumurtaları birer birer yedir. İki çorba kaşığı tatlı şurubundan koy, yoğur. Ucuna tırtırlı huni takılmış torbaya doldur, soğuk yağa sıkarak aynı hanım göbeği hamuru (*bkz.* s. 245) gibi pişir.

• Kızartırken ve unu suyla pişirirken hanım göbeği için verilen ocak ısıları aynen uygulanır.

• *Tatlıcı Başı* kitabı, tulumba tatlısı hamuruna yumurtaları, yağla diğer malzemeleri helva gibi kavurduktan sonra yedirmektedir. Yukarıdaki tarif günümüzdendir.

vezir parmağı

1 ölçü hanım göbeği hamuru (bkz. s. *245)*
1 ölçü hanım göbeği şurubu (bkz. s. *245)*
5 su bardağı zeytinyağı

Hanım göbeği şurubu ve hamurunu hazırla. Hamurdan iki fındık büyüklüğünde parçalar al, ince parmak biçimi ver, hanım göbeği gibi kızart, şuruba at.

hazır hamur tatlıları

adi tel kadayıfı

½ kilo tel kadayıf
100 gr tereyağ
1 ölçü istenilen tatlı içi (bkz. s. *232)*
35 cm çapında tepsi

şurubu için
3,5 su bardağı su
1 tatlı kaşığı limon suyu
5 su bardağı şeker

Şurubunu hazırlamak için şekeri su ve limon suyuyla ateşe koy. Kaynadıktan 2 dakika sonra ateşten al, soğut.

Kadayıfı elle silkerek kabart. Tepsiyi yağla, kadayıfın yarısını döşe. Hafif bastır, içini yay. Üzerine kalan kadayıfı yerleştir. Yağı erit, yüzüne gezdir. Fırına ver. Çıkınca soğuk şurubu üstüne gezdir. Soğuyunca sofraya al.

• Tatlı fırından çıkınca soğuduysa şerbeti sıcak; soğumadıysa şerbeti soğuk dökülmelidir.

burma tel kadayıfı

750 gr tel kadayıfı
1 ölçü istenilen iç (bkz. s. *232)*
400 gr tereyağ
35 cm çapında tepsi

şurubu için
3,5 su bardağı su
1 tatlı kaşığı limon suyu
5 su bardağı şeker

Kadayıfları iki ucundan tutarak tahtada uzat. İç koy, burarak ucuna getir. Başından döndürerek tekerlek hâline getir, tepsinin ortasına yerleştir. Diğer kadayıfları da aynı biçimde hazırla, tepsinin ortasındaki kadayıfın bittiği yerden tepsiyi doldurana kadar tamamla. Yağını kızdırmadan erit, kadayıfın üzerine gezdir. Fırına ver. Çıkınca soğuk şurubu üzerine gezdir.

ekmek kadayıfı

1 ekmek kadayıfı (600 gr)	*1 tatlı kaşığı limon suyu*
2 kg şeker	*200 gr kaymak*
10 su bardağı su	

Kadayıfı kendisinden 10 cm daha büyük bir tepsiye koy. 10 su bardağı sıcak su ilave et, üzerine bir bez yay, 20 dakika beklet. Yumuşayınca suyunu süzdür, bezle fazla sularını bastırarak iyice al.

Şekeri su ve limon suyuyla ateşe koy. Kaynadıktan 2 dakika sonra ateşten al, tepsideki kadayıfın üzerine gezdir. Çok hafif ateşte, arada kenarındaki şuruptan kaşıkla üzerine gezdirerek suyunu çekinceye kadar pişir, soğuyunca üzerine kaymak yerleştirerek sofraya al.

meyveli ekmek kadayıfı

1 ekmek kadayıfı	*1 litre vişne suyu*
1 kg şeker	

Ekmek kadayıfı gibi hazırla. Şurubunu vişne suyuyla kaynat, ilave et, pişir.

- İstenilen meyvelerin suyuyla aynı ölçülerde hazırlanabilir.

sütlü tel kadayıfı

½ kilo tel kadayıf	*1 ölçü istenilen tatlı içi (bkz. s. 232)*
100 gr tereyağ	*35 cm çapında tepsi*

şurubu için

5 su bardağı şeker	*3,5 su bardağı süt*

Tel kadayıfı (*bkz.* s. 247) gibi hazırla. Su yerine sütle kaynatılan şurubu dök.

- İstenirse üzerine kıyılmış badem konabilir.

yassı kadayıf

250 gr yassı kadayıf
1 su bardağı süt
2 su bardağı yağ
5 yumurta

şurubu için

3,5 su bardağı su
1 tatlı kaşığı limon suyu
5 su bardağı şeker

Şurubunu hazırlamak için şeker, su ve limon suyunu ateşe koy. Kaynadıktan 2 dakika sonra ateşten al.

Kadayıfları süte batır, çıkar. Süzgece koy, süzdür. Tavada yağı kızdır. Kadayıfları çırpılmış yumurtaya batır çıkar, tavadaki kızgın yağda kızart. Soğuk şuruba at, 1 saat beklet.

- Üzerine kıyılmış badem, ceviz vb serpilebilir.
- Meyveli yassı kadayıf aynı biçimde yapılır. Ancak şeker şurubu yerine vişne, çilek, kayısı vb meyve şuruplarına atılır.

yumurtalı tel kadayıfı

*1 ölçü adi tel kadayıfı ve şurubu (*bkz. s. *247)*
2 su bardağı tereyağ
6 yumurta

Kadayıfı avuç içine doldur, ortasına iç koy, elle bastırarak yumurta büyüklüğünde yumaklar yap. Yağı kızdır. Yumurtayı çukur kâsede çatalla çırp, kadayıfları içinde yuvarla, kızgın yağda kızart. Süzgeçte yağını süzdür, soğuk şurupta 5 dakika beklet, tabağa al.

karbonatlı hamur tatlıları

hurma tatlısı (fırında)

1 su bardağı süt
1 su bardağı zeytinyağı
4,5 su bardağı un
1 çay kaşığı karbonat
1 ölçü adi kadayıf şurubu (bkz. s. *247)*

Sütle zeytinyağını iyice çırp. Un ve karbonat ilave et. Kulak memesi yumuşaklığında hamur hazırla. Ceviz büyüklüğünde parçalar yuvarla, elek veya rendeye bastırarak şekil ver. Yağlanmış tepsiye diz, fırında pişir. Fırından çıkınca ılık şurubu dök, kapağını ört. Tatlıları arada alt üst ederek soğuyuncaya kadar beklet.

şekerpare

5 su bardağı (½ kilo) un
100 gr tereyağ
2 su bardağı küllü su veya süt
1 çay kaşığı karbonat
1 çay kaşığı tuz
1 ölçü adi kadayıf şurubu (bkz. s. *247)*

Porselen kâsede yağı elle ovarak beyazlaştır. Un, karbonat, tuz ve küllü suyu ilave et, kulak memesi yumuşaklığında yoğur. Elini yağlayarak yumurta büyüklüğünde hamur al, yuvarla, yağlanmış tepsiye diz. Fırından alır almaz, sıcak şurubu üzerine dök, soğuyunca tabağa çıkar.

yoğurt tatlısı

1 kâse (250 gr) yoğurt
4 çorba kaşığı şeker
4 yumurta
¾ ¾su bardağı un
¾ su bardağı irmik
1 tatlı kaşığı karbonat

kalıbı yağlamak için
1 çorba kaşığı eritilmiş tereyağ veya sadeyağ
1 çorba kaşığı un

şurubu için
3 su bardağı su
1 çorba kaşığı limon suyu
5 su bardağı şeker

Kalıbı yağla, üzerine un serperek çırp. Yoğurdu iyice ez. Şekerle yumurtaları koyulaşıncaya kadar çırp. Yoğurt, un, irmik ve karbonatı ilave et, yavaşça karıştır, kalıba dök, fırında pişir.

Şekeri, su ve limon suyuyla ateşe koy, kaynadıktan iki dakika sonra ateşten al. Fırından çıkan tatlıya sıcak dök. Şurubunu çekince tabağa al.

kayganalar

adi kaygana

10 yumurta
¼ su bardağı nişasta
½ su bardağı tereyağ

şurubu için
2 su bardağı su
1 tatlı kaşığı limon suyu
3 su bardağı şeker

Şurubunu hazırlamak için şeker, su ve limon suyunu ateşe koy. Kaynadıktan 2 dakika sonra ateşten al.

Yumurtaları koyulaşıncaya kadar çırp. Nişastayı ilave et, karıştır. Tavayı iyice kızdır. Yağın yarısını koy, erit. Yumurtanın yarısını dök, iki tarafını da kızart. Süzgece al, süzdür, ılık şurubun içinde 5 dakika beklet. Kalan yumurtayı da aynı biçimde kızart, şurupta beklet. Şekeri çekince dilimlere kes, tabağa al. Şurubunu üzerine gezdir.

kaymaklı kaygana

1 ölçü adi kaygana malzemesi
100 gr kaymak

Yukarıda tarifi verilen kayganayı hazırla. Kızarınca, şurupda 5 dakika beklet. Birinci kayganayı tabağa al. Soğuyunca kaymak koy, üstüne ikincisini kapat, dilimle. Kalan şurubu üstüne gezdir.

meyve ezmeli kaygana

1 ölçü adi kaygana malzemesi
1 su bardağı kayısı ezmesi
½ su bardağı şeker

Yukarıda tarifi verilen kayganayı hazırla. Kayısı ezmesiyle şekeri kaynat. Koyulaşınca ateşten al. Ilınınca yarısını kaygananın üzerine dök. Üstüne ikinci kayganayı kapat, artan pelteyi dök.

- Kuru kayısı, ayva, elma gibi meyvelerle önce haşlayıp sonra şeker ilavesiyle pelte hazırla, kullan.

mayalı hamur tatlıları-lokmalar

adi lokma

2,5 su bardağı un
1,5 su bardağı su
Ceviz büyüklüğünde yaş maya
1 çay kaşığı tuz
4 damla sakızı
3 su bardağı zeytinyağı

şurubu için
3,5 su bardağı su
1 tatlı kaşığı limon suyu
5 su bardağı şeker

Bir tencereye unu ele, ortasını aç. Yarım su bardağı ılık su, maya ve biraz kenarından un alarak ez, boza koyuluğuna getir. Unu üzerine topla. Sıcak bir yerde beklet.

Hamurda çatlamalar olunca arasını aç, kalan suyu, tuz ve dövülmüş sakızı ilave ederek çırpa çırpa yoğur. Tencerenin kapağını ört, sıcak yerde mayalandır. Hamur iki-üç misli kabarınca ucundan kopar, göz göz olmuşsa, avuç içinden sıkıp yağa batırılmış kaşıkla alarak bol kızgın yağa at. Kevgirle vura vura kızart, önceden hazırlanmış soğuk şuruba at.

saray lokması

1 ölçü adi lokma hamuru ve şurubu

Yukarıda tarifi verilen adi lokma gibi yapılır. Yalnızca lokmalar çok küçük küçük sıkılarak yağa atılır.

yumurtalı lokma

1 ölçü adi lokma hamuru ve şurubu
1 yumurta

Yukarıda tarifi verilen adi lokma hamuru gibi hazırlanır, yalnızca 1 fincan eksik suyla yoğrulur. Bir yumurta kırılarak lokma hamuru kıvamına getirilir, mayalandırılır.

meyaneli hamur tatlıları

adi un helvası

1 su bardağı tereyağ
2 su bardağı un
2 çorba kaşığı çam fıstığı
3 su bardağı şeker
4 su bardağı su

Yağı, dibi yuvarlak tencerede erit. Fıstığı ve unu ilave et. Çok hafif ateşte pembeleşinceye kadar karıştırarak kavur. Şekeri suyla bir taşım kaynat. Kavrulan, kıvamı gelmiş meyaneye dök. Tencereye yapışmayıncaya kadar karıştırarak tanelendir. Ateşten al.

• Helvanın meyanesinin geldiği, fıstığın pembeleşmesinden anlaşılır.

• Helvanın taneli olması istenirse şurup meyaneye kaynar hâlde, krema gibi olması istenirse soğuk hâlde dökülür.

• Helva meyanesi ne kadar hafif ateşte ve geç kıvama getirilirse o kadar güzel olur. İyi bir helva en az 40-50 dakika, çok hafif ateşte, yağla un arada karıştırılarak kavrulmak suretiyle yapılır.

aside

1 su bardağı un
½ su bardağı tereyağ
1,5 su bardağı şeker
3 su bardağı su

Yukarıda tarifi verilen un helvası gibi hazırla. Şurubunu dök. Koyu boza kıvamına gelince kâselere doldur.

irmik helvası

1 su bardağı sadeyağ (eritilmiş, tuzu alınmış)
2 su bardağı irmik
2 çorba kaşığı helva fıstığı
2 su bardağı şeker
3 su bardağı süt

Yağı erit. İrmik, badem veya fıstığı ilave et. Çok hafif ateşte fıstıklar pembeleşinceye kadar arada karıştırarak kavur. Şekerle sütü bir taşım kaynat, kaynar hâlde pembeleşen meyaneye dök. Suyunu çekince bir-iki karıştır. Temiz bir bez ve kapak ört. Daha hafif ateşte 2 saat demlendir.

- Demlendirirken ocak demirlerini üst üste koy, ocağı en kısık ateşte yak veya amyantlı tel kullan.

nişasta helvası

1 su bardağı buğday nişastası
2 su bardağı su
1 su bardağı şeker
½ su bardağı tereyağ
½ su bardağı ceviz içi

Nişastayı ıslat, ekşisinin gitmesi için suyunu süz. Tekrar 2 su bardağı su ve şekerin yarısını koy, karıştır. Tavada yağı erit. Sulu nişastayı dök, karıştıra karıştıra taneleninceye kadar pişir. Taneler leblebi büyüklüğüne gelince pişmiş demektir. Tencereyi ateşten al, temiz bir bez ve kapak ört, yarım saat demlendir. Artan toz şekeri dök, sofraya al.

- İstenirse yenirken dövülmüş ceviz de serpilir.
- Nişasta yağla kavrularak diğer helvalar gibi de pişirilebilir.
- Günümüzde hazır nişasta olduğu gibi kullanılır.

pirinç unu helvası

½ su bardağı tereyağ
1 çorba kaşığı badem
1 su bardağı pirinç unu
2 su bardağı süt veya su
1,5 su bardağı şeker

Yağı erit, ateşten al, soğumaya bırak. Biraz ılıyınca tekrar ateşe koy, ısınmaya başlarken bademleri ve pirinç ununu yavaş yavaş ilave et. Tahta kaşıkla kavur. Meyanesi gelince yağ çıkarmaya başlar ve rengi değişir. Kaşığın arkasına yapışmıyorsa olmuştur. Sütle şekeri kaynat, meyaneye birden dök, hızlı hızlı karıştır. İyice karışınca ateşten al, üzerine önce bir bez, sonra kapak ört, 20 dakika demlendir.

sabuniye

50 gr tereyağ
100 gr şeker
50 gr nişasta
150 gr soğuk su

Tencereye yağı koy, şekeri ilave et. Nişastayı suyla ez. Tencereyi ateşe koy. Şeker eriyince nişastalı suyu ilave et, tahta kaşıkla eze eze katı külçe hâline gelene kadar karıştırarak pişir, sofraya al.

• İstenirse kabuğu alınmış 1 çorba kaşığı badem veya fıstık içi, nişasta yağa ilave edildikten sonra konulabilir.

sütlü un helvası

Adi un helvası (*bkz.* s. 254) ölçüleriyle, su yerine süt konarak aynen pişirilir.

tatlı kurabiyeler

acıbadem kurabiyesi

3 su bardağı (200 gr) iç badem, kabukları alınmış, çekilmiş
4 yumurta akı
1 su bardağı (150 gr) toz şeker
1 su bardağı (150 gr) pudra şekeri
1 çorba kaşığı toz şeker
2 parşömen kâğıdı

Bademleri kabuklarını aldıktan sonra iyice kurut. Havanda bir yumurta akıyla döv, ezilince bir kâseye al. Bir yumurta akı ve toz şekeri ilave et, tahta kaşıkla iyice karıştır. Pudra şekerini ve kalan yumurta aklarını da ilave et. Ne sert ne yumuşak hamur hazırla. Fırın tepsisine parşömen kâğıdı yay. Hamurdan ceviz büyüklüğünde toplar yap, üçer parmak aralıklı yerleştir. Ortalarına birer acıbadem bastır. Toz şeker serp. Üzerine parşömen kâğıdı kapla, çok hafif hararetli fırına ver. Pembeleşince çıkar.

fındıklı acı badem kurabiyesi

Yukarıda tarifi verilen acıbadem kurabiyesinin ölçüleriyle, badem yerine fındık kullanılarak hazırlanır.

fıstıklı acı badem kurabiyesi

Yukarıda tarifi verilen acıbadem kurabiyesinin ölçüleriyle, badem yerine yeşil fıstık kullanılarak hazırlanır.

kuş lokumu

250 gr un
150 gr tereyağ
100 gr şeker
4 yumurta sarısı
¼ su bardağı küllü su veya süt

Unu ele, ortasına yağ, şeker, yumurta sarıları ve küllü suyu koy, yoğur. Tepsiyi yağla, hamuru yay. Elleri yağa batır, hamuru bastıra bastıra çukur biçimler ver, fırına sür. Soğuyunca keserek çıkar.

- İstenirse kurabiye şekli verilerek de tepsiye dizilebilir.

un kurabiyesi

8 çay bardağı un
1 çay bardağı pudra şekeri
1 su bardağı (250 gr) tereyağ

Un, pudra şekeri ve yağı bir kâsede yoğur. Yuvarlaklar yap, çok hafif hararetli fırında pişir. Üstü sertleşince pembeleşmeden al. Pudra şekerine bula.

- *Tatlıcı Başı* kitabında yağ, şeker ve un birer ölçü verilmiştir. Ancak günümüz malzemeleriyle yukarıdaki ölçüler iyi sonuç vermektedir.

sütlü tatlılar

sübye hazırlama

100 gr pirinç
200 gr su

Pirinci akşamdan ayıkla, yıka. Suda sabaha kadar beklet. Havanda döv veya çırpıcıda çırparak iyice ez, boza kıvamına getir. Elekten geçir, sütlü tatlılarda kullan.

- Sübyeyi farklı miktarlarda yaparken, 1 ölçü pirince 2 ölçü su kullanılmalıdır.

adi muhallebi

8 su bardağı süt
½ su bardağı pirinç unu veya 1,5 ölçü sübye (bkz. s. 258)
1 su bardağı toz şeker
1 tatlı kaşığı tarçın

Sütü kaynat, ılıt. İçinden bir kâse al, pirinç unuyla ez, ince elekten süz, ılınmış süte karıştırarak yedir. Şekerini ilave et, karıştır. Çok hafif ateşte karıştıra karıştıra pişir. Koyulaşınca kâselere dök. Soğuyunca tarçın serp.

- Piştiği şöyle anlaşılır: Muhallebiye kırmızı bir koru (ateş parçası) batır, hemen çıkar. Ateş sönmez ve muhallebi yapışmazsa olmuş demektir.
- Pirinç unu yerine sübye kullanılırsa daha güzel olur.
- Muhallebi ne kadar ağır pişirilirse o kadar lezzetli olur.

çarşı muhallebisi

8 su bardağı süt
½ su bardağı pirinç unu
1 çorba kaşığı nişasta
1 su bardağı pudra şekeri
¼ su bardağı gül suyu

Sütü kaynat, ılıt. Bir kâsede pirinç unu ve nişastayı ez. İnce elekten süz. Ilık sütü ateşe koy. Ezmeyi yavaş yavaş karıştırarak yedir. Hafif ateşte karıştırarak pişir. Koyulaşınca kâselere veya bir tepsiye dök, üzerine pudra şekeri serp, gül suyu gezdir.

güllaç

14 güllaç
6 su bardağı süt
4 su bardağı şeker
1 su bardağı çekilmiş ceviz, badem vb içi
¼ su bardağı gül suyu (istenirse)

Sütü kaynat, şeker ilave et. Eridikten sonra el dayanacak sıcaklığa gelince güllaçtan biraz büyük, kenarlı tepsiye 2 kepçe koy. Bir güllacı içine batır. Yumuşayınca dört taraftan bohça katla.

Bir kahve fincanının içine güllacın ortasını bastırarak yerleştir, içini koy. Taşan güllaç kenarlarını için üstüne kapat. Hafifçe bastır. Bir tepsiye ters çevir. Bütün güllaçları aynı biçimde hazırla. Üzerine artan sütü dök. Çok hafif ateşte bir taşım kaynat.

- Güllaçlar sarma, sigara, bülbül yuvası ve benzeri biçimlerde hazırlanabilir.
- Renk verilmek istenirse bir parça nöbet şekeri dövülüp serpilebilir.

kazandibi

1 ölçü tavuk göğsü malzemesi (bkz. s. 263)
1 çorba kaşığı pudra şekeri
30-35 cm çapında tepsi

Tavuk göğsünü hazırla. Bir tepsiyi yıka, ısıt, şekeri serp. Soğuk tavuk göğsünden yarım parmak inceliğinde yay. Alttan yanan, kapağı açık kızgın fırında veya ateş üzerinde dibini tuttur. Kalan tavuk göğsünü soğuk olarak üzerine dök. Tekrar fırına koy, koyulaşınca çıkar, soğut. Karelere kes, spatülle çevirerek tabağa al.

- Fırından alınınca tepsinin dibi soğuk suya batırılıp çıkarılır ve soğutulursa kolay kalkar.

kazandibi (yalancı)

150 gr pirinçle hazırlanmış sübye (bkz. s. *258)*
5 su bardağı (1 litre) süt
1 su bardağı şeker
1 çorba kaşığı nişasta
1 çorba kaşığı tereyağ
1 çorba kaşığı pudra şekeri
25 cm çapında tepsi

Muhallebi pişir. Tepsiyi yağla, pudra şekeri serp. Soğuyan muhallebiden yarım parmak inceliğinde yay. Alttan yanan, kapağı açık kızgın fırında veya ateş üzerinde dibini tuttur. Kalan muhallebiyi de soğuk olarak üzerine yay. Tekrar fırında pişir. Fırından alarak başka bir kapta bulunan soğuk suya tepsinin dışını batır. Birkaç saniye tuttuktan sonra çıkar, soğut (yanığı kolay kalkar). Soğuyunca, muhallebiyi 10 cm karelere kes. Kevgirle kazıyarak tepsiden al. Lüle şeklinde sararak tabağa yerleştir.

keşkül

½ su bardağı pirinç unu veya 100 gr pirinçle hazırlanmış sübye (bkz. s. *258)*
½ su bardağı Hindistan cevizi
¼ su bardağı badem içi
5 su bardağı süt
1,5 su bardağı şeker
¼ su bardağı yeşil fıstık

Pirinci akşamdan sübye yap. Hindistan cevizinin ve bademin yarısını havanda macun hâline gelene kadar döv veya çırpıcıdan geçir. Tel süzgeçten 1 su bardağı sütün içine, hiç kalmayıncaya kadar, tekrar tekrar döverek geçir. Kalan sütü kaynat, ılıt. Şeker, sübye veya pirinç unuyla dövülmüş fıstıklı sütü ilave et. Karıştırarak hafif ateşte 10-15 dakika pişir. Göz göz olması için yüksekten akıtarak kâselere doldur. Soğuyunca yeşil fıstığı ve bademi döv, Hindistan ceviziyle karıştır. Keşkülün üzerine koy.

keşkülü fukara

¼ su bardağı badem içi
¼ su bardağı çam fıstığı
¼ su bardağı fındık içi
1 su bardağı toz şeker
1 su bardağı Hindistan cevizi
8 su bardağı süt
½ su bardağı nişasta

Badem, fıstık ve fındığın dış kabuklarını al. Havanda şekerle macun gibi oluncaya kadar döv. Üçte birini ayır, Hindistan ceviziyle karıştır. Sütü kaynat, ılıt. Bir bardağını nişastayla ez. Kalanı ateşe koy. Bir taşım kaynayınca dövülmüş şekerli ezmeyi ve nişastalı sütü ilave et. Karıştırarak koyulaşıncaya kadar pişir. Kâselere dök. Soğuyunca Hindistan cevizi karıştırılmış ezmeyi üzerlerine döşe, sofraya al.

• Badem, fıstık, fındık makinede çekilerek yapılabilir. Veya çekildikten sonra bir bardak sütle çırpıcıda (blenderde) çırpılarak da hazırlanabilir.

sakızlı muhallebi

1 ölçü adi muhallebi malzemesi (bkz. s. 259)
4 damla sakızı

Muhallebi gibi hazırla. Sadece pirinç ununu karıştırdıktan sonra kaynamaya başlayınca, bir tatlı kaşığı şekerle havanda dövülmüş sakızı ilave et.

sakızlı sütlaç

1 ölçü sütlaç (bkz. s. 263)
4 damla sakızı

Sütlaç gibi hazırla. Sadece sütlacın şekerini koyduktan sonra 1 tatlı kaşığı şekerle havanda dövülmüş sakızı ilave et.

sütlaç

½ su bardağı pirinç
8 su bardağı süt
1 su bardağı şeker
1 tatlı kaşığı nişasta

Pirinci cam kâsede akşamdan ıslat, ertesi gün yıka, süzdür. Önceden kaynatılmış ılık sütle ateşe koy. Kaynayınca çok hafif ateşe al. Pirinçler pişince önce şekeri, üç defada, kaynadıkça vererek ilave et. Beş dakika sonra sütle ezilmiş nişastayı karıştır. Koyulaşınca ateşten al, kâselere dök.

- Sütlaç nişasta konulmadan çok hafif ateşte kıvama getirilirse daha lezzetli olur.
- Pirinç önce suyla haşlanıp kaynar süt ilavesiyle de pişirilebilir. Ancak yukarıdaki kadar lezzetli olmaz.
- Şekeri üç defada verince pirinci sertleştirmez.

tavuk göğsü

1 tavuğun 1 göğsü
8 su bardağı süt
350 gr pirinçten yapılmış sübye (bkz. s. *258*)
2 su bardağı toz şeker
Tarçın

Yeni kesilmiş tavuğu ayıkla, yıka, haşla. Göğüs etlerini soğut, ince ayır. Uzunlamasına iki ucundan tut, aksi yönlere bük, tiftik gibi ince dit, soğuk suda 1 saat beklet.

Sütü kaynat, yarısını ayır, didilmiş, süzülmüş etleri koy, karıştıra karıştıra pişir, ince tellere ayrılınca ateşten al. Pirinç ununu kalan sütün birazıyla ez, diğer yarısını ateşe koy. Kaynayınca sütle ezilen pirinç ununu ilave et. Kaynayınca tavuklu sütü ilave et, sürekli karıştır. Koyulaşınca şekeri koy, sakız gibi olana kadar, arada ateşten alıp tahta kepçenin tersiyle döve döve pişir. Kâselere al, soğuyunca tarçın serperek sofraya al.

- Tavuğun yeni kesilmiş olması iyi sonuç verir. Tavuk ne kadar bayat olursa tel tel olması o kadar güçleşir.
- İstenirse ateşten almadan gül suyu ilave edilir.
- Sübye yapılamazsa 125 gr pirinç unu 125 gr nişastayla akşamdan ıslatılarak pişirilir.

vanilyalı muhallebi

1 ölçü adi muhallebi malzemesi (bkz. s. 259)
1 çay kaşığı vanilya

Adi muhallebi gibi hazırla. İndirmeden 5 dakika önce vanilyayı 1 tatlı kaşığı toz şekerle karıştır, muhallebiye ilave et.

vanilyalı sütlaç

1 ölçü sütlaç malzemesi (bkz. s. 263)
1 çay kaşığı vanilya

Sütlacı hazırla. Ateşten almadan 5 dakika önce vanilyayı 1 tatlı kaşığı toz şekerle karıştır, sütlaca ilave et.

yağlı veya kaymaklı sütlaç

1 ölçü sütlaç malzemesi (bkz. s. 263)
100 gr kaymak veya tereyağ

Sütlaç gibi hazırla, pişir. Sadece ılık sütü pirinçle ateşe koyarken önce kaymak veya yağı, eridikten sonra da pirinci ilave et.

hafif tatlılar

aşure

3 su bardağı aşurelik buğday
½ su bardağı fasulye
½ su bardağı bakla
½ su bardağı nohut
½ su bardağı sarı üzüm
½ su bardağı hurma
½ su bardağı pirinç
4 su bardağı şeker
2 çorba kaşığı nişasta
16 su bardağı su
2 çorba kaşığı gül suyu veya biraz misk
2 su bardağı ceviz veya fındık içi

Buğdayı ayıkla, yıka. Akşam 16 su bardağı suyla bir taşım kaynat, sabaha kadar suyuyla beklet. Fasulye, nohut ve baklayı ayrı ayrı kaplarda aynı biçimde kaynat, sabaha kadar suyunda beklet.

Sabah buğdayı kendi suyuyla, çekmişse su ilave ederek ateşe koy. Fasulye, nohut ve baklayı, yeni su koyarak yumuşayıncaya kadar haşla, kabuklarını soy. Üzümü ve ikiye üçe bölünmüş hurmayı ayrı kaplarda haşla. Buğday yumuşayınca pirinci, üzümü ve hurmayı ilave et. Bir taşım kaynayınca bakla, nohut ve fasulyeyi ilave et. Sertleştirmemesi için şekerini, kaynamadan önce birer bardak, kaynayınca tekrar birer bardak olarak dört defada koy. Dibini tutmaması için sürekli karıştırarak pişir. Helmeleşince, nişastayı suyla ez, ilave et. Bir taşım kaynayınca gülsuyu veya misk ilave et. Ateşten al, kâselere dök. Üstüne dövülmüş ceviz veya fındık dök.

- Üstüne badem, fıstık kullanıldığı gibi nar taneleri ve kuş üzümü de serpilebilir.

güllaç (sulu)

14 güllaç
4 su bardağı şeker
2 su bardağı su
1 ölçü cevizli veya bademli iç

ıslatmak için

5 su bardağı (1 litre) su
¼ su bardağı şeker

Dört su bardağı şekeri iki su bardağı suyla ateşe koy. Kaynadıktan 2 dakika sonra ateşten al. Bir litre suyu şekerle kaynat. El dayanacak sıcaklığa gelince güllaçtan biraz büyük kenarlı tepsiye kepçeyle şekerli su koy. Bir güllacı içine batır. Yumuşayınca dört taraftan bohça katla. Bir fincanın içine ortasını bastırarak yerleştir, kenarları hafif taşsın. İçini koy. Taşan güllaç kenarlarını için üstüne kapat, hafifçe bastır. Servis tabağına ters çevir, silkele. Üzerine ılık şurup dök, sofraya al.

nazlı aş

¼ su bardağı pirinç
2 ¼ su bardağı su
¾ su bardağı şeker
¼ su bardağı ceviz içi, dövülmüş

Pirinci suyla hafif ateşte koyulaşıncaya kadar kaynat. Şekerini 3 defada ilave et. 5 dakika daha kaynat, kâselere al. Soğuyunca dövülmüş ceviz serp.

pelte (paluze)

5 su bardağı su
1 su bardağı şeker
½ su bardağı buğday nişastası
1 çorba kaşığı yeşil fıstık ve badem
1 tatlı kaşığı gülsuyu
1 tatlı kaşığı tarçın

Suyla şekeri karıştır. Eriyince ateşe koy. Nişastayı suyla ez, hemen şekerli suya ilave et. Çok hafif ateşte şeffaflaşıp koyulaşıncaya kadar pişir. Gülsuyunu ilave et, ateşten al. Kâselere doldur, soyulmuş yeşil fıstık veya badem içi diz, dondur. Üzerine tarçın serp.

- Peltelere meyve suları katılarak limonlu pelte, portakallı pelte vb de yapılabilir.

su muhallebisi

150 gr pirinçle hazırlanmış sübye (bkz. s. 258) *veya ½ su bardağı pirinç unu*
5 su bardağı su
1 su bardağı toz şeker
1 su bardağı süt
1 çorba kaşığı gülsuyu
1 lüle kaymak

Sübyeyi suyla iyice ez, ateşe koy. Çok hafif ateşte sürekli karıştırarak pişir. Koyulaşınca tepsiye veya tabaklara dök. Tepsiye döküleni karelere kes, tabak veya kâselere al. Üzerine toz şeker serp. Süt ve gülsuyunu dök, kaymak koy.

sütlü aşure

1 ölçü aşure malzemesi (su yerine süt konulmuş) (bkz. s. 265)

Aşure gibi hazırla, su yerine süt kullanarak pişir.

süzme aşure

1 ölçü aşure malzemesi (bkz. s. 265)

Aşure gibi hazırla, süzgeçten suyunu süzdür, kâselere koy.

- Süzgeçten ezerek, özünü geçirerek de hazırlanabilir.

zerde

½ gr safran veya zerdeçal
¼ su bardağı pirinç
¾ su bardağı şeker
1 çorba kaşığı gülsuyu
2 ¼ su bardağı su
¼ su bardağı ılık su
1 tatlı kaşığı nişasta

Safran veya zerdeçalı cam kâsede gülsuyu içinde akşamdan beklet. Pirinci ayıkla, yıka, çok hafif ateşte yumuşayıncaya kadar pişir. Sertleşmemesi için şekerin üçte birini ilave et. Bir taşım kaynayınca kalan şekerin yarısını, tekrar kaynayınca tamamını ilave et. Safranlı gülsuyunu karıştır. Kaynayınca çeyrek bardak ılık suyla ezilmiş nişastayı karıştır. 5 dakika daha kaynat. Kâselere dök. Soğuyunca üzerine tarçın serp, üzüm, nar, fıstık vb ile süsle.

- Nişasta konulmadan pirinç çok hafif ateşte kıvama getirilirse daha lezzetli olur.
- Pirinç konduktan sonra 1 çorba kaşığı tereyağ konularak tereyağlı zerde hazırlanabilir.

sebze tatlıları

bal kabağı tatlısı

1,5 kg bal kabağı
½ su bardağı su
1 su bardağı iç ceviz, dövülmüş

şurubu için
1,5 su bardağı toz şeker
½ su bardağı su

Şekerle suyu ateşe koy, bir taşım kaynat, ateşten al. Bal kabağını soy, ince dilimlere kes, yıka, kenarlı tepsiye diz. Üzerine yarım su bardağı su koy, kapağını ört, hafif ateşe oturt. Kabaklar yumuşamaya başlayınca şurubunu dök, kabaklar yumuşayıncaya kadar pişir. Soğuduktan sonra tabağa al, ceviz serpiştir.

sütlü kabak lapası

1 kg helvacı kabağı
2 su bardağı süt
1 çorba kaşığı buğday nişastası
¼ su bardağı süt
1 su bardağı şeker
1 çorba kaşığı gülsuyu
½ su bardağı ceviz içi, dövülmüş

Kabakları ayıkla, doğra, yıka. Üstünü örtecek kadar su ilave et, kapağını ört, haşla, süzgece al, suyunu iyice süzdür. Kabakları süzgeçten geçir, tencereye koy. Sütü ilave et, karıştırarak pişir. Nişastayı çeyrek bardak sütle ez, ilave et. Koyulaşınca kâselere dök. Üstüne toz şeker, gülsuyu ve ceviz içi serp.

- Şeker sütle beraber içine de ilave edilebilir.

meyve tatlıları

ayva tatlısı

1 kg orta büyüklükte ayva
3 su bardağı (450 gr) şeker
2,5 su bardağı (½ kilo) su
200 gr kaymak

Ayvaları ortadan ikiye böl. Çekirdek yataklarını çıkar, soy. Tatlı suyla yarı yumuşayıncaya kadar haşla, kevgirle çıkar, süzdür. Süzülen suya şekeri ilave et, kaynadıktan 2 dakika sonra ateşten al. Ayvaları içine koy, çok hafif ateşte yumuşayıncaya kadar pişir. Kâselere al, şurubunu üzerine dök. İçlerine kaymak koy, sofraya al.

- Kaymaksız da sofraya alınabilir.

elma tatlısı

1 kilo orta boy ekşi elma
2,5 su bardağı su
2,5 su bardağı şeker
100 gr kaymak

Elmaların çekirdek yataklarını oyacakla çıkar ve 2,5 su bardağı suda yarı haşla, kevgire çıkar, süzdür. Süzülen suyu şekerle ateşe koy, kaynadıktan 2 dakika sonra elmaları içine at, yumuşayıncaya kadar pişir. Soğuyunca oyuk yerlerine kaymak veya tatlı içlerinden birini doldur. Şurubunu üzerine dök. Sofraya al.

elmasiye

45 gr jelatin
½ kilo şeker
1 yumurta
4 su bardağı (800 gr) su
3 portakal
3 elma
3 muz
2 mandalina
2 çorba kaşığı limon suyu

Jelatini soğuk suda buzdolabında 2 saat beklet. Büyükçe bir tencereye şeker, yumurta akı, su ve jelatini koy, karıştır. Ateşe koy, karıştırmadan bir taşım kaynat, tülbentten süz. Kalıba üçte birini koy, dondur. Meyvelerin kabuklarını soy, fındık büyüklüğünde doğra, kalan jelatinli suyla karıştır. Jelatini donmuş kalıba doldur, buzdolabında beklet. Donunca ılık suya batırıp çıkararak tabağa alt üst et.

- İstenirse jelatinin yarısına boya karıştırılıp iki renkli de hazırlanabilir.
- Hazır jölelerle de yapılabilir.

armut tatlısı

1 kilo armut
2 su bardağı şeker
2 su bardağı su
100 gr kaymak

Armudun saplarını koparmadan, içini oymadan soy veya ortadan ikiye ayır. Çekirdek yataklarını çıkar, soy. Ayva tatlısı gibi hazırla, pişir.

hurma tatlısı

½ kilo hurma
1 litre su
¼ su bardağı badem veya kaymak
¾ su bardağı şeker
½ su bardağı haşlanmış hurmanın suyu

Hurmaları yıka, haşla, çekirdeklerini yavaşça çıkar. İçine badem veya kaymak koy. Tabağa diz. Şekeri hurmanın haşlanmış suyuyla bir taşım kaynat, ateşten al. Soğuyunca hurmaların üzerine dök.

incir tatlısı

250 gr kuru incir
2 su bardağı su
1 su bardağı ceviz içi, çekilmiş
¼ su bardağı şeker

İncirleri yıka, soğuk suyla ateşe koy, yumuşayıncaya kadar haşla. Kevgire al, süzdür. Keskin bıçakla altından veya yanından açarak ceviz içi doldur, tabağa diz. Haşlama suyunu şekerle ateşe koy, kaynadıktan iki dakika sonra al, incirlere dök. Soğuyunca sofraya al.

kayısı tatlısı

250 gr taze kayısı
1 su bardağı şeker
100 gr kaymak

Kayısıları yıka, baş kısmından ve tamamen bölmeden ikiye ayırarak çekirdeklerini çıkar. Şekerli suyla ateşe koy, iki taşım kaynayınca kayısıları at, çok hafif ateşe al. İki taşım kaynat, soğut. Kaşıkla alarak içlerine, haşlanarak kabuğu alınmış badem içi veya kaymak doldur. Tabağa diz. Şurubunu üzerine gezdir.

kuru kayısı tatlısı

250 gr kuru kayısı
1 su bardağı toz şeker
100 gr kaymak

Kayısıları akşamdan suyun içinde beklet. Sabah taze kayısı tatlısında olduğu gibi pişir.

portakal tatlısı

1 kilo portakal
3 karanfil
2 su bardağı su
1 su bardağı portakal suyu
3 su bardağı şeker

Portakalları soy, keskin bıçakla içlerini oy, çekirdeklerini ve beyaz kısımlarını çıkar, yuvarlak dilimlere kes. Büyükçe bir kâseye yerleştir, karanfilleri koy. Su, portakal suyu ve şekeri ateşe koy. Kaynadıktan 2 dakika sonra portakalların üzerine dök. Soğuyunca sofraya al.

şeftali tatlısı

½ kilo şeftali
2 su bardağı şeker
200 gr kaymak

Kayısı tatlısı (*bkz.* s. 271) gibi hazırla, sadece şeftalilerin kabuklarını soy, ikiye ayır. Pişip soğuduktan sonra ortalarına kaymak yerleştir.

turunç tatlısı

1 kilo turunç
3 karanfil
3 su bardağı su
3 su bardağı şeker

Portakal tatlısı gibi hazırla. Sadece şurubunu turunç suyu ilave etmeden pişir.

hoşaflar

ayva hoşafı

1 kilo limon ayvası
5 su bardağı su
3 su bardağı toz şeker (daha az veya çok)

Ayvaları boydan dörde böl, tekrar dörde böl, çekirdek yataklarını çıkar, soy. İstenilen büyüklükte doğra, suyla tencereye koy. Kapağını ört, yumuşayıncaya kadar kaynat. Şekeri ilave et, bir taşım kaynat, ateşten al, soğut.

armut hoşafı

1 kilo armut
4 su bardağı su
2 su bardağı şeker
2 karanfil

Yukarıda tarifi verilen ayva hoşafı gibi hazırla, sadece haşlanırken karanfil ilave et.

kayısı hoşafı

½ kilo taze kayısı
2,5 su bardağı su
1 su bardağı toz şeker

Suyla şekeri bir taşım kaynat. Çekirdekleri alınmış, yıkanmış kayısıları ilave et. Bir taşım kaynayınca ateşten al, soğuyunca kâselere doldur.

kayısı kurusu hoşafı

200 gr kuru kayısı
2,5 su bardağı su
1 su bardağı şeker (daha az veya çok)

Kayısıları bol suda yıka, soğuk suyla ateşe koy. Yumuşayınca şekerini ilave et. Bir taşım kaynat, ateşten al. Soğuyunca kâselere doldur.

erik hoşafı

½ kilo taze erik
2,5 su bardağı su
2 su bardağı toz şeker

Erikleri yıka, suyla ateşe koy. İki taşım kaynat. Şekerini ilave et. İki taşım daha kaynat, ateşten al. Soğuyunca kâselere doldur.

erik kurusu hoşafı

250 gr kuru erik
2,5 su bardağı su
1 su bardağı şeker (daha az veya çok)

Erikleri akşamdan bol suda ıslat. Sabah yıka, süzdür. 2,5 su bardağı suyla ateşe koy. Kaynayınca şekerini ilave et. 10 dakika kaynat. Ateşten al. Soğuyunca kâselere doldur.

üzüm hoşafı

200 gr kuru üzüm
2,5 su bardağı su
1 su bardağı şeker

Üzümü akşamdan suda ıslatıp sabah yıka, 2,5 su bardağı suyla ateşe koy. Bir taşım kaynat, şekeri ilave et, 5 dakika kaynat, ateşten al. Soğuyunca kâselere doldur.

üzüm-kayısı hoşafı

150 gr kuru üzüm
50 gr kuru kayısı
2,5 su bardağı su
1,5 su bardağı şeker (daha az veya çok)

Kayısı ve üzümleri akşamdan suda ıslat. Sabah yıka. Suyla ateşe koy. Bir taşım kaynayınca şekeri ilave et. 5 dakika kaynat, ateşten al.

vişne hoşafı

½ kilo vişne
2,5 su bardağı su
2 su bardağı toz şeker

Vişneleri yıka, çekirdeklerini çıkar. Suyla ateşe koy. Bir taşım kaynat, şekeri ilave et. 5 dakika daha kaynat, ateşten al. Soğuyunca kâselere doldur.

dondurmalar

adi dondurma (kaymaklı)

5 su bardağı (1 kilo) süt
1,5 su bardağı (250 gr) şeker
1 tatlı kaşığı salep

Sütü kaynat, şekerle karışmış salebi ilave et. (Salebi şekerle karıştırmazsanız top top olur.) Karıştırarak 5 dakika kaynat. Arada kepçeyle yukarıdan savura savura dökerek soğut. Alüminyum kaplara veya buz kalıplarına dök, buzlukta arada bir karıştırarak dondur.

bademli dondurma

5 su bardağı (1 kg) süt
150 gr iç badem
1,5 su bardağı (250 gr) şeker
½ paket vanilya

Bademi haşla, kabuklarını çıkar. Makineden çek ya da 1 bardak sütle çırpıcıda boza kıvamına gelene kadar çırp. Süt, şeker ve bademli sütü ateşe koy. Karıştırarak 10 dakika pişir, ateşten al. Savurarak soğut. Alüminyum kaplara dök, buzlukta arada bir karıştırarak dondur.

çilekli dondurma

1 su bardağı süt
350 gr çilek
2,5 su bardağı toz şeker
2,5 su bardağı su
2 limon suyu
1 yumurta akı

Sütü kaynat, soğut. Çilekleri ez, süzgeçten geçir. Bütün malzemeleri kaşıkla şeker eriyinceye kadar karıştır. Şeker eriyince tülbentten süzdür. Buz kalıplarına doldur. Arada bir karıştırarak buzlukta dondur.

çikolatalı dondurma

250 gr toz şeker
5 yumurta sarısı
1 çorba kaşığı nişasta
1 litre süt
80 gr çikolata veya 50 gr kakao

Şeker, yumurta sarıları ve nişastayı karıştır. Kaynar sütü dök, bir taşım kaynat. Savurarak soğut. Ilınınca iri rendelenmiş çikolataları ilave et. Soğuyunca buzlukta dondur.

- Kakaolu yapılırsa kakao nişastayla karıştırılarak önden dökülür, pişirilir.

kayısılı dondurma

½ kilo taze kayısı
1,5 su bardağı şeker
1,5 su bardağı su
1 yumurta akı
1 su bardağı süt

Yukarıda tarifi verilen çilekli dondurma gibi hazırla.

kavunlu dondurma

½ kilo kavun
1 su bardağı toz şeker
1 su bardağı su

Çilekli dondurma (*bkz.* s. 276) gibi hazırla.

limonlu dondurma

1,5 su bardağı toz şeker
2,5 su bardağı su
1 su bardağı limon suyu
½ limon kabuğu rendesi

Şekerle suyu kaynat. Limon suyunu ve rendesini ilave et, tülbentten süz. Soğuyunca kalıplara doldur. Arada bir karıştırarak buzlukta dondur.

portakallı dondurma

1 su bardağı portakal suyu
1 su bardağı şeker
2,5 su bardağı su
1 çorba kaşığı portakal kabuğu rendesi

Limonlu dondurma gibi hazırla.

şeftalili dondurma

½ kilo şeftali
1,5 su bardağı şeker
1,5 su bardağı su
1 yumurta akı
1 su bardağı süt

Çilekli dondurma (*bkz.* s. 276) gibi hazırla.

vanilyalı dondurma

1,5 su bardağı şeker
4 yumurta sarısı
1 çorba kaşığı nişasta
1 tatlı kaşığı vanilya
5 su bardağı süt

Şeker, yumurta sarıları, nişasta ve vanilyayı telle karıştır. Kaynar sütü dök, ateşe koy. Karıştırarak bir taşım kaynat. Ateşten al. Kepçeyle yukarıdan savurarak döke döke soğut, kalıplara dök. Arada bir karıştırarak buzlukta dondur.

vişneli dondurma

1 su bardağı süt
1 su bardağı vişne suyu
2 su bardağı şeker
2,5 su bardağı su

Sütü kaynat. Soğuyunca bütün malzemeleri karıştır. Tülbentten süzdür. Arada bir karıştırarak buzlukta dondur.

15

içecekler

İçecekler, yiyeceklerden elde edilen, özelliğine göre çeşitli maddeler ilavesiyle hazırlanan sıvılardır. Alkollü ve alkolsuz içecekler olarak iki bölümde ele alınır.

ALKOLSÜZ SOĞUK İÇECEKLER Gazlı ve gazsız olarak ikiye ayrılırlar:

gazlı içecekler

gazozlar Şekerli sularla karbondioksit karışımıdır. Sodyum tuzları bulundururlar. Gazoza lezzet ve renk vericiler eklenerek meyveli gazoz, kola türünden içecekler elde edilir.

maden suyu Şekersiz gazlı içeceklerdir. Hazmı kolaylaştırıcı özellikleri bulunmaktadır.

gazsız içecekler

şerbetler Bir ölçü meyve suyu, bir ölçü su ve arzuya göre şeker ilavesiyle hazırlanırlar. Fıstık ezmeleriyle de yapılabilirler. Su ölçüsünü iki, üç, dört katına çıkararak da hazırlanabilirler. Şerbetleri, şuruplardan ayıran özellik taze meyve sularıyla hazırlanmış olmalarıdır.

şuruplar Çeşitli meyve suyu ya da ezmelerinin, bulunmadıkları mevsimlerde kullanılmak üzere pişirilmesiyle hazırlanır. Temiz bir kâseye şurup ölçüsü, bir bardağa bir çorba kaşığı olmak üzere konur, su ilavesiyle karıştırılır ve bardaklara dağıtılarak sunulur. Tadı zevke göre suyu azaltılıp çoğaltılarak ayarlanır. Şurup örnekleri için "Besinleri Saklama Yöntemleri" bölümüne bakınız.

diğer gazsız içecekler Ayran, boza vb gibi, yemeklerle ya da yemek aralarında tüketilen içeceklerdir.

ALKOLSÜZ SICAK İÇECEKLER Kahvaltılarda ve aralarda alınan içeceklerdir. Uyarıcı olanları çay, kahve, kakao vb; uyarıcı olmayanları salep, ıhlamur, ada çayı vb'dir.

ALKOLLÜ İÇECEKLER Alkol ihtiva eden içeceklerdir. Mayalanmış şekerli sıvılardan belli yöntemlerle elde edilirler.

mayalandırılarak yapılanlar Bira, şarap, vermut, şampanya, likör vb.

damıtılarak yapılanlar Rakı, konyak, votka, viski vb.

mayalandırılarak ve damıtılarak yapılan içkilerin karışımından elde edilenler; kokteyller, boller vb.

soğuk içecekler

gazsız içecekler - şerbetler

böğürtlen şerbeti

1 su bardağı böğürtlen ezmesi
1 su bardağı şeker
4 su bardağı su

Temiz bir kapta şeker, su ve böğürtlen ezmesini şeker eriyene kadar karıştır. Tülbentten süz. Cam sürahide buzdolabında beklet.

- Şerbetlerde meyve, meyve suyu ve şeker oranı, arzuya göre azaltılıp çoğaltılabilir.

çilek şerbeti

1 su bardağı çilek ezmesi
1 su bardağı şeker
4 su bardağı su

Böğürtlen şerbeti gibi hazırla.

erik şerbeti

1 su bardağı erik ezmesi
1 su bardağı şeker
4 su bardağı su

Böğürtlen şerbeti gibi hazırla.

gül şerbeti

50 gr kokulu gül yaprağı
1 su bardağı şeker
5 su bardağı tatlı su
2 çorba kaşığı limon suyu

Cam kâsede, diplerinin beyaz kısmı makasla kesilmiş gülleri limon suyuyla 10 dakika ov, 3 saat beklet. Şekerle suyu bir taşım kaynat, ateşten al. Ilınınca limonlu gül yapraklarını ilave et. Soğuyunca tülbentten süz, kullan.

- Akşam yapılıp ertesi gün süzülürse daha nefis olur.

kayısı şerbeti

1 su bardağı kayısı ezmesi
1 su bardağı şeker
4 su bardağı su

Böğürtlen şerbeti (*bkz.* s. 280) gibi hazırla.

kızılcık şerbeti

1 su bardağı kızılcık ezmesi
1 su bardağı şeker
4 su bardağı su

Böğürtlen şerbeti (*bkz.* s. 280) gibi hazırla.

limon şerbeti (limonata)

5 limon kabuğu rendesi
1 su bardağı limon suyu
1 su bardağı şeker
4 su bardağı su

Limonların kabuklarını ince rendeyle rendele, cam kâsede şekerle iyice ov. Limon suyu ve su ilave et, şeker eriyinceye kadar karıştır. Buzdolabında soğut. Kullanılacağı zaman tülbentten süzdür.

- Akşamdan hazırlanıp sabaha süzülürse daha güzel olur.
- İstenirse 5-6 nane yaprağı da limon şekerle ovulurken ilave edilebilir.

mandalina şerbeti

2 çorba kaşığı mandalina kabuğu rendesi
1 su bardağı mandalina suyu
1 su bardağı şeker
4 su bardağı su

Limon şerbeti (*bkz.* s. 281) gibi hazırla.

nar şerbeti

1 su bardağı nar suyu
1 su bardağı şeker
2 çorba kaşığı limon suyu

Böğürtlen şerbeti (*bkz.* s. 280) gibi hazırla.

portakal şerbeti

4 çorba kaşığı portakal kabuğu rendesi
1 su bardağı şeker
1 su bardağı portakal suyu
4 su bardağı su

Limon şerbeti (*bkz.* s. 281) gibi hazırla.

üzüm şırası

2 kilo üzüm

Üzümü yıka, süzgeçten geçir. Tülbentten süz, soğut.

kışlık şuruplar

Bkz. s. 287; Besinleri Saklama Yöntemleri bölümü.

diğer gazsız içecekler

ayran

½ kilo süzme yoğurt veya 1 kilo kâse yoğurdu
4 su bardağı su
1 çay kaşığı tuz

Büyükçe bir porselen kâsede yoğurdu tahta kaşıkla ez. Azar azar su ilave et. İyice çırp, tuz ilave et. Bardaklara doldur.

- Çırpıcıyla çırpılarak da hazırlanabilir.
- Koyuluğu arzuya göre ayarlanabilir.

boza

2 su bardağı bulgur
½ su bardağı pirinç
2 su bardağı şeker
2 ceviz büyüklüğünde ekmek mayası veya 1 su bardağı boza
½ kilo sarı leblebi

Bulguru ve pirinci bol suyla büyük bir tencerede ezilinceye kadar pişir. Süzgeçten geçir. Tel elekten süz. Şekerini koy. Tekrar ateşe koy. Kaynadıktan 2 dakika sonra ateşten al, arada karıştırarak soğut. Ilınınca boza veya mayayı karıştır. Kapağını kapa. Göz göz olup mayalanınca (iki-üç günde mayalanır) bardaklara al. Sarı leblebiyle servise çıkar.

sıcak içecekler

uyarıcı sıcak içecekler

çay

Suyu kaynat. Porselen demliğe bir bardak çay için bir çay kaşığı çay koy. Kaynar sudan demliğe al, çayı çalkala, hemen dök. Tekrar kaynar su koy. Kaynamakta olan çaydanlığın üzerine oturt. Çayın kokusunun gitmemesi için demliğin üzerine temiz bir örtü ört. 10 dakika sonra çay yaprakları üste toplanır, dibe çökmeden servise al.

• Renk vermesi amacıyla önceden ıslatmak çayı ekşitir. Fazla bekletmek veya demlerken kaynatmak sağlığa zararlıdır. Yine renk vermesi için şeker, soda vb yabancı madde ilavesi çayın lezzetini bozar.

kahve

1 kahve fincanı su
2 çay kaşığı şeker
2 çay kaşığı kahve

Suyu cezveyle ateşe koy, şeker at, ılınınca kahveyi koy, karıştır. (Kahveyi suya karışacak kadar karıştır, yoksa köpüğü kaçar). Kabarınca köpüğünü fincana dök, kalanı tekrar iyice kaynat, üzerine ilave et.

Kahve, soğuk suya şeker ve kahve karıştırıp sonra ateşe konup pişirilebilir. Bu tip kahve daha köpüklü olur. Kahvenin köpüklü olması için aynı ölçüdeki cezvede pişirilmesi gerekir. Örneğin bir fincan kahve için 1 fincanlık cezve, 5 fincan kahve için 5 fincanlık cezve kullanılmalıdır.

• Hafif ateşte pişirilen kahve daha lezzetli olur.

• Sade kahve aynı biçimde şekersiz pişirilir. Çok şekerli kahveye 1 kaşık daha şeker ilave edilir.

sütlü kahve

1 kahve fincanı süt
2 çay kaşığı şeker
1 çay kaşığı kahve

Kahve gibi (*bkz.* s. 284) hazırla. Kupayla istenirse ölçüyü ona göre ayarla.

kakao

1 çay kaşığı süt veya su
2 çay kaşığı şeker
2 çay kaşığı kakao

Cezve veya tencerede şeker ve kakaoyu karıştır. Sütü üzerine karıştırarak dök. Ateşte karıştırarak iki taşım kaynat.

uyarıcı olmayan sıcak içecekler

ada çayı

20 çay bardağı su
1 çorba kaşığı ada çayı

Suyu çaydanlıkta kaynat. Ada çayını kaynar suyla çalkala, içine at. 1 dakika kaynat. Üstüne temiz bir bez ört. 5 dakika beklet. Limon dilimleri ve şekerle ikram et.

ıhlamur

20 çay bardağı su
2 çorba kaşığı ıhlamur

Ada çayı gibi hazırla, limonla servise al.

- İstenirse kaynarken 1 parça çubuk tarçın da ilave edilebilir.

salep

½ kilo süt	*1 çay kaşığı salep*
4 çorba kaşığı şeker	*1 tatlı kaşığı tarçın*

Sütü ateşe koy. 1 çorba kaşığı şekerle salebi karıştır, süte ilave et. Karıştırarak kaynat. Kaynayınca çok hafif ateşe al. Şekeri at. Karıştırarak 10 dakika daha pişir. Koyulaşınca bardaklara doldur, tarçın serp.

- Salebi şekerle karıştırmadan süte ilave ederseniz top top olur.

salep (sakızlı)

½ kilo süt	*1 çorba kaşığı nişasta*
4 çorba kaşığı şeker	*2 damla sakızı*
1 tatlı kaşığı salep	*1 tatlı kaşığı tarçın*

Sütü ateşe koy. Şeker ve salebi karıştır, süte ilave et. Kaynayınca nişastayı bir fincan sütle sulandır, ilave et. Karıştırarak hafif ateşte 5 dakika kaynat. Sakızı 1 tatlı kaşığı şekerle döv, ilave et. 5 dakika daha kaynat, bardaklara doldur, tarçın serp.

16

besinleri saklama yöntemleri

Yiyeceklerin tat ve görünüşlerini kaybetmelerine bozulma denir. Yiyeceklerde bozulma üç nedenle meydana gelir:

BİYOLOJİK FAKTÖRLER Küf, maya, bakteri gibi canlı organizmaların neden olduğu bozulmadır.

küfler Küf mantarları bileşimlerindeki maddeleri parçalayarak asitleri meydana getirirler. Karbonlu, kükürtlü, fosforlu besin maddeleriyle beslenirler. Yaşamaları için 20-27° C ısıya, asitli ortama, üremeleri için rutubete ihtiyaçları vardır. % 65'den fazla şeker bulunan yerde ve salamuralarda yaşayamaz ve 65-75° C ısıda ölürler. Donma derecesinde uyuşur, ancak ölmezler. Küfler limon küfü gibi zararlı, ayva küfü gibi zararsız olabilirler. Penisilin gibi yararlı küfler de vardır.

mayalar Mayalar şekerli maddeleri parçalayarak meyve ve sebzelerin tat ve bileşimini değiştirirler. Karbonlu, azotlu, madensel maddelerle beslenirler, 25-30° C arasında iyi çalışır, 65° C ısıda ölürler. Mayalar, şekerli meyvelerin alkolleşmesi nedeniyle meyvenin tadını ve görünüşünü bozarlar. Alkolleşme köpürme, kaynama şeklinde belirir. Mayalardan şarap, sirke, ekmek, yoğurt, boza yapımında yararlanılır.

bakteriler Mayalardan küçüktür ama daha dayanıklıdırlar. 100° C ısının üzerinde ölürler. Azotlu, karbonlu gıdalarla beslenir, alkali ortamda iyi çalışırlar. Yalnız süt ve sirke bakterileri asitli ortamda çalışırlar. Bazı bakterilerin meydana getirdiği toksinler zehir etkisi yapar. En tehlikeli bakteri konservelerde zehir meydana getiren "botilinus"dur. Yiyeceklerde çürüme ve yemeklerde ekşime yapan bakteriler de zehirlidir.

KİMYASAL FAKTÖRLER (ENZİMLERİN ETKİSİ) Besinlerin bulunduğu ortamla reaksiyon yapması sonucu meydana gelen bozulma türüdür. Enzimlerin düzenlediği kimyasal reaksiyonlar sonucu yiyeceğin yapısında değişme şeklinde görülür. Kesilen elma ya da enginar hava temasıyla renk değiştirir. Enzimler oda sıcaklığında rahat çalışır, asitli ortamdan hoşlanmazlar.

FİZİKSEL FAKTÖRLER

su kaybı Bulunduğu ortama göre meyve ve sebzelerde su kaybı meydana gelerek bozulmaya neden olur.

metabolik faaliyetlerin devamı Rutubetli ortamda metabolik faaliyetler görülür. Soğan ya da patatesin çimlenmesi vb durumu. Önlenmezse bozulma görülür.

kimyasal maddelerin karışması Tarım mücadele ilaçları ve katkı öğelerinin karışması da bozulma yapabilir.

madenlerin karışması Bakır kaplar vb bazı madenler de bozulma yapabilir. Kalaysız bakır kapta bekletilen yiyecek, geçişmeye neden olarak bozulma yapabilir.

ambalaj, nakliye, hasat sırasında meydana gelen aksamalar da bozulmaya neden olur.

YİYECEKLERİN BOZULMASINI KOLAYLAŞTIRAN FAKTÖRLER

ısı Yiyeceklerin bozulmalarında ısı önemli yer tutar. Her yiyecek uygun ısıda saklanmalıdır. Küf, maya, bakteri ve enzimler için oda sıcaklığı rahat bir çalışma ortamıdır.

nem Yiyecekleri uygun nem oranında muhafaza etmek bozulmaya engel olur. Sebzeler nemli; baklagiller, tahıllar kuru ortamda daha iyi saklanırlar.

ışık Bazı besinler ışıkta kalınca bozulur. Tereyağ acılaşır. Balık yağı koyu renkli şişelerde saklanır.

asitlik durumu Asit oranı fazla olan besinlerde mikroorganizmaların üremesi, enzimlerin çalışması azalır.

oksijen durumu Maya, küf ve bakteriler canlı mikroorganizmalardır. Oksijensiz ortam etkinliklerini durdurur.

Yukarıdaki faktörler dikkate alınarak besinlere çeşitli saklama yöntemleri uygulanmaktadır.

yiyeceklerin özelliklerine ve kullanılacakları zamana göre saklama

- **kısa süreli saklama** Taze ve pişmiş yiyeceklerin bir ile yedi gün arasında bir sürede saklanmasıdır.

etler Buzdolabının üst kısmında muhafaza edilir. Çiğ etler birer yemeklik hâlinde dondurularak buzlukta saklanabilir, ancak buzu çözdürüldükten sonra tekrar dondurulmamalıdır. Kıymayı kullanabileceğinizden fazla satın alıp bekletmek doğru değildir. Buzdolabında ancak 24 saat bekleyebilir. Etler, buzdolabı yoksa tel dolaplarda pişmiş olarak bekletilir.

süt ve mamulleri Buzdolabının orta kısmında ya da kapağında saklanır. Sütü metal kap yerine porselen kap ya da cam şişelerde bekletmelidir. Buzdolabı yoksa sütü yoğurt yaparak muhafaza etmek en iyi yoldur.

sebze ve meyveler Buzdolabının alt kısmında yıkanmış, süzdürülmüş olarak plastik torbalarda bekletilir. Buzdolabı yoksa komposto yapmak kısa süreli muhafazada en elverişli yöntemdir.

yağlar Buzdolabının orta kısmında, buzdolabı yoksa, su içinde serin yerde saklanır.

• **uzun süreli saklama** Yiyecek maddelerinin, bulunmadıkları mevsimlerde kullanmak için çeşitli metotlarla saklanmasıdır. Bu tür muhafaza beş çeşitte incelenir.

baharatla saklama Daha çok etlere kullanılan muhafaza yöntemidir. Etlere baharat ilavesiyle sucuk, pastırma, sosis, salam türevlerinin yapılmasıdır. Baharat etlerde mikroorganizmaların etkinliklerini önler.

kimyasal maddelerle saklama Sirke, alkol, salisilik asit, benzoik asit, kükürt dioksit vb kimyasal maddeler de yiyeceklerin muhafazasında kullanılmaktadır. Ancak bu tür muhafaza, dikkatli bir biçimde ve kimyasalların oranları iyi ayarlanarak yapılmalıdır.

ısı ile saklama (konservecilik) Konserve besinlerin yüksek ısılarda pişirildikten sonra hava almayacak biçimde kapatılmış kaplar içinde saklanmasıdır. Konservecilik fazla ürünlerin değerlendirilmesinde en iyi yoldur. Sebze ve meyvelerin bulunmadıkları mevsimlerde kullanılmasını sağladığı gibi, çürüyerek boşa gitmelerini önler. Bir sebze ve meyve ülkesi olan Türkiye'de konservecilik önemli bir gelir kaynağı olarak üzerinde durulması, geliştirilmesi gerekli konulardan biridir.

Konservecilikte konserve kabı, pişirme tenceresi ve ızgaraya ihtiyaç vardır. Konserve, cam kavanozlara ya da teneke kutulara konur. Hazırlanması sırasında su dolu tencere içinde pişirilir. Teneke kutular fabrikalarda kullanılır. Evlerde yapılan konserveler için piyasada çeşitli türleri bulunan cam kavanozlar daha uygundur. Konserve tenceresi, kavanoz boyundan 15 cm daha yüksek olmalıdır. Konservecilikte özel hazırlanmış monometreli ya da düdüklü tencereler kullanılmaktadır. Tencere ile konserve arasına tel ya da tahta ızgara koymak gerekir. Bu, kaynama sırasında kavanozların kırılmasını önler. Adi tencerelerde konserve yapılacaksa, su, konservelerin boyunu dört parmak geçecek biçimde doldurulmalıdır. Özel konserve tencerelerinde su yarıya kadar ya da tarifine uygun ölçüde doldurulur.

konserve yapımında dikkat edilecek noktalar

- Kavanoz, kapak, lastik halkalar kullanımdan önce kaynar suda bekletilmelidir.
- Konserve malzemeleri çürüksüz, taze olmalıdır.
- Kavanozlara konserve yerleştirilirken ağzından bir parmak boşluk bırakılmalıdır.
- Kavanozun ağzı kaynar suya batırılmış bir bezle silinmelidir.

• Doldurulan kavanozların havası, kaynar suda bekletilmiş bir bıçağı yandan dibine kadar sokarak çıkarılmalıdır.

• Konserve özel tencerelerde yapılıyorsa tencerenin tarifine uyulmalı, adi tencerelerde yapılıyorsa kavanozları dört parmak geçecek biçimde su doldurulmalıdır.

• İki-üç konserve bir arada kaynatılıyorsa aralarına ve çevrelerine bez konulmalıdır. Konserveler, konserve tenceresine dokunmayacak biçimde yerleştirilmelidir.

• Konserve tenceresinden alınan kavanozlar bir tahta ya da bez üzerine çıkarılmalıdır, yoksa kavanozlar çatlar.

konservecilikte genel prensipler

• Konserveleri, yapılan yiyeceğin özelliğine göre hazırlamalıdır.

• Pişme süreleri yine yiyeceklerin özelliklerine göre ayarlanmalıdır.

• Konserve yaparken dikkat edilmesi gerekli noktalara titizlikle uyulmalıdır.

konservecilik iki türde uygulanır

pastorizasyon Her türlü yiyecek maddesinin hazırlandıktan sonra 100° C ısının altında ısıtılmasıdır.

sterilizasyon Her türlü yiyecek maddesinin hazırlandıktan sonra 100° C ısının üstünde ısıtılmasıdır.

soğukta saklama Besinlerin dondurulmak yoluyla uzun süreli saklanmasıdır. Besinler özelliklerine göre dondurulur ve yine belli bir soğukta uzun süre saklanabilir. Örneğin et -32° C ısıda dondurulup -18° C ısıda bir yıl saklanabilir. Isı derecesi azaltıldıkça, saklama süresi artar. Ancak dondurma yoluyla uzun süreli muhafaza evlerde uygun şartlar hazırlanmadıkça uygulanması kolay bir yöntem değildir.

su oranını azaltarak saklama Bu saklama türü evlerde en fazla kullanılan uygulamadır.

kurutarak saklama Kurutarak muhafaza açık havada ya da fırında yapılır. Dondurularak kurutma yapılıyorsa da çok özel şartlar gerektirdiğinden fazla yaygın değldir.

Açık havada sebze ve meyveler ipe dizilerek çarşaf ya da yöresel bitkiler üzerinde (kamış-çalı-tepsi vb) kurutulur.

Fırında ise sebze ve meyveler birkaç gün açık havada bekletildikten sonra fırınlanmak suretiyle kurutulur. Kurutulan yiyecekler pamuklu elyaftan yapılmış torbalarda saklanır.

şekerle saklama Şekerle şurup, reçel, marmelat, jöle yapılarak yiyecekler saklanır. Şekerle saklamada şeker yoğunluğu % 70° C ısının altına düşmemelidir. Uygulamada şeker azsa yapılan yiyecek küflenir, normalden fazlaysa şekerlenir.

tuzla saklama Tuzla muhafaza, balık ve bazı sebzelerde uygulanır. Tuz kuru kullanıldığı gibi salamura olarak da kullanılır.

isleyerek saklama Et, dil ve balıkların çam, ardıç, defne gibi kokulu ağaçların dumanlarına tutularak muhafazasıdır.

ışınlandırma ile saklama İyonlayıcı ışınlar belli dozlarda verildiğinde mikroorganizmaların etkisini önler ya da öldürebilir. Fazla yaygın bir muhafaza metodu değildir.

antibiyotiklerle saklama Teramisin vb antibiyotiklerin yiyeceklerdeki mikroorganizmaları öldürücü özelliği bulunmakla beraber, kalıntıları zararlıdır. Yaygın kullanılan bir metot değildir.

uzun süreli saklamada dikkat edilecek noktalar

- Her muhafaza metodunu gerektiği biçimde ve gerekli ölçülerde yapmalıdır.
- Elde edilen yiyecekler, uygun ortamlarda muhafaza edilmelidir.

baharatla saklama

pastırma

15 kilo dana kuş gönü eti
½ kilo sarımsak
½ kilo çemen
150 gr kırmızıbiber
Yeterince tuz

Bir buçuk, iki parmak kalınlığındaki parça etleri kanı çıkıncaya kadar yıka, bir tahta tekne içine koy. Görülmeyecek kadar bol tuz serperek üst üste yerleştir. Üstüne ağırlık koy. 24 saat beklet. Alt üst et, tuzu ıslanmışsa tuz koyarak yine baskı altında 24 saat beklet.

Tuzunun gitmesi için suya batır, çıkar. Rüzgârlı, gölge yerde 2 gün bırak, havalandır. Etleri ayrı ayrı bezlere sar, uzun bir tahta üzerine diz. Üzerine aynı boy tahta koy ve olabildiği kadar ağır taşlarla bastır. Üç veya beş gün bu hâlde bütün kan ve suyunun süzülmesi için bırak. Sonra çıkar, bezleri al, 3 saat havalandır.

O sırada sarımsakları döv, çemeni, kırmızıbiber ve tuzla boza kıvamında ez. Havalanan etleri bu bulamaca batır. Her tarafına bula, tekrar 3 saat asarak havalandır. Çemenler kuruyunca tekrar üst üste istif et, serin yerde sakla.

- Çemene bulanınca asılan pastırmalar 3-4 saatte kurur.
- Havalandırmada cereyanlı ortam sağlanmalıdır.

sucuk

3 kilo koyun but eti
4 kilo dana eti
3 kilo karışık yağlı et (dana ve koyun)
150 gr sarımsak
50 gr karabiber
10 gr karanfil
40 gr kimyon
100 gr tuz

Etleri macun gibi oluncaya kadar döv veya makinede çektir. Sarımsakları tuzla ezinceye kadar döv. Baharatla ete karıştır. İyice yoğur. Arada bir yoğurarak 24 saat beklet.

Barsakların yağlarını temizle, içini yıka, tersini çevir. Unla ovarak fazla zarlarını al, yıka. Bir tarafını bağla, üfle. Diğer tarafını da bağla, ipe as, rüzgârlı havada 2 saat beklet. Sonra ikişer karış boyunda kes. Sirkeyle dövülmüş sarımsak karışımında 3-4 saat beklet.

Yirmi dört saat bekleyen kıymadan köfte büyüklüğünde parçalar al. Sirkeden çıkarılan barsaklara doldur. Simit gibi yuvarlak yap, bağla, gölgeli yerde kurut. Çabuk kuruması istenirse asıldığının ertesi günü merdaneyle yassıtılmalıdır.

- Barsaklar bütün hâlde de makineye takılarak doldurulabilir.

kimyasal maddelerle saklama

salisilik asitle saklama

salisilik asitle domates

5 kilo domates
5 gr salisilik asit
1 tatlı kaşığı tuz
1 çorba kaşığı zeytinyağı

Domatesin kabuğunu soy, parça parça doğra, tuz ve salisilik asit ilave et, karıştır. Kaynatılmış şişelere doldur, zeytinyağını ilave et, kapağını kapat. Serin yerde muhafaza et.

salisilik asitle domates suyu

5 kilo domates
5 gr salisilik asit
1 tatlı kaşığı tuz
1 çorba kaşığı zeytinyağı

Domatesleri yıka, doğra, süzgeçten geçir. Temiz bir bezden süz, fazla suyunu al. Tuz, salisilik asit ilave et, karıştır. Kaynatılmış şişelere doldur. Zeytinyağı ilave et, kapağını kapat. Serin yerde muhafaza et.

sirke ile saklama

sirkeli turşular

turşu sirkesi hazırlanması

1 litre sirke
15 gr tuz (1 tatlı kaşığı)

Sirkeyi emaye veya porselen kapta tuzla eriyinceye kadar karıştır. Tülbentten süz, kullan.

- Sirke kullanıldığı zaman turşu suyunun savrulmasına gerek yoktur.

biber turşusu

3 kilo biber
Yetecek kadar turşu sirkesi

Salamura biber turşusu gibi hazırla. Su yerine sirke kullan. Serin yerde beklet.

- Bu turşu ve sirkeli diğer turşularda suyun savrulması gerekmez.

dolma biber turşusu

3 kilo dolma biber
3 havuç
½ kilo sivri biber
5 domates
5 kırmızı biber
½ lahana
1 demet maydanoz
1 demet kereviz yaprağı
Yetecek kadar turşu sirkesi

Salamura dolma biber turşusu gibi hazırla. Üzerine kereviz yaprakları döşe. Tahta ve taş ağırlık koy, hazırlanmış sirkeyi üzerini kapayacak kadar doldur.

domates turşusu

2 kilo domates
Yetecek kadar turşu sirkesi

Domatesleri kavanoza diz. Üzerine tahta ve taş koy. Sirkesini doldur, beklet.

lahana turşusu

1 iri lahana
1 tatlı kaşığı tuz
Yetecek kadar turşu sirkesi

Lahanaları ince kıy. Tuzla karıştır. Bir tahta üzerine topla. Üzerine ağırlık koy. Sabaha kadar bırak. Sabah suyu süzülünce kavanoza al. Üzerine tahta ve taşını koy. Sirkesini doldur. Serin yerde beklet.

- Yenirken istenirse üzerine zeytinyağı gezdirilir.

kabak turşusu

1 kilo çekirdeklenmemiş körpe kabak
1 demet nane
1 demet oğul otu yaprağı
Yetecek kadar turşu sirkesi

Patlıcan turşusu (*bkz.* s. 297) gibi hazırla. Haşlayıp ağırlık altında 12 saat beklettikten sonra aralarına bütün olarak kıyılmış otları serp, kavanoza yerleştir.

karışık turşu

1 ölçü salamura karışık turşu malzemesi (bkz. *s. 320)*
Yetecek kadar turşu sirkesi (bkz. *s. 294)*

Sebzeleri ayıkla, yıka, süzdür. Salamura turşuda olduğu gibi sıra sıra kavanoza veya sırlı küpe yerleştir. Üzerine temiz tahta ve taşı bastır. Turşu sirkesini doldur. Ağzını kapat, serin yerde beklet.

kelek turşusu

15 adet yumurta büyüklüğünde kelek
Yetecek kadar turşu sirkesi (bkz. *s. 294)*

Kelekleri salamura turşuda (*bkz.* s. 320) olduğu gibi yalnız haşlayarak hazırla. Tuzlu su yerine turşu sirkesi kullan.

• Bu turşunun sirkesi 20 gün sonra değiştirilmeli, aynı biçimde hazırlanmış taze turşu sirkesi doldurulmalıdır.

pancar turşusu

2 kilo pancar
2 baş sarımsak
Yetecek kadar turşu sirkesi (bkz. s. 294)

Körpe pancarların sert saplarını at, körpe olanlarını bırak, yıka, kaynar suda haşla, soğumadan soy. Saplarını parmak boyunda kes. Pancarları dörde böl veya halka doğra. Sarımsağı döv. Turşu sirkesine bir bardak haşlanmış pancar suyu ve sarımsakları karıştır. Pancarları porselen kâse veya cam kavanoza yerleştir. Üzerine sirkeli karışımı doldur, ağzını kapat. Turşu 24 saat sonra olur. Üzerine zeytinyağı gezdir, sofraya al.

• Daha dayanıklı olması istenirse haşlanan pancarlar doğrandıktan sonra patlıcan gibi baskı altında suyu süzdürülür. Sonra kavanozlara alınarak sarımsaklı sirke konur. Pancar suyu konulmaz.

patlıcan turşusu

20 patlıcan
250 gr taze kırmızı biber
150 gr sarımsak
2 bağ kereviz yaprağı
Yetecek kadar turşu sirkesi (bkz. s. 294)

Ufak patlıcanları ayıkla. Ortadan yarıya kadar, ayırmadan yar, kaynar suda haşla. Bir tahta üzerine topla, üzerine ağırlık koy. 12 saat beklet, suyu süzülsün. Kırmızı biber, kereviz yaprakları ve sarımsağı ince kıy. Kerevizin uzun dallarını kaynar suda iki dakika beklet, ikiye ayır. Patlıcanları al, boydan yar. İçine sarımsaklı iç doldur, kapat, kereviz yapraklarıyla bağla, kavanoza yerleştir. Üzerine tahta ve taş bastır. Turşu sirkesini doldur.

• Bir hafta sonra sirkesi değiştirilir ve yeni turşu sirkesi ilave edilir. Patlıcanlar devamlı sirkenin içinde kalırsa uzun süre dayanır.

salatalık turşusu

3 kilo salatalık
Yetecek kadar turşu sirkesi (bkz. s. 294)

Salatalıkları yıka, süzdür, kavanoza yerleştir. Üzerine tahta ve taşını yerleştir. Üzerini örtecek kadar sirke doldur. Serin yerde muhafaza et.

• Turşunun bir yıl dayanması istenirse ayda bir sirkesini değiştirmek gerekir.

soğan turşusu

2 kilo arpacık soğanı
Yetecek kadar turşu sirkesi (bkz. s. 294)

Soğanların baş ve diplerini kes, ayıkla, yıka. Kaynar suda haşla, süzgeçte süzdür. Kavanoza yerleştir, üzerine tahta ve taşını koy, sirkesini doldur.

ısı ile saklama

meyve konserveleri

Konserve yapımına başlamadan önce ısıyla saklama (konservecilik) bölümünü dikkatle okuyunuz.

tatlı konserve şurupları

Koyu şurup: 1 ölçü su, 1 ölçü şeker
Orta şurup: 2 ölçü su, 1 ölçü şeker
Hafif şurup: 3 ölçü su, 1 ölçü şeker

Ölçülü suyu ateşe koy. Kaynayınca istenilen kıvam için şekerini ilave et. Hafif ateşte şeker eriyip kaynamaya başladıktan 2 dakika sonra ateşten al, kullan.

• Elde edilen şurup, kalın dokulu elma, armut, ayva vb meyvelere sıcak; vişne, çilek vb ince dokulu meyvelere soğukken kullanılır.

armut konservesi

½ kilo armut
Yetecek kadar orta konserve şurubu

soğuk yöntem Armutları soy, ikiye veya dörde böl, limonlu suda beklet. Hepsini soyduktan sonra kavanoza yerleştir. Tepede 2 cm boşluk kalacak biçimde şurubu kaynar olarak doldur. İnce uçlu bıçağı kenardan batırarak havasını çıkar. Ağzını sil, kapağını sıkıca kapat. Konserve tenceresinde 30 dakika pişir.

sıcak yöntem Aynı şekilde hazırla. Yalnız meyveleri kaynamakta olan şurupta 1 dakika kaynat, kavanozlara doldur. Konserve tenceresinde 25 dakika kaynat.

• Adi tencere kullanılırsa su kaynamaya başladıktan sonra yarım saat daha kaynat.

ayva konservesi

½ kilo ayva
Yetecek ölçüde koyu konserve şurubu (bkz. s. 298)

sıcak yöntem Ayvaları soy, dörde böl, çekirdek yataklarını çıkar. Limonlu suda beklet. Kaynamakta olan koyu şuruba at, beş dakika haşla. Ayvaları kavanozlara koy. Tepede 2 cm boşluk bırakarak şurubunu doldur, ağzını sil, kapat. Konserve tenceresinde 25 dakika kaynat.

- Ayvaya soğuk yöntem kullanılmaz.
- Adi tencerede su kaynadıktan sonra yarım saat pişir.

çilek konservesi

½ kilo çilek
Yetecek ölçüde hafif konserve şurubu (bkz. s. 298)

soğuk yöntem Çilekleri ayıkla, yıka, iyice süzdür; kavanoza yerleştir. Çilekleri örtecek ve tepede 2 cm boşluk bırakacak biçimde kaynar şurubu doldur, ağzını sil, kapat. Konserve tenceresinde 15 dakika kaynat.

sıcak yöntem Çilekleri 200 gr şekerle temiz bir tencerede kat kat döşeyerek 3 saat beklet. Ateşe koy. Bir taşım kaynat, kavanoza doldur, ağzını sil, kapat. Konserve tenceresinde 10 dakika kaynat.

- İki yöntemde de adi tencere kullanılırsa su kaynamaya başladıktan sonra yarım saat daha kaynat.

elma konservesi

½ kilo ekşi elma
Yetecek ölçüde orta şurup (bkz. s. 298)

sıcak yöntem Yukarıda tarifi verilen ayva konservesi gibi hazırla.

- Elmaya soğuk yöntem uygulanmaz.

erik konservesi

½ kilo erik | *Yetecek ölçüde orta şurup (bkz. s. 298)*

soğuk yöntem Erikleri yıka, birkaç iğne batır, kavanoza yerleştir. Erikleri tamamen örtecek, tepede 2 cm boşluk bırakacak biçimde kaynar şurup doldur. Havasını çıkar. Ağzını sil, kapat. Konserve tenceresinde 25 dakika kaynat.

sıcak yöntem Erikleri yıka, iğne batır, kaynayan şuruba at, bir taşım kaynat. Kavanoza yerleştir. Üzerini örtecek, tepede 2 cm boşluk bırakacak biçimde şurup doldur. Bıçakla havasını çıkar, ağzını sil, kapat. Konserve tenceresinde 20 dakika kaynat.

- Adi tencere kullanılıyorsa su kaynamaya başladıktan sonra yarım saat daha kaynat.

kayısı konservesi

½ kilo kayısı | *Yetecek ölçüde orta şurup (bkz. s. 298)*

soğuk yöntem Kayısıların kabuklarını soy, ikiye böl, çekirdeklerini al, limonlu suya at. Hepsini soyduktan sonra kavanoza yerleştir. Kayısıları örtecek, tepede 2 cm boşluk bırakacak biçimde şurup doldur, ağzını sil, kapat. Kaynar suda 25 dakika kaynat.

sıcak yöntem Kaynamakta olan şuruba ayıklanmış kayısıları at. Bir dakika kaynat, kavanoza yerleştir. Şurubunu kayısıları örtecek, tepede 2 cm boşluk kalacak biçimde doldur. Havasını çıkar. Konserve tenceresinde 25 dakika kaynat.

- Adi tencere kullanılıyorsa su kaynamaya başladıktan sonra yarım saat daha kaynat.

kiraz konservesi

½ kilo kiraz | *Yetecek ölçüde orta şurup (bkz. s. 298)*

Soğuk yöntemle vişne konservesi (*bkz.* s. 301) gibi hazırla, pişir.

şeftali konservesi

½ kilo şeftali | *Yetecek ölçüde orta şurup (bkz. s. 298)*

Sıcak veya soğuk yöntemle, yukarıda tarifi verilen kayısı konservesi gibi hazırla, pişir.

vişne konservesi

½ kilo vişne
Yetecek ölçüde orta şurup (bkz. s. 298)

soğuk yöntem Vişneleri yıka, çekirdeklerini çıkar, kavanoza yerleştir, hafifçe bastır. Kaynar hâlde orta şurubu vişneleri örtecek, tepede 2 cm boşluk bırakacak biçimde doldur. Havasını çıkar, ağzını sil, kapat. Konserve tenceresinde 20 dakika kaynat.

- Adi tencere kullanılıyorsa su kaynamaya başladıktan sonra yarım saat daha kaynat.
- Vişneye sıcak yöntem uygulanmaz.

sebze konserveleri

bamya konservesi

½ kilo bamya
1 çorba kaşığı limon suyu
1 domates

salamura suyu
1 tatlı kaşığı tuz
1 çorba kaşığı limon suyu
½ kilo su

Salamura suyunu malzemeleriyle bir taşım kaynat. Bamyaları yıka, ayıkla. Ayrı tencerede yarım kilo suyla bir çorba kaşığı limon suyunu kaynat. Bamyaları içine at. Kaynamaya başladıktan 3 dakika sonra ateşten al, süz, kavanoza yerleştir. Domatesi ikiye böl, bamyaların altına ve üstüne yerleştir. Önceden hazırlanmış salamura suyunu bamyaları örtecek, tepede 2 cm boşluk bırakacak biçimde doldur.

Bıçakla havasını çıkar. Ağzını sil, kapat, konserve tenceresinde 25 dakika pişir.

- Adi tencerede su kaynamaya başladıktan sonra 1 saat daha kaynat.

bezelye konserve

½ kilo bezelye
1 çay kaşığı tuz

Bezelye tanelerini yıka, kaynamakta olan suya at, 3 dakika haşla, süzdür. Sıcakken kavanozlara koy, tuz at, bezelyelerin üzerini kapatacak, tepede 2 cm boşluk bırakacak biçimde kaynar su doldur. Bıçakla havasını çıkar, ağzını sil, kapat. Konserve tenceresinde 35 dakika kaynat.

- Adi tencerede su kaynamaya başladıktan sonra 1 saat daha kaynat.

domates konservesi

½ kilo domates
1 tatlı kaşığı tuz
2 su bardağı taze domates suyu

soğuk yöntem Domatesleri soy, bütün olarak kavanozlara yerleştir, tuz at. Domates suyunu kaynat, domatesleri kapatacak, tepede 2 cm boşluk bırakacak biçimde doldur. Ağzını sil, kapat. Konserve tenceresinde 20 dakika kaynat.

sıcak yöntem Domatesleri soy, dilimle. Tencerede karıştırarak bir taşım kaynat, kavanozlara doldur. Tuz at, tepede 2 cm boşluk bırakarak temiz kapakla kapat. Konserve tenceresinde 20 dakika kaynat.

- Adi tencerede su kaynamaya başladıktan sonra 30 dakika daha kaynat.
- Domatesler soyulmazsa kabukları çatlar.

fasulye konservesi

½ kilo fasulye
1 domates
1 tatlı kaşığı tuz
1 su bardağı ezme domates suyu

Fasulyeleri ayıkla, yıka, kaynar suda 5 dakika kaynat, süzdür. Kavanoza domatesin yarısını koy. Üzerine fasulyeleri yerleştir. En üste kalan domatesi oturt, tuz at. Domates suyunu kaynat, domatesleri kaplayacak, tepede 2 cm boşluk kalacak biçimde doldur. Havasını çıkar, ağzını sil, kapat. Konserve tenceresinde 25 dakika kaynat.

- Adi tencerede su kaynamaya başladıktan sonra 1 saat daha kaynat.

patlıcan konservesi

½ kilo patlıcan	*1 tatlı kaşığı tuz*

Patlıcanları soy, doğra, tuzlu suda yarım saat beklet, yıka, kavanozlara yerleştir. Tuz at, üzerini kaplayacak, tepede 2 cm boşluk bırakacak biçimde kaynar su doldur, ağzını sil, kapat. Konserve tenceresinde yarım saat kaynat.

- Adi tencerede su kaynamaya başladıktan sonra 1 saat daha kaynat.

türlü konservesi

1 patlıcan	*10 bamya*
1 kabak	*5 biber*
10 fasulye	*1 iri domates*

Sebzeleri tariflerinde verildiği biçimde hazırla. Alta ve üste domates yerleştirerek diğer konserveler gibi yap.

su oranını azaltarak saklama

biber salçası (çiğden)

5 kilo etli kırmızı biber	*1 çorba kaşığı tuz*

Biberlerin sap ve tohumlarını ayıkla, yıka. Et makinesinden geçir. Tuz at. Tepsiyle güneşe koy. Biberler yumuşayınca süzgeçten geçir. Tekrar tepsiye boşalt. Üzerine tülbent bağla veya elek koy. Arada bir karıştırarak koyulaştır, cam kavanoza doldur.

biber salçası (pişmiş)

5 kilo etli kırmızı biber	*1 çorba kaşığı tuz*

Biberlerin sap ve tohumlarını ayıkla, yıka. Bir tencerede suyla haşla. Ateşten al, süzgeçten geçir, emaye tepsilere boşalt, tuz at. Üzerine elek kapat veya tülbentle bağla. Arada karıştırarak güneşte koyulaştır. Cam kavanoza doldur.

domates salçası (çiğden)

25 kilo domates *250 gr tuz*

Domatesleri emaye tepsilere doğra, tuz at. Üzerine elek, kalbur ört, arada bir karıştırarak iki gün güneşte beklet. Sonra süzgeçten ve tel elekten geçir. Tepsilere boşalt, üzerine elek kapat veya tülbent bağla, arada bir karıştırarak koyulaştır. Cam kavanoza doldur.

domates salçası (pişmiş)

25 kilo domates *50 gr tuz*

Domatesleri yıka, doğra, süzgeçten ve tel elekten geçir. Emaye ve kalaylı bakır tencereye koy, tuz at. Orta ateşte karıştırarak yoğurt koyuluğuna gelinceye kadar pişir, ateşten al. Ilınınca cam kavanoza doldur.

kıyma kavurması

5 kilo kıyma *3 çorba kaşığı tuz*
1,5 kg kuyruk yağı

Kıymayla kuyruk yağını birlikte makineden çektir. Büyük bir tencerede, tuzunu da koyarak, üstü açık, karıştıra karıştıra pişir. Et bıraktığı suyu çekip nar gibi kızarınca ateşten al.

Ilınınca küp veya muhafaza olunacak kaba bastıra bastıra yerleştir. Yağı üzerini tamamen kaplamalıdır. Az gelirse kuyruk yağını tekrar ayrıca kavur. Yüzünü örtecek kadar doldur. Soğuyunca ağzını kapat, serin yerde muhafaza et.

• Kavurma kavrulurken etin suyunu tamamen çektirmelidir, yoksa uzun süre dayanmaz.

kuşbaşı kavurma

5 kg kuşbaşı et *3 çorba kaşığı tuz*
1,5 kg kuyruk yağı

Yukarıda tarifi verilen kıyma kavurması gibi hazırla, pişir.

pekmez

25 kg üzüm

½ kilo pekmez toprağı

Üzümleri yıka, ez, süz. Büyük bir tencerede ateşe koy, pekmez toprağını ilave et, karıştırarak 1 taşım kaynat, ateşten al. Bir gün beklet. (Toprak ve şıradaki bulandırıcı maddeler dibe çökecektir.) Üzerine biriken köpüğü al. Üzüm suyunu dipteki toprağı bulandırmadan başka kaba al, ateşe koy. Kıvamı gelince (pekmez kaşığın ucundan damlatıldığında damla damla olursa hazır demektir) ateşten al, köpüğünü üstten topla. Kavanoz veya kübe koy.

kurutarak muhafaza

meyveler

armut kurutması

Armutları kavun dilimi gibi ince ince doğra, çekirdek yataklarını çıkar. Temiz bir örtü üzerinde açık havada kurut. Kavanoz veya torbalarda sakla.

- İstenirse kabukları soyulabilir.

ayva kurutması

Yukarıda tarifi verilen armut kurutması gibi yapılır.

elma kurutması

Yukarıda tarifi verilen armut kurutması gibi yapılır.

erik kurutması

Erikleri yıka. Temiz tahta veya örtüler üzerinde güneşte kurut. Kavanoz veya torbalarda sakla.

kayısı kurutması

Kayısıları yıka, suyu kuruyunca ikiye ayır. Çekirdeğini al, tahta veya örtü üzerinde açık havada kurut.

kayısı pestili

Kayısıları yıka, süzgeçten geçir. Yağlanmış tepsiye yarım parmak inceliğinde boşalt. Güneşte kurut. Tepsiden alınca güneşe serilmiş iplere as. Veya sele üzerinde iyice kurut. Sar ve kaldır.

- Erik ve dut pestilleri de aynı biçimde yapılır.

sebzeler

bamya kurutması

Bamyaları ayıkla. İğne geçirilmiş ipliğe bir parmak arayla diz. Gölgede kurut.

biber kurutması

Biberleri yıka, tohumlarını çıkar, bamya kurutması gibi ipliğe birer parmak arayla geçir, gölgede kurut.

fasulye kurutması

Fasulyeleri yıka, ayıkla, ipliğe iğneyle geçir. Birer santim arayla diz, gölgede kurut.

patlıcan kurutması

Patlıcanları yıka, uzunlamasına yarım santim kes. İğneyle ipliğe birer santim arayla diz. Açık havada kurut.

şekerle muhafaza

reçeller

kireç kaymağı

2,5 kg kireç kaymağı
10 litre su

Kireç kaymağını suyla küvete koy, ezilinceye kadar karıştır. 6 saat beklet. Üzerine biriken berrak suyu, kireci bulandırmadan al, kullan.

- Kireç kaymağına yatırılan meyveler ne kadar kaynatılırsa da dağılmaz. Suyunu alırken kireç kaçırılırsa meyveyi siyahlaştırır. Akşamdan hazırlayıp sabah kullanmak uygundur.
- Suyu alındıktan sonra aynı biçimde su ilave edilerek kireç 3 defa daha kullanılabilir.

kıvamlı reçel şurubu hazırlanması

1,5 kg şeker
750 gr su
1 çay kaşığı limon tuzu veya 1 limon suyu
1 yumurta akı

Büyükçe bir bakır tencerede şekeri, su ve limon suyuyla birlikte ateşe koy. Yumurta akını bir fincan suyla çırp, ilave et. Üzerine biriken köpüğü delikli kepçeyle al. Dibe süzülen suyu tekrar tencereye ilave et. Kıvama gelince önceden hazırlanmış, istenilen meyveyi ilave et.

- Kıvama gelmesi şöyle anlaşılır: Şuruptan kaşığın ucuyla alınır, ılıtılır. İki parmak arasına alınır. Açıp kapatırken tel tel oluyorsa kıvama gelmiştir.
- Yumurta akı şekerin tozunu toplayarak reçelin berrak olmasını sağlar.
- Çabuk olması amacıyla bir ölçüye yarım ölçüden daha az su koyarak kaynatmak şekerlenmeye neden olur.

amber reçeli

2 greyfrut — *2 limon*
2 portakal — *1 ölçü kıvamlı reçel şurubu* (bkz. s. 307)

Meyvelerin kabuklarını çok az rendele veya kesme şekerle ov, parlat. Kabuklarını soy, fındık büyüklüğünde karelere doğra. Tencerede bol soğuk suyla ateşe koy. 5 dakika kaynat, süzdür. İki defa daha kaynat süzdür. (İkinci ve üçüncü haşlamalarda sıcak su ilave ederek kaynat.) Meyveleri de fındık büyüklüğünde doğra. Haşlanan kabuklara karıştır. Kaynamakta olan kıvamlı şuruba at. Kıvamı gelince ateşten al, köpüğünü temizle, ılınınca kavanozlara doldur.

ayva reçeli - I

750 gr ayva, ayıklanıp doğrandıktan sonra tartılmış
1 ölçü kireç kaymağı suyu (bkz. s. 307)
1 ölçü kıvamlı şeker şurubu (bkz. s. 307)

Ayvaları boydan dörde, tekrar dörde böl. Soy, çekirdek yataklarını çıkar, kireç suyunda 5 dakika beklet, yıka. Önceden hazırlanmış kıvamlı şuruba at, kıvamı gelince ateşten al. Kaynarı geçince kavanozları doldur.

ayva reçeli - II

400 gr ayva — *800 gr şeker*
1 limon — *1 çay kaşığı limon tuzu*
4 su bardağı (800 ml) su

Ayvaları dörde böl, çekirdek yataklarını al, kabuklarını soy, kibrit çöpü veya fındık büyüklüğünde doğra, limonlu suya at ve yıka. Ayvaları tencereye koy, 4 su bardağı su ilave et, kapağını ört, haşla, süz. Suyu azalmışsa 400 ml'ye (2 su bardağı) tamamla. Şekeri ilave et, orta ateşe al. Kıvama gelince suda eritilmiş limon tuzunu ilave et, kapağı açık olarak 2 dakika kaynat, ateşten al.

- Şekerini koyduktan sonra ateş azaltılarak renginin pembeleşmesi sağlanır.
- Ayvalar rendelenerek de yapılabilir.

çilek reçeli

750 gr ayıklanmış kokulu çilek
1 ölçü kıvamlı reçel şurubu (bkz. s. 307)

Çilekleri ayıkla, yıka, süzdür. Kıvamlı şuruba at, 2 dakika kaynat, ateşten al, 4,5 saat bek-let. Tekrar ateşe koy, kıvamı gelinceye kadar kaynat. Ateşten al, köpüğünü kevgirle al. Kaynarı geçince kavanozlara yerleştir.

• Çilek reçeli aynı ölçülerle su konmadan, akşamdan çilekler şekere yatırılarak da hazırlanır. Bu durumda limon tuzu sulandırılarak kıvamı gelmiş reçele ilave edilir.

erik reçeli

750 gr çekirdekleri alınmış üryani eriği
1 ölçü kıvamlı reçel şurubu (bkz. s. 307)

Erikleri yıka, süzdür. Kaynamakta olan, kıvamı gelmiş şuruba at. Hafif ateşte kıvamı gele-ne kadar kaynat. Üzerine biriken köpüğü al. Ilınınca kavanozlara doldur.

• Erikler çekirdekleriyle pişirilir.

elma reçeli

750 gr ayıklanmış elma
1 ölçü kıvamlı reçel şurubu (bkz. s. 307)

Ayva reçeli (*bkz.* s. 308) gibi hazırla, pişir.

gül reçeli

125 gr kokulu reçellik gül yaprağı
1 limon suyu
1 kg şeker
600 ml su

Gül yapraklarının beyaz dip kısımlarını makasla kes. Cam ya da porselen kâseye koy. Limon suyuyla 10 dakika ov, 30 dakika beklet. Şekerle suyu ateşe koy. Kaynamaya başla-yınca ateşi kıs, 2 dakika kaynat. Gül yapraklarını koy, 2 dakika daha kaynat, cam bir kaba çıkar. Üzerine tülbent geçir, güneşe koy. Kıvama gelinceye kadar beklet. Kavanozlara doldur.

kayısı reçeli

750 gr çekirdekleri alınmış kayısı *1 ölçü kıvamlı reçel şurubu* (bkz. s. 307)

Erik reçeli (*bkz.* s. 309) gibi hazırla. Yalnız kayısıların çekirdeklerini örselemeden çıkar ve kıvamlı şuruba at.

kızılcık reçeli

1 kg kızılcık *1 ölçü kıvamlı reçel şurubu* (bkz. s. 307)

Erik reçeli (*bkz.* s. 309) gibi çekirdekleriyle hazırla, pişir.

kuru erik reçeli

½ kilo kuru üryani eriği *1 ölçü kıvamlı reçel şurubu* (bkz. s. 307)

Erikleri yıka, 750 gr su içinde sabaha kadar beklet. Ertesi günü eriklerin beklediği suyu da kullanarak kıvamlı reçel şurubu hazırla (su az gelirse ölçüsüne tamamla). Erikleri kaynamakta olan kıvamı gelmiş şuruba at. Koyulaşınca ateşten al, soğuyunca kavanoza doldur.

kuru kayısı

½ kilo kayısı kurusu *1 ölçü kıvamlı reçel şurubu* (bkz. s. 307)

Kayısıları yıka, ılık su içinde bir gece beklet. Ertesi günü süzgece çıkar. Kaynamakta olan, kıvamı gelmiş şuruba at, istenilen kıvama gelince ateşten indir. Üzerine biriken köpüğü al. Ilınınca kavanozlara doldur.

mandalina reçeli

750 gr mandalina *1 ölçü kıvamlı reçel şurubu* (bkz. s. 307)

Mandalinanın kabuklarını kesme şeker sürterek çok hafif kazı, soy. Kibrit çöpü doğra. İçini dilimlere ayır. Kabuklarını soğuk suyla ateşe koy, 2 dakika kaynat, süz. Kaynamakta olan, kıvamı gelmiş şuruba kabuk ve mandalina dilimlerini at, kaynat. Kıvamı gelince ateşten al, köpüğünü topla, ılınınca kavanozlara doldur.

portakal reçeli

750 gr portakal
2 ıtır yaprağı
1 ölçü kıvamlı reçel şurubu (bkz. s. 307)

Portakalların sarı kabuklarını, portakal dilimlerinin dağılmaması için beyazlarını biraz bırakacak kadar soy. Bir portakalın yarısını koku vermesi için soyma. Halkalar hâlinde yarım santim dilimlere doğra, çekirdeklerini çıkar. Porselen kâsede ıtır yaprağıyla 1 saat beklet. Kaynamakta olan, kıvamı gelmiş şuruba at. Kıvamı gelince ateşten al. Köpüğünü topla, ılınınca kavanozlara doldur.

portakal reçeli (bütün)

750 gr portakal
1 ölçü kıvamlı reçel şurubu (bkz. s. 307)

Portakalların kabuklarını ince rendeyle, sarılarını iyice almadan rendele. Büyük tencerede portakalları bolca kaplayacak soğuk suyla ateşe koy, 5 dakika kaynat, süz. Tekrar, bu sefer sıcak suyla ateşe koy, 5 dakika kaynat, süz. Yine sıcak suyla ateşe koy, yumuşayıncaya kadar kaynat, süz, soğuk suda 5 dakika beklet. Portakalları kuşbaşı, yuvarlak dilimler ya da istenilen biçimde doğra, kaynamakta olan kıvamı gelmiş şuruba at. Itır da koy, kıvamı gelince ateşten al, köpüğünü temizle, ılınınca kavanozlara doldur.

portakal kabuğu reçeli

750 gr portakal kabuğu
2 ıtır yaprağı
1 ölçü kıvamlı reçel şurubu (bkz. s. 307)

Portakal kabuklarını ince rendeyle, ancak parlatacak kadar çok az rendele veya kesme şekerle ov. Uzunlamasına sekiz veya ona böl, sarı kısmı dışa gelecek biçimde sımsıkı sar. Yorgan iğnesiyle ipe geçir. Portakal reçeli tarifindeki gibi üç defa haşla, ipi çıkar. Sonra ıtır yapraklarıyla birlikte, kıvamı gelmiş şuruba at, portakal reçeli gibi pişir.

şeftali reçeli

1 ölçü kıvamlı reçel şurubu (bkz. s. 307)
750 gr yarma şeftali, ayıklanmış

Reçel şurubunun kıvama gelmesine yakın şeftalilerin kabuklarını soy. Çekirdek yataklarını temizle, bekletmeden, kıvamı gelmiş şuruba at. Kıvamı gelince köpüğünü al, ılınınca kavanozlara doldur.

turunç reçeli

750 gr turunç
1 ölçü kıvamlı reçel şurubu (bkz. s. 307)

Turunç kabukları portakaldan biraz daha fazla rendelenerek ve ıtır yaprağı ilave edilmeden aynen portakal reçeli (*bkz.* s. 311) tarifindeki gibi hazırlanıp pişirilir.

turunç kabuğu reçeli

750 gr turunç kabuğu
1 ölçü kıvamlı reçel şurubu (bkz. s. 307)

Turunç kabuklarını ince rendeyle çok az rendele. Uzunlamasına sekize veya ona böl. Sarı kısmı dışta kalmak üzere sımsıkı sar, iğneyle ipe diz. Büyükçe tencerede bol soğuk suyla ateşe koy. Kaynadıktan 5 dakika sonra ateşten al, süz. Soğuk suda 12 saat beklet. Bu şekilde suda acılık kalmayıncaya kadar 12 saatte bir, soğuk suyu değiştirerek birkaç gün beklet. Sonra kıvamlı şurup hazırla. Kabukların içlerini çıkar, şuruba at. Kıvamı gelince köpüklerini al. Ilınınca kavanozlara doldur.

vişne reçeli

750 gr vişne, çekirdekleri çıkarılmış
1 ölçü kıvamlı reçel şurubu (bkz. s. 307)

Vişneleri yıka, süzgece al, süzdür. Porselen kap üzerinde sap ve çekirdeklerini çıkar. Kaynamakta olan, kıvamı gelmiş şuruba at. Kıvamı gelince ateşten al, köpüğünü topla. Ilınınca kavanozlara yerleştir.

marmelatlar

ayva marmelatı

750 gr ayva, ayıklanmış
1 kg şeker
2 çorba kaşığı limon suyu

Ayvaların kabuklarını soy, çekirdek yataklarını çıkar. Tencerede üzerini geçecek kadar suyla, kapağı kapalı olarak haşla, süzgece çıkar. Süzülen suyu 2,5 su bardağı suya tamamla, limon ve şekerle ateşe koy. Haşlanmış ayvaları süzgeçten geçir. Kaynamakta olan, kıvamı gelmiş şuruba ilave et. Karıştırarak kıvama getir, ateşten indir, köpüğünü al. Ilınınca kavanoza yerleştir.

- Elma marmelatı da aynen hazırlanır.

çilek marmelatı

750 gr çilek, ayıklanmış
800 gr şeker
2 su bardağı (400 gr) su
2 çorba kaşığı limon suyu

Şeker, su ve limon suyunu tencerede ateşe koy. Çilekleri ayıkla, çok temiz yıka, süzgeçte ez, tel elekten süz. Kaynamakta olan, kıvamı gelmiş şuruba ilave et. Karıştıra karıştıra koyulaştır, indir. Köpüğünü al, ılınınca kavanozlara doldur.

kayısı marmelatı

750 gr kayısı, ayıklanmış
1 kg şeker
2 çorba kaşığı limon suyu

Yukarıda tarifi verilen çilek marmelatı gibi hazırla, pişir.

kızılcık marmelatı

1 kg kızılcık
800 gr toz şeker
2 çorba kaşığı limon suyu

Kızılcıkları süzgeçten geçir, şekeri 2 su bardağı su ve limon suyuyla kıvama getir. Kızılcıkları ilave et. Karıştıra karıştıra kıvama getir. Ateşten indir, köpüğünü al. Ilınınca kavanozlara doldur.

kuru kayısı marmelatı

½ kilo kayısı kurusu
1 kg şeker
2 çorba kaşığı limon suyu

Kayısıları akşamdan yıka, ılık suda sabaha kadar beklet. Sabah 3 su bardağı suyla haşla, süzgeçten geçir. Ezmeye şeker ve limon ilave et, karıştıra karıştıra pişir. Kıvama gelince ateşten al. Köpüğünü topla, ılınınca kavanoza koy.

şeftali marmelatı

750 gr yarma şeftali, ayıklanmış
1 kg şeker
2 çorba kaşığı limon suyu

Çilek, kayısı marmelatları (*bkz.* s. 313) gibi hazırla. Pişir.

vişne marmelatı

1 kg vişne
1 kg şeker
2 çorba kaşığı limon suyu

Vişneleri süzgeçten geçir. Şekeri limon suyu ve 2 su bardağı suyla ateşe koy. Koyulaşınca vişneyi ilave et, karıştıra karıştıra kıvama getir. Ateşten al, köpüğünü kevgirle topla. Ilınınca kavanoza koy.

jöleler

ayva jölesi

1 kg ayva — *250 gr şeker*
1 litre su — *2 çorba kaşığı limon suyu*

Ayvaları yıka, dörde böl, suyla ateşe koy. Hafif ateşte 1,5-2 bardak suyu kalıncaya kadar haşla, ateşten al, tülbentten süz. Şekeri ilave et, tekrar ateşe koy. Kıvamı gelince ıslatılmış kalıba dök, serin yerde dondur, 12 saat beklet. Ters çevir, istenilen büyüklükte kes. Toz şeker veya Hindistan cevizine bula.

- Kıvama geldiği reçeldeki gibi anlaşılır.

elma jölesi

1 kg ekşi elma
1 litre su
250 gr şeker

Yukarıda tarifi verilen ayva jölesi gibi hazırla, pişir.

erik jölesi

1 kg erik
1 litre su
300 gr şeker

Erikleri yıka, suyla ateşe koy, haşla. Yumuşayınca tülbentten süz, şekeri ilave et, tekrar ateşe koy. Karıştırarak kıvama gelinceye kadar pişir. Islatılmış kalıba dök, serin yerde dondur.

kışlık şuruplar

böğürtlen şurubu

2 su bardağı böğürtlen suyu
1 ölçü kıvamlı reçel şurubu (bkz. s. 307)

Kıvamlı reçel şurubu hazırla. Böğürtlen suyunu ilave et. Reçelden biraz daha koyulaşınca ateşten indir. Köpüğünü kevgirle al, şişelere doldur.

• Kaynamamış böğürtlen şurubu yapılmak istenirse kıvamlı şurup ateşten alındıktan sonra ılıması beklenir. Böğürtlen suyu ilave edilir, karıştırılır. Ancak yukarıdaki kadar uzun dayanmaz.

çilek şurubu

2 su bardağı çilek suyu
1 ölçü kıvamlı reçel şurubu (bkz. s. 307)

Yukarıda tarifi verilen böğürtlen şurubu gibi hazırla, pişir.

frenk üzümü şurubu

2 su bardağı frenk üzümü suyu
1 ölçü kıvamlı reçel şurubu (bkz. s. 307)

Yukarıda tarifi verilen böğürtlen şurubu gibi hazırla, pişir.

gül şurubu

100 gr gül yaprağı
½ kilo şeker
250 gr su
4 çorba kaşığı limon suyu

Gül yapraklarının beyaz kısımlarını makasla kes, yıka, süzdür. Porselen bir kâsede 2 kaşık limon suyuyla iyice ov, 3 saat beklet. Şekeri su ve 2 kaşık limon suyuyla kaynat. Kıvamı gelince gül yapraklarını limon suyuyla birlikte ilave et, iyice karıştır. Ateşten al, şişelere doldur.

kızılcık şurubu

2 su bardağı kızılcık suyu
1 ölçü kıvamlı reçel şurubu (bkz. s. 307)

Böğürtlen şurubu (*bkz.* s. 316) gibi hazırla, pişir.

koruk şurubu

2 su bardağı koruk suyu
1 ölçü kıvamlı reçel şurubu (bkz. s. 307)

Böğürtlen şurubu (*bkz.* s. 316) gibi hazırla, pişir.

limon şurubu

1 ölçü kıvamlı reçel şurubu (bkz. s. 307)
2 su bardağı limon suyu
1 limon kabuğu
2 ıtır yaprağı

Reçel şurubu hazırla. Kıvamı gelince limon suyu, limon kabuğu ve ıtır yaprağını şuruba ilave et. 10 dakika kaynat, ateşten indir. Köpüğünü kevgirle al, şişelere doldur.

• Kaynamamış istenirse, kıvamlı şurup ılındıktan sonra limon suyu ilave edilir, karıştırılır, şişelere doldurulur. Ancak bu yöntem az dayanır.

mandalina şurubu

1 ölçü kıvamlı reçel şurubu (bkz. s. 307)
2 su bardağı mandalina suyu
2 mandalina kabuğu
2 ıtır yaprağı

Yukarıda tarifi verilen limon şurubu gibi hazırla, pişir.

nar şurubu

2 su bardağı nar suyu
1 ölçü kıvamlı reçel şurubu (bkz. s. 307)

Böğürtlen şurubu (*bkz.* s. 316) gibi hazırla, pişir.

portakal şurubu

2 su bardağı portakal suyu
1 ölçü kıvamlı reçel şurubu (bkz. *s. 307)*
½ portakal kabuğu
2 ıtır yaprağı

Limon şurubu (*bkz.* s. 317) gibi hazırla, pişir.

vişne şurubu

2 su bardağı vişne suyu
1 ölçü kıvamlı reçel şurubu (bkz. *s. 307)*

Böğürtlen şurubu (*bkz.* s. 316) gibi hazırla.

• Kaynamamış şurup istenirse, kıvamlı şurup ılınınca vişne suyu karıştırılır. Şişelere doldurulur. Ancak daha az dayanır.

tuzla saklama

kuru tuzla saklama

asma yaprağı tuzlaması

5 kg üzüm yaprağı
1 kg tuz

Yaprakları saplarıyla beraber, her katına tuz serperek kavanoza bastır. Kapağını ört. Serin yerde muhafaza et.

• Mayıs, haziran ayında toplanan yapraklar daha güzel olur.

sele zeytini

5 kg siyah zeytin
1,5 kg iri tuz

Ağaçta olgunlaşmış zeytinleri, her katına tuz serperek seleye yerleştir. Beş günde bir, başka seleye alt üst ederek boşalt, tuz serp. 25 gün sonra üzerleri hafif buruşunca olmuştur. Bol suyla yıka, kavanoza al, üzerlerini geçecek kadar zeytinyağı doldur.

salamura ile saklama

tuzlu turşu salamura suyu

1 litre su *40-50 gr tuz*

Suyla tuzu kaynat. Ilınınca tülbentten süz, istenilen turşuda kullan.

- Sıcak bölgelerde 50 gramdan az tuzla hazırlanan turşular özel yerlerde muhafaza edilmezlerse daha çabuk bozulurlar. Soğuk bölgelerde 40 gr tuz kullanılabilir.
- Tuzlu suyun fazla hazırlanmaması için şu yol izlenmelidir: Turşu kavanoza yerleştirilir, üzerine su doldurulur. Kavanoz tersine çevrilerek kullanılan su bir kaba süzdürülür, ölçülür. 1 litre daha fazla su ilave edilir ve tuzu atılarak kaynatılır, süzülür, soğutulur, kullanılır.

biber turşusu

3 kg biber *Yetecek kadar turşu salamura suyu*

Biberlerin saplarından biraz kes, yıka, birkaç yerine çöp batır. Cam kavanoza yerleştir. Temiz bir tahtayla bastır. Üzerine ağırlık yapması için yayvan bir taş yerleştir. Ölçerek, üzerini örtecek kadar tuzlu suyunu doldur. Üzerine biriken beyaz köpüğü kaşıkla at. Turşu sararıp yumuşayıncaya kadar her gün suyunu temiz bir küvete alarak kepçeyle savur, tekrar doldur.

- İstenirse bir baş sarımsak da ayıklanarak ilave edilir.

dolma biber turşusu

3 kg dolma biber
3 havuç
½ kilo sivri biber
5 domates
5 kırmızı biber
½ lahana
2 limon
1 demet maydanoz
Yetecek kadar turşu salamura suyu (bkz. s. 319)

Sebzeleri yıka. Dolma biberlerin içlerini çıkar. Diğer sebzeleri ince ince kıy, karıştır. Biberlerin içine doldur, kavanoza yerleştir. Kenarlarına limon dilimleri koy, temiz tahta ve ağırlık yapması için taş yerleştir. Ölçerek salamura suyu hazırla, doldur. Arada bir üstüne biriken beyazları kaşıkla al. Her gün savurarak yumuşamasını bekle.

domates turşusu (yaz turşusu)

2 kg domates
Yetecek kadar turşu salamura suyu (bkz. s. 319)

Domatesleri kavanoza yerleştir, üzerine ağırlık koy. Salamura suyu doldur. İki gün suyunu savur. Bir hafta serin yerde beklet, servise al.

karışık turşu

1 kg salatalık
1 kg kabak
2 kg yeşil domates
1 kg arpacık soğanı
1 kg karnabahar
½ kg kızılcık
4 baş sarımsak
1 kg ayva
1 kg havuç
1 iri lahana
1 kaşık nohut
Yetecek kadar turşu salamura suyu (bkz. s. 319)

Sebzeleri ve meyveleri ayıkla yıka. Temiz bir tenekeye en alta lahana, üzerine birer sıra diğer sebze ve meyveleri dizerek yerleştir. Arada nohutları serp. Tuzlu suyunu doldur. Havasının çıkması için arada bir sallayarak bir gece beklet. Sabah su azaldıysa ilave et. (Su sebze ve meyveleri tamamen örtmelidir.) Tenekenin ağzını lehimlet. Arada bir yan yatırarak, 2 ay beklet.

kelek turşusu

15 adet yumurta büyüklüğünde kelek
1 yumurta kadar ekmek mayası
*Yetecek kadar turşu salamura suyu (*bkz. s. *319)*

Büyük bir tencerede bol su kaynat. Kelekleri iyice yıka, kaynar suya at, 5 dakika haşla. Kevgire koy, süzdür, mayayı kavanoza koy. Üzerine kelekleri döşe. Suyunu ilave et. Her gün suyunu savurarak 10 gün serin yerde beklet.

• Kelekler haşlanmadan da yapılabilir.

lahana turşusu

1 büyük lahana
*Tuzlu turşu salamura suyu (*bkz. s. *319)*

Lahanayı ince kıy. Kavanoza doldur. Üzerine tahta ve taşla bastır. Salamura suyu hazırla, doldur. Sıcak bir yere koy. Oluncaya kadar arada bir karıştır.

• Turşunun çabuk olması istenirse tülbentin içine 1 çorba kaşığı nohut, 1 dilim ekmek bağla, araya koy.

limon turşusu

20 limon
1 çorba kaşığı çörek otu
1 çay kaşığı zerdeçal
1 su bardağı limon suyu
*Yetecek kadar turşu salamura suyu (*bkz. s. *319)*

Limonları yıka, ortadan ayırmadan kes, çekirdeklerini al. Arasına çörek otu, zerdeçalı karıştır, bir tutam koy, kapat. Cam kavanoza diz. Üzerine limon suyu dök. Tahta ve taş bastır. Salamura suyunu ilave et. Serin yerde beklet.

muşmula turşusu

2 kg muşmula
1 avuç nohut
1 dilim ekmek içi
Yetecek kadar tuzlu salamura suyu (bkz. s. 319)

Muşmulaları ayıkla, yıka, kavanoza doldur. Araya tülbente sarılmış nohut ve ekmeği koy. Üzerine tahta ve taş yerleştir. Ölçerek salamura suyu hazırla, doldur. Arada bir karıştırıp üzerine biriken beyazları al ve savur, serin yerde beklet.

salatalık turşusu

2 kg salatalık
Yetecek kadar turşu salamura suyu (bkz. s. 319)

Salatalıkları yıka, kavanoza yerleştir. Tahtayla bastır, taş koy. Üzerine turşu suyunu doldur. Sıcak bir yere koy. İki gün sonra üzerine biriken beyaz köpükleri al. Suyunu savur. Serin bir yere al, her gün suyunu savurarak beklet.

- İstenirse bir baş sarımsak da ilave edilebilir.

yaprak salamurası

2,5 kg üzüm yaprağı
750 gr tuz

Yaprakları, aralarına bir tutam tuz atarak, onar yaprak olarak sap kısmından birleştir, kübe bas. Bütün yapraklar bitince üstüne bir tahta ve taş bastır. Kalan yarım kilo tuzu yaprakları örtecek kadar suyla kaynat. Soğuyunca üzerine dök.

- Mayıs, haziran ayı yaprakları körpe ve uygun olur.

zeytin salamurası

5 kg yeşil zeytin
250 gr tuz
1 çorba kaşığı limon suyu

Zeytinleri yıka, bir gece suda beklet. Ertesi günü bıçakla çekirdeğine değmeden boyuna çiz. Suyla birlikte küp veya kavanoza koy. İki günde bir suyunu değiştir. Acılığı gidince 250 gr tuz, limon suyu ve zeytinleri örtecek kadar suyu bir taşım kaynat, zeytinlerin üzerine doldur.

diğer saklama türleri

erişte

1 kg un
5 yumurta
2 yumurta dolusu et suyu veya su
2 tatlı kaşığı tuz

Unu ele, ortasını aç, yumurtaları kır. Su ve tuz koy, katı bir hamur yoğur. Altı beze yap, yaş bez altında 30-40 dakika dinlendir. Kalın aç, temiz örtüler üzerine yay, hafif kurut. Sonra oklavaya sar, boydan boya bıçakla kes. Elde edilen uzun hamuru 3 mm inceliğinde kes. Tekrar örtülere ser, kurut.

• Bezeler üst üste konup dörde bölünür, iki parmak eninde kesilir, sonra tekrar üst üste konup 3 mm eninde de kesilebilir.

kaymak

10 kg manda sütü

Kalaylı bakır bir tencereye sütü koy. Çok ağır ateşte, kaymağın delinip sütün çıkmamasına dikkat ederek, kaynat. Serin bir yere al, üzerine kalbur veya elek kapat, soğut. Üzerine biriken kaymağı yavaşça al, kes, lüle hâlinde sar.

peynir

5 litre süt
5 çay kaşığı peynir mayası

Sütü parmak dayanacak sıcaklıkta (30° C) ısıt. Mayayı ilave et, karıştır. Ilık bir yerde üstünü ört, beklet. Süt pıhtılaşınca Amerikan torbaya al, üzerine ağırlık koy, suyunu süzdür.

• Mayalanma olduğunu anlamak için pıhtılaşan maddeyi iki parmak arasında ez. Süt bulaşmıyorsa olmuştur.

tarhana - I

1 kg un
2 yumurta
50 gr yağsız et suyu
½ kilo süzme yoğurt
¼ su bardağı soğan suyu
Arzuya göre kırmızıbiber
1 tatlı kaşığı kuru nane
Ceviz büyüklüğünde maya
s2 tatlı kaşığı tuz

Bir teknede bütün malzemeleri yoğur, üzerini kapat. Arada bir yoğurarak dört, beş gün beklet. Güneşe temiz örtü yay. Tarhanadan el büyüklüğünde parçalar kopar, diz. Kurumasına yakın ufala. Kum gibi olunca tekrar güneşe yay. İyice kuruyunca torbalara koy.

tarhana - II (bulgur veya göce)

1 ölçü tarhana malzemesi
1 su bardağı bulgur veya göce

Tarhana yapılırken içine bulguru veya göceyi de ilave et, yoğur. Göce katılırsa akşamdan sıcak su içinde sabaha kadar bekletilmelidir.

tarhana - III (domatesli)

1 ölçü tarhana malzemesi
2 domates
4 yeşil biber

Tarhanayı, haşlanmış, süzgeçten geçirilmiş domates ve biber ezmesi katarak hazırla.

tarhana - IV (irmikli)

1 ölçü tarhana malzemesi
1 su bardağı irmik

Tarhanayı hazırlarken bir su bardağı irmik ilave ederek yoğur.

yoğurt

1 kg süt
2 çorba kaşığı yoğurt

Sütü temiz bir kapta kaynat. Parmak dayanacak derecede (35°-40° C) ılınınca mayalanacak kapta yoğurdu sütle ez. Ilınan sütü karıştırarak mayalık yoğurdun üzerine dök. Kapağını ört. Üzerini örtülerle kapat, 5 saat mayalandır.

17

sofra düzenleri ve günümüz pastacılığından örnekler

Bu bölümde günümüzde uygulanan sofra düzenleri verilmiştir. Ayrıca, Türk ve yabancı mutfaklardan alınan pasta, börek, tatlı vb örnekler sunulmuştur.

sofra düzenleri

aile sofrası düzenleri ve servis türleri

MASA HAZIRLAMA

- Masaya önce keçe, sonra kolalı bir örtü yayılır.
- Başparmak boğumu içinden tabaklar yerleştirilir.
- Çatal sola, bıçak sağa, kaşık bıçağın sağına yerleştirilir.
- Tatlı çatal ve bıçakları tabağın üst kısmına yerleştirilir. Kaşıkla yenilebilecek bir tatlı için yalnızca tatlı kaşığı yerleştirilir.
- Bardaklar sağ üst köşeye, içki kullanılacaksa içki bardakları su bardaklarının yanına, içe ya da dışa doğru çapraz biçimde yerleştirilir.
- Peçete tabağın içine ya da soluna yerleştirilir.
- Masanın uygun yerine tuzluk ve biberlik konur.
- Ortaya çiçek konulabilir. İstenirse iki küçük vazoyla değişik düzenleme de yapılabilir.
- Yemek masasına yakın bir küçük masaya, hazırlanmış yiyecek ve içecekler yerleştirilir, zamanı gelince kullanılır. Bu iş servis masasıyla da yapılabilir.

masada servis

Aile sofrasında servis, aile bireylerinden biri, genellikle anne tarafından yapılır. Sofraya oturunca ya anne herkesin tabağına elden servis yapar ya da servis tabağı elden ele dolaştırılarak herkesin istediği kadar alması biçiminde yapılır. Servis bittiğinde hep beraber yemeğe başlanır.

GELENEKSEL YER SOFRASI

- Yere sofra bezi serilir.
- Üstüne sofra altı konur.
- Tepsi sofra altının üzerine yerleştirilir.
- Kullanılacak çatal kaşıklar (eskiden yalnızca tahta kaşık kullanılırdı) tepsinin kenarına, çukur kısmı aşağı dönük olarak, kişi sayısına göre yerleştirilir.
- Peçeteler kare ise katlanır, kaşıkların üzerine üçgen yerleştirilir. Uzun tek tip peçete ise sofra bezinin üzerine, tepsiye paralel dolandırılarak yerleştirilir.
- Bardaklar, sürahi ve yemekler küçük bir tepsi içinde sofraya yakın yerde bekletilir.

yer sofrasında servis

Aile yer sofrasında servis, çorban tasının ortaya konmasıyla başlar; anne ya da genç kız tarafından boşalan çorba kâselerinin alınıp diğer yemeklerin getirilmesiyle sürer. Şerbet, ayran, şurup, salata ile diğer ek yemekler ve içecekler siniye konularak tüketilir. Tatlı ve hoşaf gelince kaşıklar değiştirilir. Küçük çocuklar varsa onlar için ayrı küçük tabaklar verilebilir. Sofradan herhangi bir nedenle kalkan olursa, yemeğe gelene kadar beklenir, sonra yemeğe devam edilir.

KAHVALTI SOFRASI

Kahvaltı sabahları ya da ikindi üstü yenilen hafif yemektir. Genellikle soğuk yiyeceklerden hazırlanır. Sıcak bazı yiyecekler de, yumurta, çorba, sucuk vb kahvaltıda yer alabilir. Eski Türklerin kahvaltıda ciğer, börek, ızgara yedikleri, hoşaf içtikleri bilinmektedir.

kahvaltılık yiyecekler

Et grubu: Sucuk, pastırma, sosis, yumurta vb.
Süt grubu: Süt, peynir, çökelek, lor, yoğurt vb.
Tahıl grubu: Ekmek, çörek, poğaça, börek vb.
Sebze-meyve grubu: Çiğ yenebilen çeşitli sebze ve meyveler.
Yağ-şeker grubu: tereyağ, margarin, reçel, bal, pekmez vb.

kahvaltılık içecekler Çay, süt, ıhlamur, meyve suları vb olabilir. Kahvaltıda sıcak içecekler tercih edilmelidir, çünkü sıcak içecek canlılık ve enerji sağlar, sindirim organlarını harekete geçirir. Kahvaltı sofrası masa ya da yer sofrası düzeniyle hazırlanır ve servis yapılır. Bütün yiyecekler sofraya yerleştirilir, yalnızca çay vb içecek servisi tekrarlanır.

ÖĞLEN YEMEĞİ

Öğlen yemekleri ailenin iş durumuna göre ayarlanır. Yiyecek olarak aile fertlerinin evde bulunup bulunmamasına göre hafif ya da ağır hazırlanabilir. Eskiden genellikle hafif şeyler yenilmekte ve en iyi yemekler akşam sofralarına hazırlanmaktaydı. Günümüzde şartlar uygun olursa sağlık nedeniyle öğlen ağır yenilmekte, akşama hafif yemekler bırakılmaktadır. Sofra düzen ve servisi ailenin isteğine göre masa ya da yer sofrasında hazırlanır.

AKŞAM YEMEĞİ

Akşam yemeği ailenin bir araya toplanması nedeniyle en güzel yemeklerle hazırlanmaktadır. Sofra düzen ve servisi ailenin isteğine göre masa ya da yer sofrasında hazırlanır.

ziyafet sofrası düzenleri ve servis türleri

ziyafet sofrası masa düzeni

- Konuk sayısına ve salonun büyüklüğüne göre dikdörtgen, yuvarlak ya da kare masalar olduğu gibi L, T, U biçiminde masalar da yerleştirilir. Salona gruplar hâlinde oturtulabilecek biçimde birkaç ayrı masa da hazırlanabilir.
- Masanın üzerine keçe, sonra temiz kolalı beyaz örtü, 30 cm aşağı sarkacak biçimde yayılır.
- Her kişi için 60 cm ara ile başparmak boğumu içeriden, sofradan hiç kaldırılmayan altlık tabağı ile üzerine çorba tabağı konur.
- Tabakların soluna çatal, sağına keskin tarafı tabağa dönük olarak bıçak, bıçağın sağına ise kaşık yerleştirilir.
- Tatlı çatal bıçağı tabağın önüne konur. Bıçağın keskin tarafı tabağa dönük, sapı sağ tarafa doğru olmalıdır. Çatal ise, sapı sola gelecek biçimde yerleştirilir. Kaşık kullanılacaksa sapı sağa gelecek biçimde tabağın önüne konur.
- İkinci yemeğe ait çatal bıçaklar ilk yemeğe ait olanların iç tarafına konur. Ancak sonraki yemekler çatal bıçak tabak değiştirilirken verilmelidir.
- Su bardağı sağ üst köşeye, içki bardakları su bardaklarının yanına, masanın içine ya da dışına çapraz biçimde yerleştirilir.
- Ekmek tabağı çatalların soluna, salata tabağı ekmek tabağının üstüne, aynı hizada yerleştirilir.
- Peçeteler tabağın içine ya da soluna konur.
- Tuzluk, biberlik birkaç yere yerleştirilir.
- Misafirlerin adları yazılı kartlar tabağın içine, önüne ya da yanına, rahat görülebilecek biçimde konur. (Otururken karışıklığa neden olmaması için hazırlanır.)
- İki kişinin arasına bir kül tablası yerleştirilir.
- Masanın ortasına ya da birkaç yerine yüksek ve ağır kokulu olmayan çiçeklerden düzenlenmiş vazo yerleştirilir.

• Hardal ve ketçap, birlikte kullanılacağı yemekle aynı zamanda sofraya getirilir, daha önce konmaz.

türk ziyafet sofralarında yemeklerin sofraya geliş sırası

Çorbalar
Yumurtalar
Balıklar
Etler: Izgaralar, kebaplar, kızartmalar, köfteler
Kümes hayvanları-av hayvanları
Sadeyağlı sebzeler-zeytinyağlı sebzeler
Hamur işleri, pilav, makarnalar
Her türlü tatlılar
Meyveler
Kahve

ziyafet sofrasında oturma düzeni

Her sofrada ziyafetin nedenine göre bir şeref konuğu ve sofrada da şeref yeri bulunur.

Evsahibi hanım ve bey masanın iki başına karşılıklı otururlar. Şeref yerleri evsahibi hanım ve beyin sağ taraflarıdır. Şeref konuklarının yanına onlardan sonra gelen mevkice yüksek kişilerden başlamak üzere, bir bayan bir bey olarak yerleştirme yapılır. Ziyafetin bir nedeni yoksa, ünvan da söz konusu değilse en yaşlı kişi şeref konuğu kabul edilir. Düğünlerde erkeğin babası, annesi evsahibidir. Bu nedenle masanın iki başına karşılıklı otururlar. Gelinin annesi damadın babasının yanına; gelinin babası damadın annesinin yanına oturur. Diğer konuklar yaşlarına göre bir bayan bir bey olmak üzere yerleştirilir. Gelinle damat masanın ortasına yanyana otururlar.

Yalnız erkek ya da kadınların verdikleri ziyafetlerde evsahibi şeref misafiriyle masaya karşılıklı oturur. Diğer misafirler mevkilerine göre evsahibi ve şeref konuğunun yanlarından başlamak üzere otururlar.

ziyafet sofralarında yemeklerin servis usülleri

• Servis tabaklarına düzenlenen yemeklerin yanına servis çatal, kaşık, bıçak vb konulmalıdır.
• Servis tabakları elde tutulurken tabağın altında kolalı peçete bulundurulmalıdır.
• Servis tabağı, oturan kişinin solundan, yemek tabağına değecek yakınlığa, sunan kişinin sol eliyle uzatılarak servis yapılmalıdır.
• Su ve içki servisi sağdan, sunan kişinin sağ eliyle, yine kolalı peçete yardımıyla yapılmalıdır. Bardaklar yerinden kaldırılmamalıdır.

- Su servisi çorbadan sonra başlar. (Günümüzde çorbayla da başlanabiliyor.)
- Ekmek soldan servis edilir. Ekmek tabağının içine konur. Ekmekle tereyağ servis edilecekse soldan ekmek tabağının içine konur.
- Garnitürler soldan, önceden konulan yemeğin üst tarafına konur.
- Soslar soldan servis edilir. Koyu soslar yemeğin soluna, sulu soslar yemeğin ya da etin üzerine konur.
- Salata, birlikte yeneceği yemeğin servisinden sonra, soldan salata tabağına konur.
- Tatlı servisi yapılacağında masa toplanır, yalnız tatlı takımları kalır. Tatlı servis tabağı ile sunulursa soldan uzatılarak sunulur. Birer kişilik tabaklara hazırlanmışsa sağdan verilir. İçki ile alınacak tatlının bardağı kalkmaz.
- Genel olarak servis tabağıyla verilen yemekler soldan, birer kişilik hazırlanarak getirilen yemek ve tatlılar sağdan verilir.
- Meyve servisi tatlı servisi gibi yapılır. Kirli tabaklar sağdan sağ elle alınır, temiz tabaklar soldan sol elle aynı anda masaya yerleştirilir.
- Meyve servisiyle birlikte içine limon sıkılmış, limon dilimiyle süslenmiş küçük el yıkama kâseleri verilir.
- Kahve salona geçerek içilir.
- Çok kalabalık ziyafetlerde servis iki ya da dört yerden başlayabilir.

FRANSIZ SERVİSİ

Masa düzeni aynıdır. Yemeklerin servisinde davetli servis tabağına hazırlanmış olan yemeği servis çatal kaşığıyla kendisi alarak tabağına koyar. Yemek soldan sunulur.

İNGİLİZ SERVİSİ

Yemek servisinde servis tabağını sol eliyle tutan görevli, davetlinin solundan yaklaşır ve sağ eliyle kendisi davetlinin tabağına koyar.

RUS SERVİSİ

Servis tabağına düzenlenen yemek, görevli tarafından, görmesi için davetliye sunulur ve karşısında davetlinin izleyebileceği bir masa üzerinde davetlinin tabağına konularak sağ taraftan önüne bırakılır.

AMERİKAN SERVİSİ

Bu serviste bütün yemekler tabakta birer kişilik hazırlanarak sol taraftan sol elle verilir. Oysa genel servis kurallarına göre tabakta hazırlanan yemekler sağdan; servis tabağına hazırlanan yemekler soldan sunulmaktadır.

TABAKTA SERVİS

Mutfakta birer kişilik tabaklara hazırlanan yemekler bekletilmeden davetlinin önüne konur. Lokantalarda daha çok uygulanan servis türüdür.

ARABADA SERVİS

Sıcak ve soğuk yemekler arabaya hazırlanarak konuğun önüne getirilir. Arzu ettikleri yemekler tabağa düzenlenerek sağdan önüne bırakılır. Lokantalarda daha çok uygulanır.

KENDİ KENDİNE SERVİS (SELF-SERVİS)

Masaya ya da set üzerine hazırlanan yiyecekleri, içecekleri kişi kendisi alır. Soğuk büfe, ev ve lokantalarda uygulanır.

ziyafet sofralarında bilinmesi gerekli noktalar

- Sofraya evsahibi hanımın davet etmesiyle geçilir, herkes adlarının yazılı olduğu yeri bulur, önce evsahibi hanım, sonra konuklar oturur.
- Evsahibi hanım peçetesini alır, dizlerinin üzerine yayar, sonra konuklar aynı biçimde hareket eder. Peçete dizlere yarım açılarak örtülür.
- Sofrada neşeli, iç açıcı konulardan söz edilir. Konuşmayı evsahibi hanım herkesin ilgisini çekecek konular bularak yürütmelidir. Tartışma ya da üzüntülü konuşmalara sofrada yer verilmemelidir.
- Yemek yeme kurallarını bildiğinden emin olmayan kişiler evsahibi hanımın hareketlerine uymalıdır.
- Çatal ve kaşık daima sağ elle kullanılır. (Makarna yerken kaşık sol elde, çatal sağ elde tutulur.)
- Çatal ve bıçak beraber kullanılırken çatal sol, bıçak sağ elde kullanılır.
- Bıçaksız yemeklerde çatal sağ elde tutulur.
- Yemek sırasında çatal ve bıçağı bırakmak gerektiğinde, uçları tabağın ön tarafına birleşik ya da az açık A harfi biçiminde bırakılır; bu yemeğe devam edildiğini belirtir. Çatal bıçak tabağa köprü gibi dayanmamalıdır.
- Yemek bitince kaşık sapı sağa gelecek biçimde; çatal bıçak ise sapları hafif sağa doğru, birbirlerine paralel biçimde bırakılır; bu yemeğin bittiğini ifade eder.
- Su ya da içki içerken bardaklar düz ise alt tarafından; ayaklı ise bardakla ayaklı kısmın birleştiği yerden tutulur, parmaklar bardaktan ayrılmaz.
- Yemekler sunulurken en yakın parça tabağa alınır, seçme yapmak için görevli bekletilmez.
- Çorba ve konsomeler kaşıkla içilir, bitince kaşık, sapı sağa gelecek biçimde bırakılır.
- Çorba dıştan içe doğru alınarak, üflemeden, içine ekmek doğranmadan içilir.

- Ekmek elle küçük parçalara koparılarak yenir. Çatal bıçakla kesilmez. Tereyağ varsa bütün dilime değil, koparılan küçük parçalara sürülerek yenir, ısırılmaz.
- Ağızda yemek varken konuşulmaz, gülünmez, su içilmez.
- Su içmeden önce peçeteyle ağız hafifçe silinir, sonra içilir.
- Et ya da diğer yemeklerde birer parça kesilerek yenir, eti önce parçalara ayırmak, sonra yemek doğru değildir.
- Sofrada yalnızca ordövlerden bazıları, söğüş, sebzeler, badem ve ekmek elle alınır ve yenir.
- Öksürürken peçeteyle ağız kapatılır, baş yana çevrilir.
- Yemek sularına ekmek batırılmamalıdır.
- Tabakta yemek bırakmamalıdır.
- Sofrada kesinlikle kürdan kullanmamalı, diş karıştırılmamalı, makyaj tazelenmemelidir.
- Evsahibi hanım izin verirse sigara içilebilir ama sofrada rahatsız etmeme açısından elden geldiğince kullanılmamalıdır.
- Salata çatalla yendiği gibi gerekirse bıçak kullanılabilir.
- Kahve, çay, kakao kaşıkları tabakta bırakılır.
- Meyveler bıçakla dörde ayrılıp soyarak yenilir.
- Küçük meyveler elle yenir, çekirdekleri yavaşça alınır, tabağa konur.
- Pilav çatalla, börekler çatal bıçakla yenir.
- Evsahibi hanım her yemekten ikinci kez almalıdır ki isteyen konuklar da alsın.
- Evsahibi hanımın sofradan kalkmasıyla yemek sona erer.
- Sofradan kalkarken peçete katlanmadan tabağın kenarına bırakılır.
- Herkesin hata yapabileceğini düşünerek sofrada su dökmek vb kazalarda sakin olmalıdır. Tereddüde düşülen konularda evsahibi hanım izlenmelidir.

günümüzde batı tarzında hazırlanmış ziyafet sofralarında yemeklerin sofraya geliş sırası

Ordöv (öğle yemeklerinde)
Çorba ve konsomeler (akşam yemeklerinde)
Her türlü hamur işleri: Pilavlar, makarnalar
Yumurtalar
Balık ve diğer deniz ürünleri
Izgaralar, rosto, kızartma vb etler
Soğuk etler, kümes hayvanları, av etleri
Sote sebzeler
Tatlılar
Meyveler
Kahve

ziyafet sofraları için mönü örnekleri

GELENEKSEL TÜRK SOFRASI İÇİN

öğlen

Yoğurtlu Çorba (döğmeli)
Tencere Kebabı
Domates Salatası
Hindili İç Pilav
Üzüm, Kayısı, Karışık Hoşaf
Enginar Yahnisi
Su böreği
Vişne şerbeti
Baklava
Kahve

akşam

Terbiyeli Pirinç Çorbası
Düğün Yahnisi
Fasulye Piyazı
Türkistan Pilavı
Cacık
Karnıyarık
Sigara Böreği
Nar Şerbeti
Hanım Göbeği
Kahve

GÜNÜMÜZ SOFRALARI İÇİN (BATI TARZI)

öğlen

Sigara Böreği
Kâğıtta Pirzola
Marul Salatası
İç Pilavlı Tavuk
Zeytinyağlı Dizme Fasulye
Kazandibi
Kahve

akşam

Düğün Çorbası
Saray Böreği
Hasan Paşa Köftesi
Domates Salatası
Zeytinyağlı Enginar
Tulumba Tatlısı
Kahve

SOĞUK BÜFE

Hazırlanmış yiyeceklerin bir masa üzerine zevkli bir biçimde yerleştirilerek sunulmasına soğuk büfe denir. Soğuk büfe her türlü ziyafet, nişan, düğün vb için verilebilir.

soğuk büfe masa düzeni ve servisi

Soğuk Büfe için masaya morton ve uçları yere değecek kadar geniş bir örtü yayılır. Masanın baş kısmına çatallar, bıçaklar, peçeteler ve üst üste konulmuş tabaklar yerleştirilir. Bunlardan sonra yiyecekler masaya zevkli bir biçimde yerleştirilir. En sona bardaklar ve içkiler yerleştirilir. Büfeye gelen kişi çatal, kaşık ve tabağını alır, yiyeceklerden istediğini seçer, içkisini bardağına alarak ayakta ya da hazırlanmış oturma yerine giderek yemeğini yer. Büfede tabağa fazla doldurmak gereksizdir, istenirse ikinci, üçüncü kere gidip alınabilir. Yemekten sonra tatlı ve kaşığı ayrıca alınır.

Kahve, çay vb içecekler verilecekse bunlara ait bardak, fincan vb masaya konur.

Soğuk Büfe ziyafet sofrasında olduğu gibi tek masa ya da bir kaç masaya hazırlanabilir. Kalabalık konuklar için masa çift yönlü hazırlanabilir, konuklar iki taraftan da servis alabilirler.

soğuk büfe yiyecekleri

Soğuk Büfe'de kuzu, balık vb gibi bütün; dil, bonfile vb gibi dilimlenmiş olarak etler; salatalar, garnitürler, börekler, pilavlar, tatlılar vb yer alır. Soğuk Büfe'de en az iki sıcak yiyecek de bulundurulmalıdır. Soğuk Büfe'de yemek sayısı konuklara ve ekonomik duruma göre azaltılıp çoğaltılabilir.

Soğuk Büfe yiyecekleri bir defada ağıza alınacak büyüklükte hazırlanmalıdır. Yalnız bütün kuzu ve balıklar olduğu gibi masaya getirilir.

soğuk büfe için türk yemeklerinden örnekler

sıcaklar

Kuzu Çevirme ya da Kuzu Fırın
Döner Kebap
Çoban Kavurması
Su Böreği ya da diğer börekler
İç Pilav

soğuklar

Zeytinyağlı dolmalar
Çerkes Tavuğu
Patlıcan Salatası
Çoban Salatası
Taze Barbunya Fasulye Pilakisi
Zeytinyağlı Enginar
Zeytinyağlı Taze Fasulye

tatlılar

Baklava türleri
Kadayıf türleri
Kazandibi
Tavuk Göğsü
Hanım Göbeği
Tulumba Tatlısı vb.

ÇAY SOFRASI DÜZENİ VE SERVİSİ

Çay ziyafeti masada hazırlanarak, büfe tipinde ya da salonda sehpalara servis yapılarak gerçekleştirilir.

- Masada ziyafet sofrasında olduğu gibi hazırlanır. Masaya tek tabak, çatal, bıçak, çay kaşığı, çay bardağı dışında aynı yerlere yerleştirilir. Pasta bisküvi ve ikram edilecek yiyecekler masaya servis çatal kaşıklarıyla birlikte yerleştirilir. Masaya oturulunca önce pasta bisküvilerin dağıtımı, sonra sağdan çay servisi yapılır.
- Büfe tipinde *self servis* yapılır, yiyecekler ayakta ya da hazırlanan yerlere oturularak yenir.
- Salonda serviste ise önce çatal, tabak, peçete vb getirilir, uygun sehpaların üzerine konur. Servis tabaklarıyla yiyecekler getirilir, servisi yapılır. En son çaylar getirilerek ikram edilir. Bu serviste yiyecekler mutfakta tabaklara hazırlanarak da getirilip sonra çay servisi yapılabilir. Çay ziyafetlerinde pastalar, tatlı tuzlu bisküviler, tart, sandviç, kanapeler vb hazırlanır. İçki olarak çay olduğu gibi limonata, meyve suyu vb de hazırlanabilir.

PİKNİK SOFRASI

Piknik, temiz havada hoşça vakit geçirmek, doğayla başbaşa kalarak dinlenmek amacıyla hazırlanan kısa gezilerdir. Piknik ailece olduğu gibi yakın dostlarla birlikte de yapılabilir ya da dostlar arkadaşlar pikniğe davet edilebilir.

Piknik sofrası evlerdeki gibi düzenle hazırlanmalıdır. Masada yenirse temiz kolalı bir örtü yayılmalı, aile sofrası, ziyafet sofrası ya da büfe düzeninde sofra kurulmalıdır. Yiyecekler masada, yemek bittikten sonra da üzerleri kapatılarak hazır bulundurulur ve arzu edildiği zaman tekrar gelinip yenilebilir.

piknik yiyecekleri

Genellikle kuru, taşınması kolay yiyecekler tercih edilir. Köfteler, börekler, salatalık, sebzeler, meyveler, haşlama yumurtalar, söğüş etler vb piknik için uygun yiyeceklerdir.

piknik içecekleri

Arzuya göre piknikte soğuk içecek olarak ayran, meyve suları vb; sıcak içecek olarak da çay vb ailenin zevkine göre alınır.

piknik sofrası için mönü örnekleri

1. mönü
Kuru Köfte
Haşlanmış Patates
Puf Böreği
Marul, Soğan, Domates
Ayran
Meyveler
ikindi
Çay
Tatlı kurabiye

2. mönü
İçli Köfte
Turp, Havuç, Marul Salatası
Sigara Böreği
Fasulye Pilakisi
Revani
Meyveler
ikindi
Çay
Peynirli Açma, Poğaça

günümüz pastacılığından örnekler

pastalar

Pasta yapımından önce Hamur İşleri'nde (*bkz.* s. 205) çırpılarak hazırlanan hamurlar bölümünü okuyunuz. Pastalar hazırlandıktan sonra 1 veya 2 gün buzdolabında bekletilirse daha lezzetli olur.

pandispanya - I

1,5 su bardağı (180 gr) un
½ limon kabuğu rendesi
½ paket vanilya
6 yumurta
6 kahve fincanı şeker (fincana 1 cm eksik doldurulmuş)

kalıbı yağlamak için

1 çorba kaşığı tereyağ
1 çorba kaşığı un
30 cm çapında 6 cm yüksekliğinde kenarlı kalıp

Kalıbı yağla, 1 çorba kaşığı un serperek çırp, unu kalıba dağıt.

Unu vanilyayla iki defa ele. Limon rendesini ekle, tahta kaşıkla karıştır. Bakır kapta yumurtayla şekeri çırp, yoğurt koyuluğuna getir. Unu ilave et, tahta kaşıkla yavaşça karıştır, kalıba dök. Hafif hararetli fırında kapağını açmadan pişir. Fırından al. Bıçakla kenarlarını kalıptan ayırarak çıkar.

• 1 yumurtaya 30 gr un, 25 gr şeker hesabıyla istenilen ölçüde pandispanya hazırlanır. Fincanla hazırlarken bu ölçüleri, kullanılan fincanla kontrol ederek çalışın.

• Piştiğini anlamak için ince şiş batırın. Hamura bulaşmadan çıkıyorsa pişmiş demektir.

• Kakaolu pandispanya istenirse, 2 çorba kaşığı kakaoyu da una ilave edin.

pandispanya - II

1 ölçü pandispanya malzemesi (bkz. s. 336)
25 cm çapında 6 cm yüksekliğinde kenarlı kalıp

Unu ve kalıbı pandispanya tarifindeki gibi hazırla. Yumurta aklarını çırpma tenceresine, sarılarını porselen kâseye ayır. Sarılara şekeri ilave et, karıştır. Aklarına 1 tutam tuz at, kar hâline gelinceye kadar çırp. Sarıları ve unu aynı anda kar hâlindeki yumurta aklarına ilave et, yavaşça karıştır, yağlanıp unlanmış kalıba dök. Hafif hararetli fırında, kapağını açmadan pişir.

pasta ıslatma şurubu

1 su bardağı şeker
1,5 su bardağı su
1 tatlı kaşığı limon veya portakal kabuğu rendesi

Temiz bir tencerede şeker, su ve limon kabuğu rendesini 2 dakika kaynat. Soğuyunca pasta ıslatmada kullan.

pasta ıslatma şurubu (meyveli)

1 ölçü pasta ıslatma şurubu
½ su bardağı istenilen meyve suyu

Pasta ıslatma şurubu hazırla. Ateşten alınca, meyve suyunu ilave et, karıştır. Soğuyunca kullan.

pasta ıslatma şurubu (sütlü)

1 su bardağı süt

Sütü kaynat. Soğuyunca pasta ıslatmada kullan.

- Pastaları kaynamış, soğumuş sütle ıslatmak diğer şuruplardan daha lezzetli sonuç verir. Meyveli pastaları özel şuruplarıyla (portakallı pastayı portakallı, çilekli pastayı çilekli ıslatma şurubu vb) ıslatmak dışında her türlü pastayı sütle ıslatınız. Meyveli pastaları bile sütle ıslatıp meyveyle kullanmak daha lezzetli olur. Her türlü ıslatmada pasta sıcak, ıslatma şurubunun ılığa yakın soğuklukta olması gerekir. Pasta ıslatıldıktan sonra soğuyana kadar bekletilmeli, sonra kaplanmalıdır.

gatolar

ananaslı pasta

1 ölçü pandispanya malzemesi (bkz. s. *336)*
1 su bardağı ananas konservesi suyu veya sütlü ıslatma şurubu (bkz. s. *337)*
1 ölçü krem şantiye veya beyaz krema (bkz. s. *354)*
25 cm çapında 6 cm yüksekliğinde kenarlı kalıp
veya 8x29 ölçüsünde 7 cm yüksekliğinde kenarlı kalıp

kalıbı yağlamak için

1 çorba kaşığı eritilmiş tereyağ
1 çorba kaşığı un

Yuvarlak veya uzun kalıpta pandispanya hazırla. Fırından al, sıcakken ortadan ikiye ayır. Fırça kullanarak ananas suyu veya sütle her tarafını ıslat, soğuyuncaya kadar beklet. Beyaz krema, krem şantiye veya hazır krem şantiyi hazırla. Kesilen pastanın üzerine üçte birini sür. Ufak doğranmış ananasları döşe, diğer pastayı üzerine yerleştir. Kalan kremanın yarısıyla pastayı muntazam kapla. Pasta torbasına tırtırlı uç yerleştir, kremayı doldur. Pastayı ananas dilimleri ve torbadaki kremayla süsle. Buzdolabında muhafaza et.

çilekli pasta

1 ölçü pandispanya malzemesi (bkz. s. *336)*
1 ölçü çilekli ıslatma suyu veya sütlü ıslatma şurubu (bkz. s. *337)*
1 ölçü hazır krem şantiye veya beyaz krema (bkz. s. *354)*
½ kilo çilek
25 cm çapında 6 cm yüksekliğinde kenarlı kalıp

Yukarıda tarifi verilen ananaslı pasta gibi hazırla. Yalnız çilekleri temizle, yıka, süzdür. 1 fincan şeker serperek buzdolabında bir akşam beklet, ertesi gün kullan.

çikolatalı pasta (glazürlü)

1 ölçü pandispanya malzemesi (bkz. s. *336)*
1 ölçü çikolatalı veya kakaolu ara kreması (bkz. s. *353)*
1 ölçü çikolatalı glazür (bkz. s. *355)*
1 ölçü sütlü ıslatma şurubu (bkz. s. *337)*
½ ölçü hazır şantiye veya beyaz krema (bkz. s. *354)*
1 avuç yeşil fıstık
25 cm çapında 6 cm yüksekliğinde kenarlı kalıp

Kakaolu pandispanya hazırla. İkiye böl. Sütle ıslat, soğuyuncaya kadar beklet. Ara kremasını araya sür. Üzerine diğer pastayı yerleştir. Kalan kremayla üzerini kapla. Glazür hazırla, soğumadan nihale üzerine yerleştirilmiş pastaya dök, hafif sallayarak her tarafını kapla. Soğuyunca yeşil fıstık ve beyaz kremayla süsle, buzdolabında bir gün beklet.

jöleli pasta

1 ölçü pandispanya malzemesi (bkz. s. *336)*
1 ölçü meyveli veya sütlü ıslatma şurubu (bkz. s. *337)*
1 ölçü beyaz krema (bkz. s. *354) veya krem şantiye*
½ kilo istenilen meyve (muz, çilek)
50 gr iri badem içi
25 cm çapında 6 cm yüksekliğinde kenarlı kalıp

Pandispanya hazırla. İkiye böl, kullanılacak meyve suyu veya süt şurubuyla ıslat, soğut. Pasta kremasını arasına sür, ikinci parçayı üzerine yerleştir. Kremayla kapla.

Pasta kalıbı büyüklüğünde bir kalıp veya tepsiye, hazır jöleden bir santim doldur, dondur. Üzerini meyvelerle süsle. Kabuğu çıkarılmış bademleri serp, kalan jöleyi ilave et, dondur. Jöleyi tepsiyle ılık suya batır, tepsiden ayrıldığını anlayınca pastanın üzerine çevir. (Daha kolay olması için pastayı jölenin üzerine oturt, pasta tabağını da üzerine kapatarak birlikte alt üst et.)

Beyaz kremayı torbaya doldur, yanlarından boyuna sık, kenarlarını süsleyerek kapat.

- Beyaz krema ile pastanın yanları kapatılıp üzerine meyveler yerleştirilip jöle dökülerek de hazırlanabilir. Ancak yukardaki kadar güzel görünüşlü olmaz.
- Karışık meyvelerle ve bademsiz de hazırlanabilir.

neskafeli pasta

1 ölçü pandispanya (bkz. s. 336)
1 ölçü sütlü ıslatma şurubu (bkz. s. 337)
1 ölçü hazır şantiye veya beyaz krema (bkz. s. 354)
1 tatlı kaşığı neskafe
¼ su bardağı yeşil fıstık veya fındık
25 cm çapında 6 cm yüksekliğinde kenarlı kalıp

Pandispanya hazırla. İkiye böl, ıslat, soğut. Beyaz krema hazırla. Üçte birini ayır.

Neskafeyi 1 çorba kaşığı sıcakca suyla ıslat, erit, kremanın dörtte üçünü ilave et, karıştır. Pastanın arasına ve üstüne bu kremayı kullan.

Ayrılan beyaz krema ve kalan neskafeli kremayı torbalara doldurarak, kıyılmış yeşil fıstık veya fındığı da kullanarak süsle. Buzdolabında bir gün beklet.

- Neskafe ölçüsü isteğe göre artırılabilir.

portakallı pasta

1 ölçü pandispanya (bkz. s. 336)
1 ölçü portakallı ıslatma şurubu veya sütlü şurup (bkz. s. 337)
1 ölçü hazır şantiye veya beyaz krema (bkz. s. 354)
5 iri portakal
25 cm çapında 6 cm yüksekliğinde kenarlı kalıp

Ananaslı pasta gibi hazırla. Portakal dilimlerinin iç zarlarını ve çekirdeklerini al, pastanın arasına ve üzerine yerleştir, kremayla süsle. Buzdolabında bir gün beklet.

uludağ pastası

1 kg kestane
250 gr şeker
1 paket vanilya
1 ölçü pandispanya (bkz. s. 336)
1 ölçü hazır şantiye veya beyaz krema (bkz. s. 354)
1 ölçü sütlü ıslatma şurubu (bkz. s. 337)
¼ su bardağı yeşil fıstık
50 gr meyve şekerlemesi
25 cm çapında 6 cm yüksekliğinde kenarlı kalıp

Kestaneyi soy, on dakika kaynat, sudan çıkar, iç kabuklarını soy. Bir tencerede üzerini örtecek kadar suyla haşla. Şekeri ilave et, kapağını ört, şeker eriyince aç, hafif ateşte şekerin kıvamı gelene kadar kaynat, vanilyayı ilave et, ateşten al.

Sıcak kestaneleri, önceden hazırlanmış pandispanya hamurunun üzerine tahta kaşıkla ince tel elekten geçir, dağ hâlinde fazla batırmadan topla, soğut. Beyaz krema veya şantiyeyi torbaya doldurarak pandispanya ve kestanelerin üzerini kapla. Kaynar suda bekletilerek soyulmuş yeşil fıstık ve meyve şekerleriyle süsle.

yaş günü pastası

1 ölçü 10 yumurta ile hazırlanmış pandispanya (bkz. s. *336)*
1 ölçü ara pasta kreması (bkz. s. *353)*
1 ölçü sütlü pasta ıslatma şurubu (bkz. s. *337)*
½ ölçü beyaz krema (bkz. s. *354) veya hazır şantiye*
1 su bardağı fındık
1 su bardağı fıstık
30 cm çapında 6 cm yüksekliğinde kenarlı kalıp

10 yumurta, 10 fincan un, 1 cm eksik doldurulmuş 10 fincan şeker, vanilya ve limon kabuğu rendesiyle pandispanya hazırla. Ara pasta kreması hazırla, ateşten al, yağını koyduktan sonra yarısını ayır, kakao ilave et. Fındıkları irice kıy. Yeşil fıstığı suda kaynat, kabuklarını al, kıy.

Pastayı şurupla ıslatıp soğuttuktan sonra kakaosuz kremayı soğuk hâlde arasına yay, diğer pastayı üzerine kapat, kakaolu kremayla kapla. Kenarlarına kıyılmış fındık yapıştır. Üzerini torbaya doldurulmuş beyaz kremayla ve yeşil fıstıkla süsle.

- 10 yumurta için 250 gr şeker, 300 gr un gerekir. Misafir sayısına göre yumurta sayısı azaltılır çoğaltılabilir.
- İstenirse beyaz kremayla hazırlanır. Kremanın bir kısmı şeker boyasıyla renklendirilerek de hazırlanır.
- Misafir sayısına göre yumurta sayısı ayarlanabilir.

yılbaşı pastası

Yukarıda tarifi verilen yaş günü pastası gibi hazırla. Üzerini yeni yılı belirtecek yazı ve şekillerle süsle.

rulolar

ağaç pastası

1 ölçü pandispanya hamuru (bkz. s. 336)
1 ölçü yarısı kakaolu hazırlanmış ara pasta kreması (bkz. s. 353)
1 ölçü sütlü ıslatma şurubu (bkz. s. 337)
1 çorba kaşığı Hindistan cevizi
½ su bardağı fındık, kıyılmış

Pastayı fındıklı rulo (*bkz.* s. 344) gibi hazırla. Arasına sade, üzerine kakaolu krema sür. Çatalla boyuna çizerek ağaç kabuğu şekli ver. Uçlarından kes, üzerine, yan tarafına yerleştir. Üzerine Hindistan cevizi serp.

- Çok ince kıyılmış fındık da serpilebilir.

ananaslı rulo

1 ölçü pandispanya malzemesi (bkz. s. 336)
1 ölçü beyaz krema (bkz. s. 354) *veya hazır şantiye*
250 gr ananas konservesi
¼ su bardağı iç yeşil fıstık
1 çorba kaşığı eritilmiş tereyağ
38x30 cm ölçüsünde tepsi

Dikdörtgen tepsinin içine parşömen kâğıdı yay ve üzerini fırçayla yağla. Pandispanya hamuru hazırla, bir parmak kalınlığında kâğıdın üzerine yay. Fırına ver. Pişince hamuru fırından çıkar, ananas suyunu üzerine çırp, üstüne bir tepsi kapat. 5 dakika beklet, sonra kâğıdıyla çubuk gibi sar, soğut. Kâğıdı yavaşça çıkar. Arasına krema sür ve küçük doğranmış ananasları, pastayı kırmadan serp, tekrar rulo hâline getir. Üzerini de krema ve ananas dilimleriyle süsle, buzdolabında bir gün beklet.

fındıklı rulo

1 ölçü pandispanya malzemesi (bkz. s. 336)
1 ölçü ara pasta kreması (bkz. s. 353)
½ ölçü sütlü ıslatma şurubu (bkz. s. 337)
150 gr fındık içi
38x30 cm ölçüsünde tepsi

Ananaslı rulo (*bkz.* s. 343) gibi hazırla. Arasını yarım ölçü sütlü şurupla ıslat. Sütlü kremanın yarısını kakaolu hazırla. Arasını sade, üzerini kakaolu kremayla kapla. Kıyılmış fındığı her tarafına yapıştır.

marmelatlı rulo

1 ölçü pandispanya malzemesi (bkz. s. 336)
250 gr marmelat
150 gr fındık içi
38x30 cm ölçüsünde tepsi

Yukarıda tarifi verilen fındıklı rulo gibi hazırla. Islatmadan, arasına ve üzerine krema yerine marmelat kullanarak hazırla.

muzlu rulo

1 ölçü pandispanya malzemesi (bkz. s. 336)
½ ölçü sütlü ıslatma şurubu (bkz. s. 337)
1 ölçü beyaz krema (bkz. s. 354) *veya hazır şantiye*
38x30 cm ölçüsünde tepsi

Ananaslı rulo (*bkz.* s. 343) gibi hazırla. Ananas yerine muz kullan.

- Portakal vb meyvelerle de aynı biçimde hazırlanabilir.

kekler

kek hamuru (sade kek)

1 ölçü pandispanya hamuru (bkz. s. 336)
25 cm çapında 6 cm yüksekliğinde kenarlı kalıp
veya 8x29 ölçüsünde 7 cm yüksekliğinde kenarlı kalıp

kalıbı yağlamak için
1 çorba kaşığı eritilmiş tereyağ
1 çorba kaşığı un

Kek kalıbını yağla, unla. Pandispanya hazırla. Yağlanmış kalıba, üçte ikisini geçecek biçimde koy, fırına ver. Fırının kapağını açmadan hafif ateşte pişir. Kalıbında soğut, çıkar. Elekle pudra şekeri serp, birer parmak kalınlığında dilimlere kes.

cevizli kek

1 ölçü pandispanya hamuru (bkz. s. 336)
½ su bardağı iç ceviz
25 cm çapında 6 cm yüksekliğinde kenarlı kalıp
veya 8x29 ölçüsünde 7 cm yüksekliğinde kenarlı kalıp

kalıbı yağlamak için
1 çorba kaşığı eritilmiş tereyağ
1 çorba kaşığı un

Yukarıda tarifi verilen sade kek gibi hazırla. Pandispanya hazırlarken, ununa limon kabuğu rendesi karıştırırken yarım su bardağı çekilmiş ceviz içini de ilave et. Sonra çırpılan yumurtaya karıştır.

çaylı kek

1 su bardağı demli ılık çay
1,5 su bardağı şeker
3 yumurta
125 gr tereyağ
25 cm çapında 6 cm yüksekliğinde kenarlı kalıp veya 8x29 ölçüsünde 7 cm yüksekliğinde kenarlı kalıp
2 su bardağı un
1 çorba kaşığı tarçın
1 çorba kaşığı kakao
1 paket baking powder

kalıbı yağlamak için
1 çorba kaşığı eritilmiş tereyağ
1 çorba kaşığı un

Şeker, yumurta ve erimiş ılık yağı mikserle çırp. Un, tarçın, kakao ve *baking powder*'ı birlikte ele. Çay ve unlu karışımı yumurtalara ilave et, karıştır, yağlanmış, unlanmış kek kalıbına veya tepsiye dök, pişir.

elmalı kek

4 ekşi elma
100 gr ceviz
300 gr un
1 tatlı kaşığı tarçın
1 paket baking powder
25-30 cm çapında 7 cm yüksekliğinde kenarlı kalıp
1 portakal kabuğu rendesi
4 yumurta
300 gr şeker
250 gr tereyağ
1 çay bardağı süt

kalıbı yağlamak için
1 çorba kaşığı eritilmiş tereyağ
1 çorba kaşığı un

Cevizi makineden çek, elmaları iri rendele veya çok küçük doğra. Unu, tarçın ve *baking powder*'la birlikte ele. Cevizi, elmaları, portakal rendesini karıştır. Yumurtaları şekerle çırp, erimiş ılık yağ, süt ve unlu karışımı ilave et, hafifçe karıştır. Yağlanmış kalıba dök, pişir.

ev keki

1 su bardağı yoğurt
3 yumurta
1 su bardağı tereyağ
2 su bardağı şeker
30-35 cm çapında 6 cm yüksekliğinde kenarlı kalıp veya tepsi
3 su bardağı un
1 paket baking powder
1 limon kabuğu rendesi
1 paket vanilya

kalıbı yağlamak için
1 çorba kaşığı eritilmiş tereyağ
1 çorba kaşığı un

Yoğurt, yumurta, erimiş yağ ve şekeri bir tencerede karıştır. Unu *baking powder*'la birlikte ele, diğer malzemelerle karıştır ve yağlı yumurtalı karışıma ilave et. Yağlanmış tepsiye dök, pembeleşinceye kadar pişir.

- Yumurta ile şeker çırpılırsa daha güzel olur.

fındıklı kek

1 ölçü pandispanya malzemesi (bkz. s. 336)
½ su bardağı iç fındık
25 cm çapında 6 cm yüksekliğinde kenarlı kalıp veya 8x29 ölçüsünde 7 cm yüksekliğinde kenarlı kalıp

kalıbı yağlamak için
1 çorba kaşığı eritilmiş tereyağ
1 çorba kaşığı un

Cevizli kek (*bkz.* s. 345) gibi hazırla. Ceviz yerine fındığı çekerek kullan.

gazozlu kek

1 şişe gazoz (200 gr)
3 su bardağı un
½ su bardağı ceviz veya fındık içi
1 paket vanilya
1 limon kabuğu rendesi
2 su bardağı şeker
5 yumurta
25 cm çapında 6 cm yüksekliğinde kenarlı kalıp veya 8x29 ölçüsünde 7 cm yüksekliğinde kenarlı kalıp

kalıbı yağlamak için
1 çorba kaşığı eritilmiş tereyağ
1 çorba kaşığı un

Kalıbı yağla, unla. Unu ele, çekilmiş ceviz, vanilya ve limon kabuğu rendesiyle karıştır. Şekerle yumurtayı yoğurt koyuluğuna gelinceye kadar çırp. Unu gazozla beraber yumurtaya ilave et, karıştır. Kalıba boşalt, orta hararetli fırında kapağını açmadan pişir.

havuçlu kek

½ kilo havuç
2 su bardağı un
1 çorba kaşığı tarçın
1 paket baking powder
1 su bardağı ceviz
30-35 cm çapında 5-6 cm yüksekliğinde tepsi veya kalıp
4 yumurta
2 su bardağı şeker
250 gr tereyağ
¼ su bardağı sarı üzüm

kalıbı yağlamak için
1 çorba kaşığı eritilmiş tereyağ
1 çorba kaşığı un

Unu tarçın ve *baking powder*'la birlikte ele. Havucu rendele. Cevizi çek, üzümle beraber una ilave et, karıştır. Yumurtayı şekerle çırp, erimiş yağ ve unlu karışımı ilave et, karıştır. Yağlanmış tepsiye veya kek kalıbına boşalt. Orta hararetli fırında pişir.

kakaolu kek

3 çorba kaşığı kakao
200 gr tereyağ
1 su bardağı süt
1 paket vanilya
25 cm çapında 6 cm yüksekliğinde ortası açık veya kapalı kalıp
3 su bardağı un
1 paket baking powder
5 yumurta
2 su bardağı toz şeker

kalıbı yağlamak için
1 çorba kaşığı eritilmiş tereyağ
1 çorba kaşığı un

Tencerede yağ, süt, vanilya ve kakaoyu erit, ateşten al. Unu *baking powder*'la birlikte ele. Yumurtayı şekerle çırp, kakaolu sütü ve unu karıştırarak ilave et. Yağlanmış kalıp veya tepsiye dök. Orta hararetli fırında pişir.

- Bu kek nefis olduğu kadar bir hafta tazeliğini korur.

limonlu kek

1 limon suyu ve rendesi
1,5 su bardağı un
1,5 su bardağı nişasta
1 çay kaşığı karbonat
25-30 cm çapında 6 cm yüksekliğinde kalıp
4 yumurta
1,5 su bardağı şeker
250 gr tereyağ

kalıbı yağlamak için
1 çorba kaşığı eritilmiş tereyağ
1 çorba kaşığı un

Unu, nişasta ve karbonatla birlikte ele. Limon kabuğunu rendele, suyunu sık. Yumurtayı şekerle çırp. Yağı erit, ılık hâlde un, limon suyu ve limon kabuğuyla birlikte yumurtaya ilave et, karıştır. Yağlanmış, unlanmış kalıba dökerek orta hararetli fırında pişir.

madlen

5 yumurta
250 gr pudra şekeri
250 gr un
38x30 cm ölçüsünde tepsi (madlen kalıbı yoksa)
1 paket vanilya
125 gr tereyağ

kalıbı yağlamak için

1 çorba kaşığı eritilmiş tereyağ
1 çorba kaşığı un

Madlen kalıplarını veya bir tepsiyi yağla, unla. Pudra şekeriyle yumurtaları boza koyuluğuna gelene kadar mikserle çırp. Elenmiş un ve vanilya ilave et, karıştır. Yağı erit, ılık hâlde ilave et. Hepsini tekrar karıştır. Kalıplara veya tepsiye dök, pişir.

- Toz şeker de kullanılabilir ama yukardaki kadar lezzetli olmaz.
- Tepsiyle pişirilirse pasta bıçakla istenilen büyüklükte kesilir.

madlen (çikolatalı)

1 ölçü madlen malzemesi
50 gr sütsüz çikolata

Yukarıda tarifi verilen madlen gibi hazırla. Yağla birlikte su buharında eritilmiş çikolatayı ilave et.

mahlepli kek

1,5 tatlı kaşığı mahlep
4 yumurta
2 su bardağı şeker
1 su bardağı tereyağ
38x30 cm ölçüsünde tepsi
1 su bardağı yoğurt
3 su bardağı un
1 paket baking powder
Susam

kalıbı yağlamak için
1 çorba kaşığı eritilmiş tereyağ
1 çorba kaşığı un

Yumurtaları şekerle koyulaşıncaya kadar çırp. İçine erimiş yağ, yoğurt, un, mahlep ve *baking powder* ilave et, karıştır. Yağlanmış tepsiye boşalt. Üzerine yumurta sarısı sür, susam serp. Orta hararetli fırında pişir.

pirinç unlu kek

1,5 su bardağı un
1,5 su bardağı pirinç unu
2 çorba kaşığı kakao
1 paket baking powder
25-30 cm çapında 6 cm yüksekliğinde kenarlı kalıp veya tepsi
2 su bardağı toz şeker
4 yumurta
25 gr tereyağ

kalıbı yağlamak için
1 çorba kaşığı eritilmiş tereyağ
1 çorba kaşığı un

Unu pirinç unu, kakao ve *baking powder*'la birlikte ele. Şekerle yumurtayı çırp. Yağı erit, ılık hâlde yumurtaya unla birlikte karıştır. Yağlanmış kalıba veya tepsiye dök. Orta hararetli fırında pişir.

portakallı kek

1 ölçü limonlu kek malzemesi (bkz. s. 349)

Limonlu kek malzemeleriyle limon yerine portakal kullanarak hazırla.

üzümlü kek

150 gr kuru üzüm
250 gr tereyağ
1,5 su bardağı şeker
4 yumurta
25-30 cm çapında 6 cm yüksekliğinde kenarlı kalıp veya tepsi
1,5 bardağı süt
4,5 su bardağı un
1 limon kabuğu rendesi
1 paket baking powder

kalıbı yağlamak için
1 çorba kaşığı eritilmiş tereyağ
1 çorba kaşığı un

Tereyağ ve şekeri mikserle çırp. Yumurtaları birer birer yedir. Sütü ilave et. Diğer malzemeleri elenmiş unla karışmış hâlde ilave et, karıştır. Yağlanmış kalıba dök, orta hararetli fırında pişir.

krema, salça ve örtülükler

ara pasta kreması (sütlü krema)

½ litre süt
3 yumurta
1 su bardağı şeker (150 gr)
1 tatlı kaşığı limon kabuğu rendesi
1 tatlı kaşığı portakal kabuğu rendesi
1 su bardağından 2 parmak eksik un (80 gr)
1 paket vanilya
Yumurta büyüklüğünde tereyağ

Sütü kaynat. Bir tencerede yumurtaları, şeker, limon ve portakal rendelerini yumurta teliyle iyice ez, çok hafif ateş üzerine al. Devamlı karıştır. Isınınca önce unu, sonra kaynar sütü yavaşça ve telle karıştırarak ilave et. Hafif ateşte iki taşım kaynat, vanilyayı ilave et, ateşten al. Yağını ilave et, karıştır (fazla karıştırılırsa sulanır). Soğuyuncaya kadar, arada kaymak tutmaması için karıştır.

ara pasta kreması (çikolata veya kakaolu)

1 ölçü ara pasta kreması malzemesi
2 çorba kaşığı kakao veya 50 gr sütsüz çikolata

Yukarıda tarifi verilen ara pasta kreması gibi hazırla. Ateşten alıp yağını koyarken rendelenmiş çikolata veya kakaoyu da ilave edip karıştır.

- Bu kremayla pasta yapılacağı zaman, içine sade, dışına kakaolu hazırlanarak kullanılır. 1 ölçü 1 pasta için yeterlidir.

beşamel salçası

2 çorba kaşığı tereyağ
2 çorba kaşığı un
2 su bardağı süt
1 çay kaşığı tuz
1 fiske müskat

Yağla unu hafif ateşte tahta kaşıkla karıştırarak pembeleştirmeden kavur. Sararırken sütü dök, tuz ve Hindistan cevizi rendesini (müskat) ilave et, koyu boza kıvamına gelince ateşten al.

beyaz krema - I

4 silme çorba kaşığı (50 gr) mısır nişastası
½ kilo süt
4 çorba kaşığı şeker
300 gr tereyağ

Mısır nişastasını biraz sütle ezerek sulandır. Kalan sütle şekeri kaynat. Nişastalı sütü kaynayan süte hızlı karıştırarak ilave et. Koyulaşınca ateşten al, arada karıştırarak soğut. Yağı porselen kâsede iyice ez veya çırpıcıyla çırp. Soğuyan nişastayı kaşıkla vererek çırpıcıyla yağa yedir.

- Nişastalı muhallebiyi yağa iyice soğuduktan sonra karıştırmalıdır.

beyaz krema - II

1 ölçü beyaz krema (I) malzemesi
1 yumurta sarısı
1 paket vanilya

Yukarıda tarifi verilen beyaz krema (I) gibi hazırla. Yumurta sarısını nişasta ve sütle karıştırarak şekerli süte ilave et.

beyaz krema - III (şekersiz)

1 ölçü beyaz krema

Yukarıda tarifi verilen beyaz kremayı şekersiz hazırla ve istenilen pasta ve tatlılarda kullan.

çikolata salçası

120 gr sütsüz çikolata veya 2 dolu çorba kaşığı kakao
¼ su bardağı un (30 gr)
8 çorba kaşığı şeker (200 gr)
2 yumurta sarısı
1 paket vanilya
2,5 su bardağı su (½ litre)

Tencerede un, şeker, yumurta sarısı ve vanilyayı iyice ez. Suyu ilave et. Küçük parçalara doğranmış çikolatayı da ilave ederek ateşe koy. Karıştırarak iki taşım kaynat, ateşten al. Kaymak tutmaması için arada karıştır.

- Kakaolu yapılırsa kakaosu unla karıştırılarak hazırlanır.

çikolatalı glazür (pasta örtlüğü)

125 gr sütsüz çikolata
100 gr toz şeker
1 çay kaşığı limon suyu
Ceviz büyüklüğünde tereyağ

Çikolatayı küçük bir emaye tas içinde veya tencerede kaynar suyun içinde bekleterek erit. Şekeri yarısı kadar su ve limonla birlikte ayrı yerde bir taşım kaynat, kaynar suda eriyen çikolataya karıştırarak dök. Koyu boza kıvamına getir. (Gerekirse bir-iki çay kaşığı kaynar su konabilir.) Yağını ilave et, eriyince ateşten al. Önceden hazırlanmış, ara kremasıyla kaplanmış pastanın üzerine çabucak dök, yayılması için pastayı eğip salla veya bıçakla süratle yay.

- Glazürün donmaması için pastayı döktükten sonra çok çabuk çalışılmalıdır.

çikolatalı glazür (yağlı)

100 gr sütsüz çikolata
100 gr pralin
75 gr stella, asta vb yağ

Yağı hafif ateşte erit. Pralin ve rendelenmiş çikolatayı ilave et, karıştır, tel süzgeçten geçir. Ilınınca önceden hazırlanmış ara kremayla kaplanmış pastaya dökerek her tarafını kapla.

çilek salçası

250 gr çilek
1,5 su bardağı şeker
1 çay kaşığı limon suyu
¼ su bardağı su

Çileği yıka, ayıkla, süzdür. Ezerek tel süzgeçten geçir. Şeker ve su ilavesiyle kaynat. Kıvama gelince limonunu ilave et. İki taşım kaynat, ateşten al.

- Ahududu, frenk üzümü, böğürtlen vb ile de aynı biçimde salça hazırlanır.

fındıklı salça

150 gr fındık içi
½ litre süt
1 paket vanilya
3 yumurta
8 çorba kaşığı şeker
1 çay kaşığı nişasta
1 tatlı kaşığı limon kabuğu rendesi

Süt, vanilya ve fındık dışındaki bütün malzemeyi tencerede biraz sütle iyice ez. Sütü kaynat, tencereye karıştırarak ilave et. Orta hararetli ateşte karıştırarak boza kıvamına getir. Ateşten al. Fındık ve vanilyayı ilave et. Kaymak tutmaması için soğuyuncaya kadar ara ara karıştır.

hazır krem şantiye

Hazır şantiyeleri üzerindeki tarife göre hazırla.

krem şantiye

½ litre krem şantiye
½ su bardağı pudra şekeri
1 paket vanilya

Porselen kâseye şantiye, vanilya ve pudra şekerini koy, mikserle çırparak krema koyuluğuna getir.

- Fazla çırpılırsa yağ hâline gelir. Hafif ayar mikserle çırpma işlemini hemen tamamlayıp kullanmalıdır.

krem şantiye taklidi (mereng)

200 gr toz şeker
1 su bardağı su
5 yumurta akı
1 paket vanilya
1 tutam tuz

Şekerle suyu ateşe koy, ağdalaştır. Ağdalaşmasına yakın yumurta aklarını tuzla çırparak kar hâline getir. (Ağda su içine konulduğunda katı hâlde kalırsa olmuştur). Vanilyayı ilave et, ateşten al. Kar hâline gelmiş yumurta akına iplik gibi akıtarak ve hızla karıştırarak yedir. Sıcak veya soğuk tatlı ve pastalarda kullan.

• Mereng, krem şantiye bulunmadığı zaman onun yerine kullanılırdı. Günümüzde beyaz krema kullanılmaktadır. Mereng fırınlanacak tatlılarda hâlâ kullanılmaktadır.

portakal kabuğu çevirmesi

3 portakal kabuğu
½ kilo şeker

Portakal kabuklarının sarı kısmını kesme şekerle ovarak parlat. Sonra soy, boydan irice kes, sararak iğneyle ipliğe geçir. Soğuk suyla ateşe koy. Kaynayınca suyunu değiştir, tekrar kaynat, iki defa daha suyunu değiştirerek kaynat. Soğuk suya al.

Şekeri yarısı kadar suyla ateşe koy. İki taşım kaynayınca soğuk sudan alınmış, ezilmeden bezle kurulanmış portakal kabuklarını ilave et. Reçel kıvamından biraz daha koyulaşınca ateşten al, iplikleri çıkar, kavanoza yerleştir. Parafinli kâğıt koyarak ağzını kapat.

• Limon, mandalina, turunç kabukları çevirmeleri de böyle yapılır.

tatlı bisküviler, tartlar ve diğerleri

altlık hamuru

2,5 su bardağı (250 gr) un
½ su bardağı (125 gr) tereyağ
2 yumurta sarısı
2 silme çorba kaşığı (50 gr) pudra şekeri
½ limon kabuğu rendesi
½ paket vanilya
1 tutam tuz

Unu hamur tahtasına ele. Yağı ortasına koy. Yağla un iyice karışana kadar bıçakla kıy. Ortasını aç, yumurta sarılarını koy. Kenarlarına pudra şekeri, tuz, limon kabuğu rendesi ve vanilyayı serp. Ortadan başlayarak yoğur. Hamur toparlanınca fazla yoğurmadan iki yumak yap. Yaş bez altında 20 dakika dinlendir, kullan.

- 2 yumurta sarısı yerine 1 bütün yumurta da kullanılabilir.
- Fazla yoğurulursa hamur cıvıklaşır, bozuk şekil verir.

sable hamuru

2,5 su bardağı (250 gr) un
½ su bardağı (125 gr) tereyağ
4 silme çorba kaşığı (100 gr) pudra şekeri
2 yumurta sarısı
½ paket vanilya
½ limon kabuğu rendesi
1 tutam tuz

Yukarıda tarifi verilen altlık hamuru gibi hazırla. 20 dakika dinlendir, kullan.

şuale krem hamuru

½ su bardağı (125 gr) tereyağ
2,5 su bardağı su (250 gr)
1 tatlı kaşığı şeker
1 çay kaşığı tuz
2 su bardağı (200 gr) un
5 yumurta

Bir tencerede suyla yağı ateşe koy. Tuz ve şeker ilave et, kaynamaya başlayınca unu dök. Tahta kaşıkla ezerek karıştır. Hafif ateşe al. Karıştırarak 10 dakika pişir, ateşten al. El dayanır sıcaklığa gelince yoğurarak yumurtaları birer birer yedir. Huni takılmış pasta torbasına doldur, kullan.

beze

5 yumurta akı
3 çay bardağı toz şeker
2 çay bardağı pudra şekeri

Yumurta aklarıyla toz şekeri çırpıcıyla kar hâline getir. Çırparak pudra şekerini ilave et. Şekerle yumurtaları 15-20 dakika çırp. Katı kar hâline gelince parşömen kâğıdı yayılmış tepsiye kaşıkla veya torbadan dök. Hafif ateşli fırında kapak açmadan pişir. Soğuyuncaya kadar fırında beklet.

cevizli ay

3 su bardağı (300 gr) un
1 ceviz kadar (15 gr) yaş maya
1 tatlı kaşığı toz şeker
½ su bardağı ve 1 çorba kaşığı tereyağ (150 gr)
1 yumurta
1 tatlı kaşığı pudra şekeri
¼ su bardağı (60 ml) süt
¼ su bardağı un (açma payı)

içi için

1 su bardağı ceviz içi, çekilmiş
½ su bardağı süt
¼ su bardağı galeta tozu
1 çay kaşığı tarçın
1 çay kaşığı yenibahar
½ paket vanilya
½ limon kabuğu rendesi
1 su bardağı toz şeker

Unu hamur tahtasına ele, ortasını aç. Maya, süt ve 1 tatlı kaşığı toz şekeri koy. Kenarlardan un alarak, parmakla ezerek boza kıvamına getir. Unu üzerine tamamen kapat, beklet. Unda çatlamalar görülünce ortasını aç, yağı ve 1 yumurtayı ilave et. Ortada yağı ve diğer malzemeleri ezerek yoğur, sonra unu alarak hamur hâline getir.

Ceviz büyüklüğünde yuvarlaklar yap, yaş bez ört, 20 dakika serin yerde dinlendir. Sonra merdaneyle un serperek oval aç, iç koy, sigara gibi sar, ay hâline getir, yağlanmış tepsiye diz. Bu defa ılık bir yerde 20 dakika dinlendir. Yumurta sarısını 1 çay kaşığı pudra şekeriyle karıştır. Üzerine sür, fırında pembeleştir.

İçini hazırlamak için sütü ateşe koy. Kaynamaya başlarken ceviz içini ilave et. Karıştırarak 4 dakika pişir, ateşten al. Kaynarı geçince, sırasıyla galeta tozu, tarçın, bahar, vanilya ve limon kabuğu rendesi ilave et, karıştır. Ilınınca toz şekeri ilave et, karıştır.

düğme bisküvisi

1 ölçü sable hamuru (bkz. s. *358)*
1 yumurta akı
½ su bardağı toz şeker
¼ su bardağı istenilen marmelat

Sable hamuru hazırla, dinlendir. İki fındık büyüklüğünde yuvarlaklar yap, ince bir çubukla ortalarından hamurun yarısına kadar çukurlaştır. Önce yumurta akına, sonra toz şekere bula. Çukurlara marmelat doldur. Orta hararetli fırında pişir.

- İstenirse marmelat fırından çıktıktan sonra bisküvilerin çukurlarına konabilir.

elmalı poğaça

1 ölçü altlık hamuru (bkz. s. *358) veya yaprak hamuru* (bkz. s. *368)*
3 ekşi elma
3 çorba kaşığı şeker
3 çorba kaşığı çekilmiş ceviz veya fındık
1 yumurta sarısı (bkz. s. *219)*
Pudra şekeri

Altlık hamuru veya yaprak hamuru hazırla, dinlendir, yarım parmak kalınlığında aç. Su bardağı veya nemse kalıbıyla kes, arasına elmalı iç koy, kapat. Yağlanmış tepsiye diz. Üzerine yumurta sarısı sür. Fırında pişir. Çıkınca pudra şekerine bula.

Elmalı içi hazırlamak için elmaları soy, rendele, şekerle susuz ateşe koy, iki taşım kaynat. Ilınınca tarçın ve çekilmiş ceviz koy, karıştır.

- Papatya bisküvisi kalıplarında da yapılabilir.

elmalı tart

1 ölçü altlık hamuru (bkz. s. 358)
4 ekşi elma
4 çorba kaşığı şeker
1 tatlı kaşığı tarçın
1 tatlı kaşığı yağ
1 çorba kaşığı süt
½ ölçü beyaz krema (bkz. s. 354)

kalıbı yağlamak için

1 çorba kaşığı eritilmiş tereyağ
1 çorba kaşığı un

Altlık hamuru hazırla, ikiye böl, dinlendir. Birini yarım parmak inceliğinde aç, yağlanmış tart kalıbına, kenarlarına gelecek biçimde yerleştir. Önceden hazırlanmış elmaları döşe, şeker ve tarçın serp. İkinci hamuru aynı incelikte aç, ruletle yarım parmak inceliğinde çubuklar kes, kırmadan elmaların üzerine kafesler örerek yerleştir. Birkaç yerine fındık kadar yağ koy, hamurların üzerine erimiş yağla karıştırılmış süt sür. Fırında pembeleştir. Çıkınca beyaz kremayla süsle.

Elmalı içi hazırlamak için elmaları soy, dilimlere kes, çok az suda 2 kaşık şeker ilavesiyle haşla.

ev kurabiyesi

2 yumurta
½ su bardağı erimiş tereyağ
½ su bardağı yoğurt
1 ¼ su bardağı şeker
1 çorba kaşığı eritilmiş tereyağ (tepsiyi yağlamak için)
1 çay kaşığı karbonat
1 tatlı kaşığı portakal ve limon kabuğu rendesi
4 su bardağı un
1 yumurta sarısı (bkz. s. 219)

Bir tencerede yumurta sarısı dışında bütün malzemeleri karıştır. Alabildiği kadar unla kulak memesi yumuşaklığında hamur yap. Avuçla yuvarlayarak yağlanmış tepsiye diz. Üzerine yumurta sarısı sür, fırında pişir.

iki renkli bisküvi

1 ölçü sable hamuru (bkz. s. 358)
1 çorba kaşığı kakao
1 çorba kaşığı eritilmiş tereyağ (tepsiyi yağlamak için)

Sable hamuru hazırla. İkiye ayır, birine kakaoyu da ilave et, tekrar yoğur. Dinlendir. Sonra hamurları yarım parmak inceliğinde aç. Üst üste koy, çubuk sar. Üç santim çapına gelince birer parmak genişliğinde kes. Yağlanmış tepsiye diz, fırında pişir.

- İstediğiniz başka bir biçim de verebilirsiniz.

kayısı bisküvisi

1 ölçü sable hamuru (bkz. s. 358))
1 çay bardağı kayısı marmelatı
Yeşil sarı kırmızı şeker boyası
1 çorba kaşığı eritilmiş tereyağ (tepsiyi yağlamak için)
1 su bardağı toz şeker
Küçük yapraklar

Sable hamuru hazırla, dinlendir. Fındıktan büyükçe yuvarlaklar yap, yağlanmış tepsiye diz, fırında pişir, çıkar. Soğuyunca sivri uçlu bıçakla ortalarını dikkatlice oy. Çıkan içlerin bir kısmını marmelata karıştır ve iki hamurun oyulan kısımlarına doldurarak birbirine yapıştır.

Kâselerde şeker boyalarını sulandır, yayvan tabağa toz şekeri yay. Bisküvileri kırmızı, sarı ve yeşil boyalara batırdıktan sonra toz şekerde yuvarla. Aralarını hafifçe aç, yeşil kısma yaprak yerleştir, tabağa diz.

kedi dili pasta (savoy pastası)

24 savoy bisküvisi
1 kg ekşi elma
3 çorba kaşığı şeker
1 litre süt
8 çorba kaşığı şeker
4 çorba kaşığı mısır nişastası
½ su bardağı badem veya yeşil fıstık
1 tatlı kaşığı tarçın

Elmaları soy, rendele. 1 çay bardağı su ve 3 kaşık şekerle pişir. Soğut. Sütle şekeri kaynat. Nişastayı su veya sütle ezerek ilave et, muhallebi koyuluğunda pişir. Savoy bisküvilerini tabağa bir sıra diz. Üzerine krema gezdir. İstenildiği kadar savoy ve kremayı kat kat döşe, en üstü kremayla kapla ve elmaları döşe. Elmaların üzerine, kabukları kaynar sudan geçirilerek alınmış badem veya kıyılmış yeşil fıstık yay, tarçın serp.

kremalı pötifur

½ su bardağı (125 gr) tereyağ
1 su bardağı yoğurt
2 yumurta
1,5 su bardağı şeker
2,5 su bardağı un
1 çay kaşığı karbonat veya baking powder
1 su bardağı kıyılmış fındık, fıstık, ceviz vb

kreması

½ litre süt
8 çorba kaşığı şeker
3 çorba kaşığı pirinç unu
2 çorba kaşığı kakao
1 su bardağı su
½ su bardağı (125 gr) tereyağ

Yağı erit, yoğurt, yumurta, şekeri iyice çırp. Sonra diğer malzemeleri ilave et, karıştır. Buzdolabında 1 saat beklet. Küçük boy pötifur kâğıtlarına 1 tatlı kaşığı doldur. Kızgın fırında pişir. Soğuyunca krema dök. Kıyılmış ceviz, fındık vb serp.

Kremasını hazırlamak için sütü şekerle kaynat. Pirinç unu ve kakaoyu 1 su bardağı suyla ez, ilave et. Koyulaşınca ateşten al, yağı karıştır.

milföy

1 ölçü yaprak hamuru (bkz. s. 368) *veya hazır milföy hamuru*
1 ölçü ara pasta kreması (bkz. s. 353)
1 su bardağı pudra şekeri

Yaprak hamuru hazırla, aç, dört parçaya kes. Ayrı tepsilere koy. Pişerken kabarmaması için birkaç yerine bıçak batır. Pişince üzerlerine pudra şekeri serp, tekrar 3 dakika fırınla, çıkar. Yüzlerine bolca pasta kreması sür, üst üste yerleştir. En üste pasta kreması sürme, pudra şekeri serp.

mozayik

½ kilo hazır bisküvi
1 su bardağı tereyağ
4 çorba kaşığı kakao
2 su bardağı pudra şekeri
1 paket vanilya
4 yumurta
¼ su bardağı iç yeşil fıstık veya ceviz

Yağı erit, kakao, şeker, vanilya, yumurta ve suda haşlanarak iç kabuğu alınmış fıstıkları ilave et, karıştır. Önceden küçük kırılmış bisküvileri ilave et, yoğur. Parşomen kâğıdın üzerine dök, çubuk şeklinde sıkıca sar. Tekrar bir kâğıda sararak buzlukta dondur.

- İstenilen kalınlıkta iki-üç defa da sarılabilir.
- Dondurmayla da sunulabilir.

papatya bisküvisi

1 ölçü altlık hamuru (bkz. s. 358)
1 su bardağı marmelat
1 su bardağı (100 gr) ceviz içi, çekilmiş
¼ su bardağı iç badem
1 su bardağı (100 gr) pudra şekeri
2 yumurta
1 su bardağı (50 gr) kıyılmış yeşil fıstık

kalıpları yağlamak için
1 su bardağı eritilmiş tereyağ

Altlık hamuru hazırla. Merdaneyle yarım parmaktan ince (3 mm) aç. Papatya pastası kalıplarından büyük nemse kalıbıyla veya su bardağıyla kes. Katı yağla yağlanmış ve unlanmış kalıplara yerleştir. İçine bir kaşık marmelat, üzerine kalıpları dolduracak kadar cevizli içten koy, orta hararetli fırında pişir. Üzerlerine marmelat sür, kıyılmış yeşil fıstıkla kapla. Bademleri haşla, kabuğunu soy, ikiye bölerek fıstıkların üzerine papatya biçiminde yerleştir. Tohum yerine marmelat koy.

Cevizli içi hazırlamak için şeker, ceviz ve yumurtayı porselen kâsede tahta kaşıkla halloluncaya kadar karıştır.

- Marmelat yerine ara pasta kreması da konulabilir.

sable bisküvisi

1 ölçü sable hamuru (bkz. s. 358)
1 yumurta akı
1 su bardağı fındık
½ su bardağı pudra şekeri
1 çorba kaşığı eritilmiş tereyağ (tepsiyi yağlamak için)

Sable hamurunu hazırla, dinlendir. Yarım parmak incelikte aç (fazla inceltme, sable kırılır ve kuru olur) çeşitli biçimde kalıplarla kes. Önce yumurta akına, sonra kıyılmış fındığa batır. Yağlanmış tepsiye diz. Orta hararetli fırında pişir. Fırından alınca pudra şekerine bula, tabağa diz.

şekerli sable

1 ölçü sable hamuru (bkz. s. 358)
1 yumurta akı
1 su bardağı toz şeker
1 çorba kaşığı eritilmiş tereyağ (tepsiyi yağlamak için)

Sable bisküvisi gibi hazırla. Fındık yerine toz şekere batırarak pişir.

- Bu sable pudra şekerine bulanmaz.

şimşek pastası

1 ölçü şuale krem hamuru (bkz. s. 358)
1 ölçü ara pasta kreması (bkz. s. 353)
1 ölçü yağlı çikolatalı glazür (bkz. s. 355)

Şuale krem hamuru hazırla. Ucuna huni geçirilmiş torbaya doldur. Yağlanmış tepsiye işaret parmağı uzunluğunda bir buçuk parmak genişliğinde sık. Orta hararetli fırında kapağını açmadan pişir. Soğuyunca yanlarından bıçakla del, torbadaki kremayla doldur. Yüzlerini çikolatalı yağlı glazüre batır, tabağa al.

- Fırından alınca tepsi soğuk yere konmamalıdır. Pastalar söner.

şuale krem pastası

1 ölçü şuale krem hamuru (bkz. s. 358)
1 ölçü ara pasta kreması (bkz. s. 353)
½ su bardağı pudra şekeri

Yukarıda tarifi verilen şimşek pastası gibi hazırla. Tepsiye ceviz büyüklüğünde koni sık. Piştikten sonra yanlarından pasta kremi doldur. Üzerine pudra şekerini ele, tabağa al.

- Fırından alınca tepsi soğuk yere konmamalıdır. Pastalar söner.

un kurabiyesi

14 çorba kaşığı (350 gr) un
2 çorba kaşığı pudra şekeri
1 su bardağı (250 gr) tereyağ
5 çorba kaşığı pudra şekeri (üzerine)
1 çorba kaşığı eritilmiş tereyağ (tepsiyi yağlamak için)

Unu ve 2 kaşık pudra şekerini ele. Tereyağı eritmeden koy, yoğur. Hamur tahtasına çubuk şeklinde uzat. Hafif bastır, baklava şeklinde kes. Hafif hararetli fırına ver, pembeleşmeden çıkar. Pudra şekerine bula.

vanilyalı ay

3 su bardağı (275 gr) un (1 çorba kaşığı eksik)
200 gr tereyağ
1 su bardağı (100 gr) çekilmiş badem içi
7 çorba kaşığı pudra şekeri
1 tatlı kaşığı limon kabuğu rendesi
1 paket vanilya
1 çorba kaşığı eritilmiş tereyağ (tepsiyi yağlamak için)

Unu ele, tereyağla kıy. Bademi kaynar sudan geçir, kabuklarını soy, kurut, makineden çek. İki çorba kaşığı pudra şekeri, limon rendesi, yarım paket vanilya ve bademi una ilave et, yoğur. 10 dakika yaş bez altında dinlendir. Ceviz büyüklüğünde parçalara ayır, ay şekli ver, yağlanmış tepsiye diz. Orta hararetli fırında pişir. Fırından alınca vanilya karıştırılmış pudra şekerine bula.

tuzlu börek, bisküvi, kek ve diğerleri

yaprak hamuru

350 gr tereyağ
½ kilo un
2 yumurta sarısı
200 gr ılık su
1 tatlı kaşığı tuz

Yağı porselen kâsede ağart, parmak kalınlığında dikdörtgen hâline getir, buzdolabında beklet. Unu ele, ortasını aç, yumurta sarıları, su ve tuzu koy, özleşinceye kadar yoğur, yumak yap. Yaş bez altında 20 dakika dinlendir.

Un serp, ortasını kalın bırakarak, dört tarafa yonca gibi uzatarak merdaneyle aç. Yağı ortasına yerleştir. Hamurun dört ucunu bohça gibi yağın üzerine kapat. Uzun dikdörtgen aç, üçe katla. Aksi yönden tekrar dikdörtgen aç, üçe katla; tekrar aç, üçe katla.

Hamur serpilmiş tahta üzerinde, yaş bez altında, 30 dakika dinlendir. Bu işlemi 30'ar dakika dinlendirerek iki defa daha tekrarla. Sonra hamuru yarım parmak kalınlığında açarak istenilen yerde kullan.

• Sıcak havalarda yağı üç parçaya ayırıp her açışta hamura bir bölümü verilerek de daha kolay hazırlanabilir.

börek hamuru

1 su bardağı süt
1 su bardağı zeytinyağı
2 yumurta sarısı
1 su bardağı yoğurt
1 tatlı kaşığı tuz
½ kahve kaşığı karbonat
7 su bardağı un

Tencerede un dışında bütün malzemeleri karıştır. Sonra unu ilave et, yoğur. Yaş bez altında 30 dakika dinlendir. İstenilen börek ve tatlılarda kullan.

• Zeytinyağı yerine ayçiçek yağı kullanmak iyi sonuç vermez.

açma böreği

1 ölçü börek hamuru (bkz. s. *220)*
250 gr tereyağ
100 gr kuru peynir
1 yumurta sarısı (bkz. s. *219)*

Börek hamuru hazırla, dört beze tut, dinlendir. Yağı erit, bezeleri aç, fırçayla yağı artırmadan aralarına sür, çubuk kıvır. Mermere vurarak incelt, on parçaya böl. Kesilen kenarları tut, birbiri içine sıkıştırarak batır. Buzdolabında 30 dakika beklet. Birer birer yarım parmak kalınlığında aç, iç koy, kapat, yağlanmış tepsiye diz. Yumurta sarısı sür, fırında pişir.

İçini hazırlamak için peyniri rendele, yumurta akıyla karıştır.

- Büyük istenirse bezeleri 5 parçaya bölerek peynir koy, kapat.
- Kıymalı, kaşar peynirli vb içlerle de yapılabilir.

bira mayalı poğaça

Ceviz büyüklüğünde maya
1 su bardağı süt
1 tatlı kaşığı şeker
1 su bardağı tereyağ
1 çorba kaşığı eritilmiş tereyağ (tepsiyi yağlamak için)
1 tatlı kaşığı tuz
2 yumurta
5 su bardağı un

içi için

250 gr peynir
10 dal maydanoz

Bira mayasını süt ve şekerle ez. Biraz un ilavesiyle boza koyuluğuna getir. Kapağını ört, sıcak yerde beklet. Kabarmaya başlayınca yağ, tuz, yumurta ve unla kulak memesi yumuşaklığında hamur yap, ılık yerde 1 saat beklet.

İstenilen büyüklükte parçalar kopar, elde aç, iç koy, yağlanmış tepsiye diz. 20 dakika beklet. Yumurta sarısı sür, fırına ver.

İçini hazırlamak için peyniri rendele, maydanozu kıy, karıştır.

çay böreği

¼ su bardağı yoğurt
¼ su bardağı zeytinyağı
¼ su bardağı su
1 yumurta
1 çay kaşığı tuz
2,5 su bardağı un
250 gr tereyağ
1 yumurta sarısı (bkz. s. *219)*

Tereyağ ve un dışında bütün malzemeleri karıştır, sonra unu ilave ederek kulak memesi yumuşaklığında yoğur, 10 dakika dinlendir. Silindir şekline getir, 16 parçaya böl, pasta tabağı büyüklüğünde aç. Tereyağı erit, fırçayla sür, dört kat üst üste yerleştir, en üste yağ sürme. Dörder dörder hazırlayarak dört küme yap, buzdolabında yaş bez altında 10 dakika dinlendir. Sonra oklavayla çok ince aç, fırçayla yağlayarak bohça şeklinde katla. Bıçakla dokuz kareye böl, iç koy, üçgen katla, az yağlanmış tepsiye diz, yumurta sarısı sür, fırına ver.

İçini hazırlamak için peyniri rendele, maydanozu kıy, karıştır.

çubuk böreği

1 ölçü yaprak hamuru (bkz. s. *368) veya hazır milföy hamuru*
150 gr kaşar peyniri
1 yumurta sarısı (bkz. s. *219)*

Yaprak hamuru hazırla. Yarım parmak kalınlığında aç. Kaşar peynirini rendele, hamurun yarısına yay. Peynirsiz tarafı üstüne kapatarak tekrar merdaneyle yarım parmak inceliğinde aç. Ruletle 2 cm inceliğinde ve 20 cm uzunluğunda şeritlere kes. Az yağlanmış tepsiye birer parmak arayla diz. Yumurta sarısı sür, fırında pişir.

kandil simidi

2,5 su bardağı (250 gr) un
1 tatlı kaşığı yaş maya
¼ su bardağı süt veya su
1 yumurta
½ su bardağı (125 gr) tereyağ
1 tatlı kaşığı mahlep
1 tatlı kaşığı tuz
1 yumurta sarısı (bkz. s. *219)*
½ su bardağı susam
1 çorba kaşığı tereyağ (tepsiyi yağlamak için)

Unu ele, ortasında ılık süt veya suyla mayayı ez. Unu üzerine topla. Çatlamalar görülünce ortasını aç, 1 yumurta, tereyağ, mahlep ve tuz ilave et, yoğur. Tencerenin kapağını ört, ılık yerde 1 saat dinlendir. Hamur tahtasına al, on ikiye böl, yuvarlayarak uzat, iki ucunu birleştir, simit yap, yağlanmış tepsiye birer parmak arayla sırala. Üzerlerine yumurta sarısı sür, susam serp, orta hararetli fırında pişir.

paskalya çöreği

5 su bardağı (½ kilo) un
½ su bardağı süt
Ceviz büyüklüğünde maya
½ su bardağı pudra şekeri
1 tatlı kaşığı mahlep
½ su bardağı (125 gr) tereyağ
3 yumurta
1 çay kaşığı tuz
1 yumurta sarısı (bkz. s. *219)*

Unu ele, ortasını aç, süt, maya ve bir tatlı kaşığı şeker koy, ez. Kenarlardan un alarak boza kıvamına getir. Unu üzerine topla. Unda çatlamalar görülünce aç, etrafına pudra şekeri, tuz, mahlep, ortasına erimiş yağ ve iki yumurtayı koy, yoğur. Yaş bez altında ılık yerde 1 saat mayalandır.

Hamur tahtasında, limon büyüklüğünde 18 parça kopararak 20 cm uzunluğunda çubuklar yap. Üçünün ucunu birleştir, saç örgüsü yap, yağlanmış tepsiye 5 cm arayla diz. Ilık yerde yarı misli genişleyince, yumurta sarısını 1 çay kaşığı su ve 1 tatlı kaşığı pudra şekeriyle karıştır, üzerine sür, fırına ver.

peynirli bisküvi

150 gr tereyağ
2,5 su bardağı un
150 gr kaşar peyniri veya katı beyaz peynir
1 tutam tuz
½ su bardağı un (açma payı)
1 yumurta sarısı (bkz. *s. 219)*
1 çorba kaşığı susam, çörekotu vb
1 çorba kaşığı tereyağ (tepsiyi yağlamak için)

Yağı buzdolabında soğut. Hamur tahtasına unu ele, soğuk yağı koy, bıçakla ince kıy. Rendelenmiş peyniri ve tuzu ilave et, yoğur. Hamuru iki parçaya ayır, yaş bez altında 10 dakika dinlendir.

Hamurları tahta üzerinde yarım santim kalınlığında aç, küçük kalıplarla kes, çok az yağlanmış tepsiye diz. Üzerlerine yumurta sarısı sür, susam, çörekotu vb serp, orta hararetli fırında pişir.

peynirli kek

2 su bardağı (250 gr) rendelenmiş beyaz peynir
1 demet maydanoz
1 demet dereotu
1 su bardağı (250 gr) tereyağ
1 tatlı kaşığı tuz (peynir tuzlu ise daha az)
1 su bardağı (250 gr) yoğurt
4 yumurta
4 su bardağı un
1 tatlı kaşığı karbonat

tepsiyi yağlamak için
1 çorba kaşığı eritilmiş yağ
1 çorba kaşığı un

Peyniri rendele, maydanoz ve dereotunu kıy. Yağı erit. Bir kaba sırayla yağ, tuz, yoğurt, yumurta, peynir, karbonatla elenmiş un, maydanoz ve dereotunu koyarak karıştır. Yağlanmış ve unlanmış tepsiye dök, orta hararetli fırında pişir.

pizza (kıymalı)

hamuru

2,5 su bardağı un (250 gr)
½ su bardağı (125 gr) tereyağ
½ su bardağı yoğurt
1 çay kaşığı tuz
1 çay kaşığı karbonat
30-35 cm çapında tepsi
1 çorba kaşığı eritilmiş tereyağ (tepsiyi yağlamak için)

harcı

200 gr kıyma
1 iri soğan
1 çay kaşığı tuz, karabiber
10 dal maydanoz
2 domates
3 yeşil biber

Soğanı ince doğra, kıymayla karıştırarak yarı kavur. Tuz, karabiber at. Ateşten al, kıyılmış maydanoz koy, karıştır. Domates ve yeşil biberi kıy, karıştır.

Unu ele, ortasını aç, hamur malzemelerini koy, yoğur. 10 dakika dinlendir. Yağlanmış tepsiye hamuru aç, yerleştir. Üzerine kıymalı harcı döşe, fırına ver.

pizza (peynirli)

1 ölçü pizza hamuru
2 yumurta
1 su bardağı kaşar peyniri veya beyaz peynir rendesi
2 domates
2 yeşil biber
30-35 çapında tepsi
1 çorba kaşığı eritilmiş tereyağ (tepsiyi yağlamak için)

Yukarıda tarifi verilen pizza hamurunu hazırla, tepsiye yay. Yumurtaları çırp, üzerine yay. Rendelenmiş peynir serp. Domates ve biberleri ince kesip üzerine yerleştir, fırına ver.

- Bu pizzanın üzerine sucuk, sosis, salam vb de konularak hazırlanabilir.

prenses böreği (dilber böreği)

1 ölçü yaprak hamuru (bkz. s. *368) veya hazır milföy hamuru*
200 gr peynir
20 dal maydanoz
1 yumurta sarısı (bkz. s. *219)*

Yaprak hamuru hazırla, yarım parmak inceliğinde aç. Kenardan başlayarak iç koy, hamuru için üzerine çevir. Dişli nemse kalıbıyla ay biçiminde, iç ortada kalacak şekilde kes, az yağlanmış tepsiye yerleştir. Üzerine yumurta sarısı sür, orta hararetli fırında pişir.

İçini hazırlamak için peyniri rendele, maydanozu kıy, yumurta akıyla karıştır.

sandöviç ekmeği (bira mayalı)

½ litre süt
1 su bardağı (250 gr) tereyağ
1 su bardağı yoğurt
Ceviz büyüklüğünde yaş maya
1 çorba kaşığı tereyağ (tepsiyi yağlamak için)
1 yumurta
1 çorba kaşığı toz şeker
1 tatlı kaşığı süt
Alabildiği kadar un

Mayayı sütle erit, diğer malzemeleri ilave et, karıştır. Alabildiği kadar unla kulak memesi yumuşaklığında hamur yap. Üstünü ört. Ilık yerde 1 saat beklet. Yumurta büyüklüğünde bezeler yap. Sandöviç şekli ver, yağlanmış tepsiye diz. Ilık bir yerde 30 dakika daha beklet. Orta hararetli fırında pişir.

sandöviç ekmeği (karbonatlı)

5 su bardağı (½ kilo) un
2 çorba kaşığı (70 gr) tereyağ
1 tatlı kaşığı pudra şekeri
3 yumurta
1 çorba kaşığı tereyağ (tepsiyi yağlamak için)
1 su bardağı (150 gr) süt
1 çay kaşığı tuz
1 çay kaşığı pudra şekeri
1 paket baking powder

Unu ele, ortasını aç, yağ, 1 tatlı kaşığı pudra şekeri, 2 yumurta, süt, tuz ve *baking powder* karıştır. Un alarak hamur yoğur. 10 dakika dinlendir, ceviz büyüklüğünde parçalara ayır. Sandöviç biçimi ver, yağlanmış tepsiye iki parmak arayla diz.

Bir yumurta sarısına 1 çay kaşığı su ve 1 çay kaşığı pudra şekeri karıştır, ekmeklerin üerine sür, sonra fırına ver. Kızarınca fırından al, yumuşak olması için üzerine iyice sıkılmış yaş bez ört. Arasını kes, peynir, tavuk eti, sucuk vb yerleştir.

tuzlu çubuk (batonsale)

2,5 su bardağı (250 gr) un
½ su bardağı (125 gr) tereyağ
1 yumurta
2 çorba kaşığı yoğurt
1 çay kaşığı tuz
1 çay kaşığı limon kabuğu rendesi
1 tatlı kaşığı tuz (yüzüne)
1 yumurta sarısı (yüzüne) (bkz. s. *219)*
1 çorba kaşığı eritilmiş tereyağ (tepsiyi yağlamak için)

Yağla unu bıçakla kıy, ortasını aç, yumurta, yoğurt, tuz ve limon rendesini koy, yoğur. Cevizden büyükçe parçalara böl, yaş bez altında, buzdolabında 20 dakika dinlendir. Hamur tahtasında ince uzun çubuklar yap, yağlanmış tepsiye yerleştir. Yumurta sarısı sür, tuz serp, orta hararetli fırında pişir.

- Küçük halkalar hâlinde de hazırlanabilir. Tuz yerine susam da serpilebilir.

yoğurtlu börek

5 su bardağı (½ kilo) un
1 su bardağı (250 gr) tereyağ
1 su bardağı yoğurt (250 gr)
2 yumurta
1 tatlı kaşığı tuz
1 tatlı kaşığı kabartma tozu
1 yumurta sarısı (bkz. s. *219)*
1 çorba kaşığı eritilmiş tereyağ (tepsiyi yağlamak için)

içi için
200 gr peynir
30 dal maydanoz

Unu ele, ortasını aç. Yağ, yoğurt, iki bütün yumurta, tuz ve karbonatı ez. Kenarlardan un alarak hamur yoğur. Ceviz büyüklüğünde parçalar al, avuç içinde bastırarak aç, iç koy, yarım ay kapat. Yağlanmış tepsiye diz. Yumurta sarısı sür. Fırında pembeleştir.

İçini hazırlamak için peyniri rendele, maydanozu kıy, karıştır.

• İç konunca tepede de toplanabilir. Tepsiye de, toplanan yer alta gelecek biçimde yerleştirilir.

• Kıymalı içle de yapılabilir.

diğer tatlılar

baba tatlısı

3,5 bardak un
1 ceviz büyüklüğünde yaş maya
1 çorba kaşığı pudra şekeri
1 su bardağı ılık süt
1 kahve kaşığı tuz
2 çorba kaşığı tereyağ
6 yumurta sarısı veya 3 bütün yumurta
750 gr şeker
½ kilo su
½ su bardağı eritilmemiş tereyağ (kalıpları yağlamak için)

Tencereye unu ele, ortasını aç. Mayayı pudra şekeri ve bir fincan sütle ez. Unu üzerine topla, ılık yerde beklet. Hamurda çatlamalar görünce kalan süt ve tuzu ilave et. Erimiş yağı koy, 10 dakika yoğur. Sonra tek tek yumurta sarılarını yedir. İki misli kabarıncaya kadar mayalandır.

Katı yağla iyice yağlanmış baba kalıplarının üçte birini doldur. 30 dakika daha mayalandır. Fırına ver. Soğuyunca kalıptan çıkar.

Şekerle suyu ateşe koy. Bir taşım kaynat, çok hafif ateşe al. Pişmiş hamurları içine at, kapağını ört, 2 dakika sonra yavaşça çevir. Öbür tarafları da yumuşayınca tabağa çıkar, soğuyunca aralarını kes, kaymak yerleştir.

• Hamurları şurupla fazla kaynatmadan yumuşatmalıdır yoksa içi sert kalır. Hamurları şuruba koyunca çok hafif ateşe almalıdır.

burmalı elma

10 ekşi elma
1 su bardağı şeker
1 su bardağı çekilmiş badem içi
1 çorba kaşığı sarı üzüm
1 çay kaşığı tarçın
1 çay kaşığı yenibahar
2 çorba kaşığı tereyağ
1 ölçü mereng (bkz. s. 357)

Elmaların içlerini oyacakla temizle. Alt kısmını bıçakla kes, düzelt, soy. Üzerini örtecek kadar suyla yumuşatmadan haşla. Fazla suyu al, 1 fincan su bırak, 1 su bardağı şeker serperek ağdalaşıncaya kadar pişir. Yavaşça bir tepsiye al. Badem, üzüm, tarçın ve baharı karıştır, elmaların boşluklarına doldur. Üzerlerine fındık kadar yağ koy. Mereng hazırla, tırtırlı huni geçirilmiş torbaya doldur, elmaların ortalarından yukarı doğru yuvarlak dolayarak sık. Hafif hararetli fırında üzerini pembeleştir.

krem bavarua

30 gr jelatin
2 su bardağı şeker
5 yumurta
¼ su bardağı nişasta
1 litre süt
1 paket vanilya

kalıp için

1 çorba kaşığı tereyağ
¼ su bardağı kıyılmış yeşil fıstık

Jelatini ılık suyla ıslat. Kalıbı katı yağla iyice yağla, fıstıkları serp. Şeker, yumurta sarıları ve nişastayı tencerede karıştır. Sütü kaynat, ilave et, bir taşım kaynat. Yumurta aklarını bir tutam tuzla kar hâline getir. Pişmiş kremayı ince dökerek aklara karıştır. Islatılmış jelatini ve vanilyayı ilave et, jelatin eriyene kadar karıştır. Ilınınca kalıba dök. Buzdolabında dondur. Ilık suya batırarak tabağa çevir. Meyve marmelatları veya tatlılarıyla sofraya al.

krem karamel

4 kaşık şeker (kalıp için)
½ litre süt
1 su bardağı(125 gr) şeker (1 kaşık eksik)
6 yumurta
½ paket vanilya
1 tatlı kaşığı limon kabuğu rendesi

Şekeri küçük tavada 2 kaşık suyla, yakmadan pekmez rengine getir, kalıplara birer kaşık dök, yay. Sütü şekerle kaynat. Yumurtaların üçünü bütün olarak, üçünün de yalnız sarısını porselen kâsede az çırp, vanilya ve limon kabuğu rendesi ekle. Kaynamış sütü karıştırarak ilave et, şekerli kalıplara yarıdan biraz fazla doldur. Kenarlı tepsinin içine kalıpları yerleştir, kalıpların yarısını geçecek kadar sıcak su doldur. Fırına ver, katılaşıncaya kadar pişir. Karamelin erimesi için bir gece beklet, tabaklara ters çevir.

krem karamel (kolay, ekonomik)

1 litre süt
7 çorba kaşığı şeker
4 kaşık mısır nişastası
1 yumurta
1 su bardağı su
5 çorba kaşığı şeker (karamel için)

Sütle şekeri kaynat. Nişastayı yumurta ve suyla ezerek süte karıştır. Devamlı karıştırarak koyulaştır. Cam kâselere veya karamel kalıplarına doldur. 5 kaşık şekeri küçük tavada su koymadan karıştırarak erit, pekmez rengine gelene kadar pişir. Muhallebilerin üzerine dök. Buzdolabında beklet, ertesi gün sofraya alırken tabaklara ters çevir.

• Ayaklı bardaklarda veya cam kâselerde hazırlanırsa, ters çevrilmeden de sofraya alınır.

krem şokola

8 çorba kaşığı şeker
4 yumurta sarısı veya iki bütün yumurta
¼ su bardağı kakao
¼ su bardağı pirinç unu
½ paket vanilya
1 litre süt

Tencerede şeker, yumurta, kakao, pirinç unu ve vanilyayı az sütle ezerek karıştır. Sütü kaynat ve ilave et. Karıştırarak ağır ateşte 5 dakika pişir. Koyulaşınca kâse veya ayaklı bardaklara boşalt.

kremalı elma

1 kg elma
4 kaşık şeker (elma haşlamak için)
1 su bardağı şeker
2 yumurta
4 kaşık nişasta
1 litre süt
2 çorba kaşığı tereyağ
1 paket vanilya

Elmaların ortalarını oyacakla temizle, soy, üzerini örtecek kadar suyla haşla, pişmesine yakın suyun fazlasını al, şekeri at. Yumuşayınca elmaları tabak veya kâselere al. Şekeri, yumurtaları ve nişastayı az sütle veya suyla ez. Sütü kaynat, yumurtalı karışıma karıştırarak ilave et ve muhallebi koyuluğunda pişir. Ateşten almadan tereyağı ve vanilyayı karıştır. Elmaların üzerine doldur, soğuyunca servise al.

krep süzet

4 yumurta
2 su bardağı un
2 çorba kaşığı pudra şekeri
1 tatlı kaşığı limon kabuğu rendesi
½ çay kaşığı tuz
½ litre süt
2 çorba kaşığı erimiş tereyağ
4 kaşık tereyağ (tava için)

Yumurta, un, pudra şekeri, limon rendesi ve tuzu karıştır. Yavaş yavaş sütü ve erimiş yağı ilave et. 15 cm çapındaki tavayı fırçayla yağla, ateşe koy, ateş üzerindeyken bir bezle bastırarak sil (krep'in yapışmaması için), tekrar yağ koy.

Bulamaçtan kepçeyle dök, tavayı süratle salla, bulamacın tava büyüklüğünde yayılmasını sağla. Sonra erimiş yağı fırçayla tavanın çevresine, hamurun kenarlarına değecek biçimde yağla. Altı pişince havaya sıçratarak ters çevir, altını da kızart.

Diğerlerini de aynı şekilde pişir. Ortalarına marmelat sür, üçe katla, kapağını ört. Pudra şekeriyle vanilyayı karıştır, krepleri sofraya alırken üzerlerine serp.

- Bulamacı tavaya 2-3 mm kalınlık yapacak kadar dökmelidir. İncesi makbuldür.

lor tatlısı

250 gr lor
2,5 su bardağı (250 gr) un
½ su bardağı (125 gr) tereyağ
3 yumurta
1 tatlı kaşığı karbonat
1 çorba kaşığı eritilmiş tereyağ (tepsiyi yağlamak için)
50 gr pudra şekeri
5 su bardağı şeker
5 su bardağı su
1 tatlı kaşığı limon suyu

Tencereye unu ele, ortasını aç. Eritilmemiş tereyağ, yumurta, lor, karbonat ve pudra şekeri ilave et, yoğur. (Ele yapışır yumuşaklıkta olmalı.) Yağlanmış tepsiye kaşıkla veya torbadan dök. Fırında pişir.

Şeker, su ve limon suyunu ateşe koy, kaynadıktan 2 dakika sonra al. Fırından çıkan kurabiyelere kaynar hâlde dök. Kapağını ört. Tekrar fırına koy. Şurubu çekince çıkar, soğut.

meyve salatası

2 elma
1 su bardağı su
1 su bardağı toz şeker
2 portakal
2 muz
2 mandalina
½ su bardağı ceviz

Elmanın birini soy, fındık büyüklüğünde doğra, 1 su bardağı suyla ateşe koy. Yumuşayınca şekeri at, ateşten al. Diğer meyveleri soy, iç zarlarını, çekirdeklerini al, fındık büyüklüğünde doğra. Pişmiş elmaları ateşten alınca, ilave et, karıştır, soğumasını bekle. Sofraya alırken, kıyılmış ceviz karıştır, ayaklı bardaklara ya da kâselere doldur.

meyve salatası (şantiyeli)

1 ölçü meyve salatası
½ ölçü hazır şantiye (bkz. s. *356) veya beyaz krema* (bkz. s. *354)*

Meyve salatası ve krema hazırla. Ayaklı bardaklara ya da kâselere doldur. Üzerine torbayla krema sık.

nemse baklavası

1 ölçü yaprak hamuru (bkz. s. *368)*
1 ölçü cevizli iç (bkz. s. *232)*
1 ölçü baklava şurubu (bkz. s. *235)*
1 çorba kaşığı eritilmiş tereyağ (tepsiyi yağlamak için)

Yaprak hamurunu hazırla, aç. Kenarına uzunlamasına ceviz içi yay. Hamuru iki parmak kalınlık yapacak biçimde cevizlerin üzerine çevir, uzunlamasına kes. Kesilen cevizli hamuru verev biçimde, baklava dilimi büyüklüğünde kes. Tepsiye yerleştir. Fırına ver, çıkınca önceden hazırlanmış ılık şurubu dök, soğuyunca sofraya al.

peynir tatlısı

2,5 su bardağı un
½ su bardağı tereyağ
3 yumurta
250 gr tuzsuz beyaz peynir
1 çorba kaşığı eritilmiş tereyağ (tepsiyi yağlamak için)
½ su bardağı pudra şekeri
1 tatlı kaşığı karbonat
1 su bardağı kaynar su

şurubu için
5 su bardağı su
1 tatlı kaşığı limon suyu
5 su bardağı şeker

Tencereye unu ele, ortasını aç, eritilmemiş tereyağ, yumurta, peynir, karbonat ve pudra şekeri ilave et, yoğur. (Ele yapışır yumuşaklıkta olmalı.) Yağlanmış tepsiye kaşıkla veya torbadan dök, fırında pişir. Fırından alınca 1 su bardağı kaynar suyu üzerine serp, kapağını ört, 5 dakika beklet. Sonra kaynar şurubunu dök, kapağını ört. Tekrar fırına koy. Şurubu çekince çıkar, soğut.

- Ateş üzerinde, arada kaşıkla şurubu tatlıların üzerine gezdirerek de şurubu çektirilebilir.

profiterol

1 ölçü şuale krem hamuru (bkz. s. 358)
1 ölçü ara pasta kreması (kakaosuz) (bkz. s. 353) *veya krem şantiye* (bkz. s. 356)
1 ölçü çikolata salçası (bkz. s. 355)

Şuale krem hamuru hazırla. Az yağlanmış tepsiye ceviz büyüklüğünde sık, pişir, soğut. Yandan bıçakla aç, torbayla sıkarak ara pasta kreması veya krem şantiye doldur. Tabağa üst üste diz, soğuk çikolata salçasını gezdirerek dök.

- Hamurlar fırında piştikten sonra tepsi soğuk yere konmamalıdır. Pastalar söner.

çikolatalı pudding

120 gr çikolata
100 gr galeta tozu
150 gr fındık içi
½ paket vanilya
2 çorba kaşığı eritilmiş tereyağı (kalıbı yağlamak için)
150 gr tereyağ
150 gr pudra şekeri
6 yumurta
50 gr yeşil fıstık

Kalıba fırçayla katı yağ sür. 1 kaşık galeta tozu ve 1 kaşık çekilmiş fındık içi karıştır, kalıba serp. Fındığı çek, galeta tozu ve vanilyayla karıştır. Porselen kâsede yağla şekeri tahta kaşıkla karıştır. Yumurta sarılarını birer birer yedir. Yumurta aklarını bir tutam tuzla kar hâline getir. Fındıklı karışımla yağa ilave et, yavaşça karıştır, kalıba doldur. Ekmekli pudding tarifinde olduğu gibi su içinde pişir. Çikolata salçasıyla sofraya al.

ekmekli pudding

2 çorba kaşığı galeta tozu
125 gr tereyağ
125 gr pudra şekeri
6 yumurta
2 çorba kaşığı eritilmiş tereyağ (kalıbı yağlamak için)
100 gr badem
150 gr bayat ekmek içi, ufalanmış
½ paket vanilya

Kalıba fırçayla katı yağ sür, galeta tozuyla çırparak kapla. Porselen kâsede yağla şekeri tahta kaşıkla karıştırarak ağart. Yumurta sarılarını birer birer yedir. Bademi haşla, kabuklarını soy, kurula, makineden çek, ekmek içiyle karıştır.

Yumurta aklarını bir tutam tuzla çırparak kar hâline getir. Kâsedeki yağa vanilya ve ekmekli bademle beraber koy, hafifçe karıştır. Yağlanmış kalıba doldur. Kapağını kapat. Büyük bir tencereye oturt, kalıbın kapağına yakın ama içine girmeyecek ölçüde su koy. Kaynamaya başladıktan sonra 1 saat 20 dakika pişir. İçinde soğut. Tabağa çevir. Fındıklı veya çikolatalı salçayı üzerine gezdir, sofraya al.

- Pudding kalıbı yoksa derin kek kalıpları veya küçük bir tencerede de pişirilebilir. İçine su kaçırmamaya dikkat etmelidir.
- Su azaldıkça kaynar su ilave ederek su seviyesini aynı ölçüde tutmalıdır.

fındıklı pudding

150 gr çekilmiş fındık içi
2 çorba kaşığı galeta tozu
100 gr ekmek içi, ufalanmış
½ paket vanilya
2 çorba kaşığı eritilmiş tereyağ (kalıbı yağlamak için)
1 tatlı kaşığı limon kabuğu rendesi
150 gr tereyağ
150 gr pudra şekeri
6 yumurta

Kalıba fırçayla katı yağ sür, fındık ve galeta tozunu karıştır, serp. Fındık, ekmek içi, vanilya ve limon rendesini karıştır. Porselen kâsede yağla şekeri tahta kaşıkla ağart, yumurta sarılarını birer birer yedir. Yumurta aklarını bir tutam tuzla kar hâline getir. Fındıklı karışımla, yağa ilave et. Yavaşça karıştır. Pudding kalıbına doldur. Ekmekli pudding (*bkz.* s. 384) tarifinde olduğu gibi su içinde pişir. Çikolatalı salçayla sofraya al.

sofra kremi

100 gr çikolata veya 3 çorba kaşığı kakao
3 çorba kaşığı (75 gr) un
2 su bardağı (300 gr) toz şeker
3 yumurta
1 litre süt
1 paket vanilya
1 su bardağı fındık, kavrulmuş, çekilmiş

İnce kıyılmış çikolata, un, toz şeker, vanilya ve yumurta sarılarını tencerede telle iyice karıştır. Kaynar süt ilave et, karıştırarak hafif ateşte koyulaştır. Yumurta aklarını bir tutam tuzla kar hâline getir. Pişen tatlıyı ince dökerek ve yumurta teliyle hızlı karıştırarak kar hâlindeki aklara yedir. İki taşım kaynat. Kepçeyle yüksekten dökerek kâselere boşalt. Soğuyunca, üzerine çekilmiş fındığı küme hâlinde yerleştir.

sup anglez

6 adet savoy bisküvisi (kedi dili)
1 su bardağı krem şantiye veya hazır şantiye (bkz. s. 356)
1 ölçü sütlü ıslatma şurubu (bkz. s. 337)
1 ölçü çikolata salçası (bkz. s. 355)
¼ su bardağı yeşil fıstık, kıyılmış

Savoy bisküvilerini ortadan ikiye böl, aralarına şantiye sür, birbirine kapat, kâseye koy. Sütle ıslat. Üzerine çikolata salçası dök, yeşil fındıkla süsle.

• Kedi dili yerine şuale krem hamuru içine şantiye doldurularak veya pandispanya hamuru sütle ıslatılarak da hazırlanabilir.

şam bali

¼ su bardağı fıstık veya badem
1 bira bardağı un
1 bira bardağı irmik
1 çorba kaşığı eritilmiş tereyağ (tepsiyi yağlamak için)
1 bira bardağı pudra şekeri
1 bira bardağı yoğurt
1 çay bardağı karbonat

şurubu için
3 bira bardağı şeker
1 bira bardağı su

Fıstık veya bademi kaynar sudan geçir, iç kabuklarını soy. Tepsiyi yağla. Bir kapta un, irmik, pudra şekeri, yoğurt ve karbonatı karıştır. Tepsiye dök. Sıra sıra badem veya fıstıkları diz, fırına ver. Şekeri suyla ateşe koy, 2 dakika kaynat, ateşten al. Fırından çıkan tatlıya ılıktan sıcak sıcak dök, soğut.

ştrudel

5 ekşi elma
½ su bardağı ceviz
¼ su bardağı sarı üzüm
5 çorba kaşığı pudra şekeri
1 ölçü yaprak hamuru (bkz. s. 368)
veya hazır milföy hamuru
½ paket vanilya
1 çay kaşığı tarçın
1 çay kaşığı yenibahar

Elmaları soy, ince doğra. 1 fincan su ilave et, hafif ateşte karıştırmadan kapağını ört, suyunu çektir. Ateşten al, çekilmiş ceviz, üzüm, 3 kaşık pudra şekeri, vanilya ve diğer malzemeleri koy, karıştır.

Yaprak hamuru hazırla. Uzun dikdörtgen aç, ikiye ayır. Elmaları hamurların tam ortasına boydan boya yay, hamuru iki taraftan elmaların üzerine gelecek biçimde kapat. Yağlanmış tepsiye katlanan kısmı alta gelecek biçimde yerleştir. Üzerine fırçayla tereyağ sür, fırında pişir, çıkınca üstüne pudra şekeri ele.

tez pişti

1 ölçü muhallebi (bkz. s. 259)
2 yumurta
½ paket vanilya

Muhallebi pişir. Üçte ikisini kâseye boşalt. Yumurta aklarını kar hâline getir, yumurta sarılarını ve vanilyayı tenceredeki muhallebiye koyup karıştır. Kâsedeki muhallebinin üzerine dök, yay. Kâseyi su dolu tepsi içine yerleştir, üstten yanan orta fırında üzerini kızart.

kaynakça

Kitaplar

Ali Eşref Dede'nin Yemek Risalesi (haz.) Feyzi Halıcı, Atatürk Kültür Merkezi, Ankara, 1992.

Ali Rıza Bey, *Bir Zamanlar İstanbul*, (haz.) Niyazi Ahmet Banoğlu, Tercüman 1001 Temel Eser, tarihsiz.

Baysal Ayşe, Türkan Kutluay, Merdol ve diğerleri, *Türk Mutfağı'ndan Örnekler*, Türk Tarih Kurumu Basımevi, Ankara, 1993.

Çelebioğlu Amil, *Ramazanname*, Tercüman 1001 Temel Eser, tarihsiz.

Davidson Alan, *Mediterranean Seafood*, A Penguin Book, Great Britain, 1987.

De Busbecg Ogier Ghiselin, *Türkiye'yi Böyle Gördüm*, (haz.) Aysel Kurutluoğlu, Tercüman 1001 Temel Eser, tarihsiz.

David Elizabeth, *Mediterranean Food*, Penguen Books, London, 1978.

D'ohsson, M. de M. *18. Yüzyıl Türkiye'sinde Örf Ve Âdetler*, (çev.) Zerhan Yüksel, Tercüman 1001 Temel Eser, tarihsiz.

Ergin Muharrem (haz.), *Orhun Abideleri*, MEB, İstanbul, 1970.

Ertürk Necip, *Türk Mutfak Sanatı*, Kral Matbaası, İstanbul, 1976.

Ertürk Necip, *Türk Tatlı Sanatı*, Kral Matbaası, İstanbul, 1978.

Evliya Çelebi Seyahatnamesinden Seçmeler, (haz.) Atsız, MEB, İstanbul, 1972.

Eyüboğlu İsmet Zeki, *Anadolu Uygarlığı*, Der Yayınları.

Fulton Margaret, *Encylopedia of Food and Cookery*, Octopus Books, 1985.

Gelibolulu Mustafa Ali, *Ziyafet Sofraları*, (haz.) Orhan Şaik Gökyay. Tercüman 1001 Temel Eser, İstanbul, tarihsiz.

Gökyay Orhan Şaik (haz.) *Dedem Korkudun Kitabı*, MEB, İstanbul, 1973.

Gölpınarlı Abdülbaki, *Mevlevi Adab ve Erkânı*, Yeni Matbaa, İstanbul, 1963.

Gürel Raşit, *Evin Yemeği*, Fon Matbaası, Ankara, 1972.

Hacip Yusuf Has, *Kutatgu Bilig*, (haz.) A. Dilaçar, TDK Yayınları, Ankara, 1972.

Hadiye Fahriye, *Yemek Kitabı*, Orhaniye Matbaası, İstanbul, 1340 (1924)

Hadiye Fahriye, *Tatlıcı Başı*, Matbaa'yı Ahmet Kâmil, İstanbul, 1342 (1926)

Hajib Yusuf Khass, *Wisdom Of Royal Glory (Kutatgu Bilig) A Turko İslamic Mirror For Princes*, (çev.) Robert Dankoff, The University of Chicago Press, Chicago ve Londra, 1983.

Halıcı Feyzi (haz.) *Geleneksel Türk Yemekleri ve Beslenme*, Doğuş Matbaası, Konya, 1982.

Halıcı Feyzi (haz.) *Birinci Milletlerarası Yemek Kongresi, 1986*, Konya Kültür ve Turizm Vakfı, 1988.

Halıcı Feyzi (haz.) *İkinci Milletlerarası Yemek Kongresi, 1998*, Konya Kültür Ve Turizm Vakfı, 1989.

Halıcı Feyzi (haz.) *Üçüncü Milletlerarası Yemek Kongresi, 1990*, Konya Kültür Ve Turizm Vakfı, 1991.

Halıcı Feyzi, *Ali Eşref Dede'nin Yemek Risalesi*, Atatürk Kültür Merkezi Yayını, sayı 62, Ankara, 1992.

Halıcı Feyzi (haz.) *Dördüncü Milletlerarası Yemek Kongresi, 1992*, Konya Kültür Ve Turizm Vakfı, 1993.

Halıcı Feyzi (haz.) *Beşinci Milletlerarası Yemek Kongresi, 1994*, Konya Kültür Ve Turizm Vakfı, 1999.

Halıcı Nevin, *Geleneksel Konya Yemekleri*, Güven Matbaası, Ankara, 1979.

Halıcı Nevin, *Ege Bölgesi Yemekleri*, Güven Matbaası, Ankara, 1981.

Halıcı Nevin, *Akdeniz Bölgesi Yemekleri*, Arı Basımevi,Konya, 1983.

Halıcı Nevin, *Türk Mutfağı*, Ankara Güven Matbaası, 1985.

Halıcı Nevin, *Nevin Halıcı's Turkish Cook Book*, Dorling Kindersley Limited, London, 1989.

Halıcı Nevin, *Güneydoğu Anadolu Bölgesi Yemekleri*, Arı Matbaacılık, Konya, 1991.

Halıcı Nevin, *Karadeniz Bölgesi Yemekleri*, Güray Ofset, Ankara, 2001.

Halıcı Nevin, *A Sufi Cuisine*, Saqibooks, Londra, 2005.

Halıcı Nevin, *Konya Yemek Kültürü ve Konya Yemekleri*, Rumi Yayınları, İstanbul, 2005.

Kal'a Ahmet, *İstanbul Esnaf Birlikleri Ve Nizamları*, İstanbul Araştırmaları Merkezi, İstanbul, 1998.

Karaman, Hayreddin, *Günlük Hayatımızda Haramlar, Helaller*, Elif Ofset Tesisleri, İstanbul, 1981.

Kahraman S. A. ve Yücel Dağlı (haz.) *Günümüz Türkçesiyle Evliya Çelebi Seyahatnamesi*, c.1, 2. kitap, YKY, İstanbul, 2006.

Karabulut, Osman, *Mübarek Aylar Günler Ve Gecelerin Faziletleri*, Sebat Matbaası, Konya, tarihsiz.

Kaşgarlı Mahmud, *Divanu Lügat-it Türk*, (çev.) Besim Atalay, Türk Tarih Kurumu, Ankara, 1985.

Koşay Z. Hamit ve Akile Ülkücan, *Anadolu Yemekleri Ve Türk Mutfağı*, MEB, Ankara, 1961.

Kopuz, Banu, *Allah Dostları*, İkidünya Yayınları, İstanbul, 2006.

Kuran'ı Kerim ve Türkçe Anlamı (Meal) I., II., III., Ankara Diyanet İşleri Başkanlığı, 1961.

Kut Günay, *13.Yüzyıla Ait Bir Yemek Kitabı*, Kaynaklar, c. III, İstanbul, 1984.

Kut Turgut, *Açıklamalı Yemek Kitapları Bibliyografyası, Eski Harfli Yazma Ve Basma Eserler*, Feryal Basımevi, Ankara, 1985.

Mevlana Celaleddin, *Divanı Kebir*, (haz.) Abdülbaki Gölpınarlı, Yükselen Matbaası, İstanbul, 1957-1960.

Mevlana Celaleddin, *Fihi Mafih*, (çev.) Meliha Ülker Tarıkahya, MEB, İstanbul, 1985.

Mevlana Celaleddin, *Mesnevi I-VI*, (şerheden) Abdülbaki Gölpınarlı, İstanbul, 1985.

Oğuz Burhan, *Türkiye Halkının Kültür Kökenleri*, Giriş: Beslenme Teknikleri, İstanbul, 1976.

Ögel Bahaddin, *Türk Kültür Tarihine Giriş 4*, MEB, İstanbul, 1978.
Örnek Sedat Veyis, *Geleneksel Kültürümüzde Çocuk*, Saim Toraman Matbaası, Ankara, 1979.

Sefercioğlu Nejat, *Türk Yemekleri* (XVIII Yüzyıla Ait Bir Yemek Risalesi), Feryal Basımevi, Ankara, 1985.

Tavernier J. B., *Topkapı Sarayında Yaşam*, (çev) Perran Üstündağ, Can Matbaası, İstanbul, 1984.
Turabi Efendi, *Turkish Cookery Book*, Londra, 1864.
Türk Mutfağı Sempozyumu Bildirileri, Ankara Üniversitesi, Ankara, 1982.

Unger, Friedrich, *Doğu'da Tatlıcılık*, (haz.) Feyzi Halıcı, Konya Kültür Ve Turizm Derneği Yayını, 1986.

Ünver Süheyl, *Tarihte 50 Türk Yemeği*, İstanbul, 1948.
Ünver Süheyl, *Fatih Devri Yemekleri*, İstanbul, 1952.

Yediyıldız Bahaeddin, *Tarih II*, MEB, İstanbul, 2003.
Yeğen Ekrem Muhiddin, *Alaturka Alafranga Yemek Öğretimi Sofra Düzeni Sofra Görgüsü*, Yelken Matbaası, İstanbul, 1977.
Yeğen Ekrem Muhiddin, *Alaturka Alafranga Tatlı Pasta Öğretimi ve Soğuk Yemekler Mezeler Salatalar*, İnkilap ve Aka Basımevi, İstanbul, 1977.

Makaleler

Davidson Alan, "The Seven Wonders of Konya", *Petit Propos Culinaries*, Kasım, 1986.

Ertürk Necip, "Türk Mutfağı" *Milliyet* 2 Aralık 1972.

Felek Burhan, "Ramazan ve Sofraları", *Milliyet*, 19 Eylül 1976.
Felek Burhan, "75-100 Yıl Önce Türk Mutfağı-1-", *Milliyet* 21 Ağustos 1977.
Felek Burhan, "Eski Türk Yemekleri", *Milliyet* Pazar Eki, 18 Şubat 1979.

Genç Reşat, "XI. Yüzyılda Türk Mutfağı", *Türk Mutfağı Sempozyumu Bildirileri*. Ankara Üniversitesi Ankara, 1982.
Gülersoy Tuncer, "Türk Tatar (Kuzey Türkleri) Yemek Adları Üzerine", *Türk Mutfağı Sempozyumu Bildirileri*, Ankara Ünüiversites, Ankara, 1982.

Halıcı Feyzi, "Neolitik Çağdan Günümüze Türk Mutfağı ve Bu Mutfağın Kutsal İnancımızdaki Yeri", *Türk Mutfağı Sempozyumu Bildirileri*, Ankara Üniversitesi, Ankara, 1982.

Halıcı Nevin, "Anadolu Mutfağı", *Türk Mutfağı Sempozyumu Bildirileri*, Ankara Üniversitesi, Ankara, 1982.

Halıcı Nevin, "Konya'da Özel Gün Yemekleri ve İkramları", *Türk Halk Edebiyatı ve Folklorunda Yeni Görüşler I*, (haz.) Feyzi Halıcı, Güven Matbaası, Ankara, 1985.

Halıcı Nevin, "White Foods in Anatolian Feasts" *Oxford Symposium On Food and Cookery 1990, Feasting and Fasting Proceedings*, Prospect Books, London, 1990.

Halıcı Nevin, "A Kitchen in Sille", *The Cook's Room*, Macdonald Illustrated Book, London, 1991.

Halıcı Nevin, "Anadolu Mutfağı'ndan Örnekler", Etam A.Ş. Matbaa Tesisleri, Eskişehir, 1996.

Halıcı Nevin, "Anadolu Bayramları'nda Beyaz Renkli Yiyecekler", *Türk Mutfak Kültürü Üzerine Araştırmalar, Prof. Dr. Ayşe Baysal'a Armağan*, (haz.) Kamil Toygar, Takav Matbaası, Ankara, 1997.

Minay Naile, "XX. Yüzyılın İlk Senelerinde Kazan Türklerinin Mutfağı", *İkinci Milletlerarası Yemek Kongresi 1988*, (haz.) Feyzi Halıcı, Konya Kültür Ve Turizm Vakfı Yayını, Güven Matbaası, Ankara, 1989.

Ongun Zarif, "Osmanlı Sarayında Yemek Yeme Adabı", Türk Mutfağı Sempozyumu Bildirileri, Ankara Üniversitesi, Ankara, 1982.

***S**elçukname*, (H.T.H. Houtsma tabından nakleden) M. Zeki Oral "Selçuk Devri Yemekleri II", *Türk Etnografya Dergisi*, sayı. 2, 1957, s. 29.

Ünver Süheyl, "Selçuklulur, Beylikler ve Osmanlılarda Yemek", Türk Mutfağı Sempozyumu Bildirileri, Ankara Üniversitesi, Ankara, 1982.

Bu kaynakçada, metinde adı geçen kaynakların yanı sıra, adı geçmeyen fakat konuya ilişkin olduğu belirlenen başka kaynaklara da yer verilmiştir.